Pobl D[illegible] i

Esboniad yr ysgol Sul i oedolion

Blwyddyn A

Pryderi Llwyd Jones

CYHOEDDIADAU'R
GAIR

Gyda'n Gilydd- Blwyddyn A

Testun Cymraeg: Pryderi Llwyd Jones
Golygydd: Cynthia Davies
Golygydd Testun ac Iaith: Elisabeth James
Golygydd Cyffredinol: Aled Davies
Clawr: Elgan Davies

ISBN 1 874410 92 5
Argraffwyd yng Nghymru.

Cyhoeddwyd gan:
Cyhoeddiadau'r Gair, Cyngor Ysgolion Sul Cymru,
Ysgol Addysg CPGC, Ffordd Deiniol,
Bangor, Gwynedd, LL57 2UW.

CYFLWYNIAD

Llawlyfr, ac nid esboniad yw'r gyfrol hon - ac fe fydd hynny yn amlwg iawn i'r rhai fydd yn ei ddefnyddio. Nid llawlyfr ar addoli ydyw chwaith (er fod y gair yn y teitl) oherwydd y mae yn annigonol iawn i hynny. Ond o dderbyn y Maes Llafur gan Gyngor Ysgolion Sul Cymru fe fentrais roi 'Addoli' fel thema ganolog sy'n cydio'r rhannau Ysgrythurol wrth ei gilydd. Yr oedd dau reswm am hynny: yn gyntaf am fod Maes Llafur cyfan yr ysgol Sul yn rhoi pwyslais ar yr holl eglwys gyda'i gilydd. Yr oedd addoli felly yn thema gwbl naturiol. Yr ail reswm oedd am fy mod innau yn credu mai addoliad yw'r allwedd i adfywiad a dyfodol yr eglwys.

Gobeithio felly y bydd y llawlyfr yn arweiniad i ddosbarth ysgol Sul, nid yn unig i dreulio awr yn trafod ar ddydd Sul, ond i addoli ac i fyfyrio gyda'i gilydd ac i gysylltu yr ysgol Sul â bywyd cyfan yr eglwys. Dyna paham fod Sul olaf pob mis (weithiau ddau) yn rhoi dewis naill o wneud y dosbarth yn gylch gweddi a myfyrdod neu o barhau gyda'r gwersi. Oherwydd hynny y mae elfen o ystwythder a dewis yn y llawlyfr.

Yr wyf yn gwerthfawrogi gwahoddiad Cyngor Ysgolion Sul Cymru i baratoi y llawlyfr ac i Gyhoeddiadau'r Gair am eu cydweithrediad. Fe ddarllenodd yr Athro John Tudno Williams rannau o'r llawlyfr ac fe wnaeth awgrymiadau gwerthfawr i wella'r gwaith - petae wedi gweld y cyfan fe fuasai'r llawlyfr yn well o lawer. Yr wyf yn ymwybodol iawn o wendidau'r gyfrol - ond gobeithio y bydd yn gyfraniad bychan i'r ysgol Sul a'r eglwysi wrth ddechrau cyfnod newydd.

Rwyf yn ddiolchgar iawn am bob cydweithrediad a chefnogaeth gan flaenoriaid ac aelodau'r eglwys yng Nghapel y Morfa. Ar fwy nag un achlysur mae nghlustiau wedi llosgi wrth ddyfalu fod rhywun yn dweud "Ble mae'r bugail y dyddia' yma?" Nid ystrydeb ychwaith yw diolch am gefnogaeth yr un agosaf, ac Eirwen ydi honno, oherwydd mae angen amynedd mawr a gofal mwy - hyd yn oed pan y mae cyfrol fach fel hon yn cael ei pharatoi.

Pryderi Llwyd Jones

Cyflwyniad i 'Gyda'n Gilydd'

Ers blynyddoedd bu Cyngor Ysgolion Sul Cymru yn darparu gwerslyfrau ar gyfer yr ysgol Sul. Yn ystod y blynyddoedd diwethaf bu *Cyfres y Gair* mewn grym, a phrofodd yn llwyddiannus iawn. Bellach daeth y gyfres honno i ben, ac mae ***'Gyda'n Gilydd'*** yn cymryd ei lle.

Y mae'n gynllun o werslyfrau dros bedair blynedd, a fydd yn ein harwain drwy'r Beibl, mewn themâu diddorol a dealladwy. Bydd pob oedran yn dilyn yr un thema, ar wahanol lefelau, am gyfnod o fis.

Mae'r deunydd Cymraeg yn addasiad o'r cynllun gwerslyfrau 'Learning Together', gan 'Undeb y Gair', ac mae'r tîm sydd wedi bod wrthi'n ddyfal yn ei addasu i'r Gymraeg yn brofiadol yn y gwaith o baratoi gwerslyfrau i ysgolion Sul.

Mae 6 o lyfrau ar gyfer bob blwyddyn, sef:

SBLOETS!: (I rai 5-7 oed) Llyfryn gwaith gyda dwy dudalen ar gyfer bob gwers.

GÔL: (I rai 8-11 oed) Llyfryn gwaith gyda dwy dudalen ar gyfer pob gwers.

STILIO: (I rai 11-16 oed) Cylchgrawn ieuenctid yn cynnwys ffeithiau i'w hystyried, hanesion gwir a gweithgarwch.

LLYFR GWERSI YSGOL SUL I BLANT DAN 11 OED: Gwersi i blant 5-7 oed, a phlant 8-11 oed. Cynhwysir defosiwn i'w ddefnyddio ar gychwyn yr ysgol Sul, a nodiadau cefndir i'r athro.

LLYFR GWERSI YSGOL SUL I IEUENCTID AC OEDOLION: Gwersi i ieuenctid dros 11 oed, cwestiynau trafod i oedolion, a 10 o wasanaethau teulu i gyd-fynd â'r themau.

ESBONIAD I'R OEDOLION: 1994- *Pobl Dduw'n Addoli* gan Y Parch Pryderi Llwyd Jones.

Paratowyd y deunydd gan Gyngor Ysgolion Sul Cymru, sy'n gyngor cyd-enwadol, yn cynrychioli'r holl brif enwadau yng Nghymru.

Diolch i Delyth Oswy am ddethol y deunydd ar gyfer y cynllun ac am olygu'r gwaith. Diolch hefyd i Helen Oswy Roberts am addasu'r deunydd i'r Gymraeg; i Elisabeth James am ei gwaith yn golygu'r testun a'r iaith, ac i Tudur Jones am y gwaith cysodi. Diolch i Pryderi Llwyd Jones am baratoi esboniad newydd, ac i Cynthia Davies am ei olygu. Cafwyd cymorth ariannol gan yr holl enwadau yng Nghymru ar gyfer y gwaith, ac rydym yn ddiolchgar iawn iddynt am hynny. Yn ogystal, rydym yn ddyledus i'r Cyngor Llyfrau Cymraeg am eu cefnogaeth ac i'r ddwy wasg, Tŷ John Penri a Pantycelyn am y gwaith argraffu.

Ein gobaith yw y bydd y deunydd hwn yn ddefnyddiol i ysgolion Sul drwy Gymru gyfan, ac y bydd yn fodd i'n cynorthwyo i agosáu at ein Harglwydd Iesu, drwy ddysgu ac addoli *Gyda'n Gilydd.*

Pob bendith ar waith yr ysgol Sul.

Aled Davies

Gwers 1

Fi a'th greodd di.
Salm 8
Genesis 1.26;2.7

Y mae addoli yn **dechrau** pan mae meidrolion yn dod i sylweddoli eu bod wedi eu creu gan Greawdwr. Mae addoli yn **parhau a dyfnhau** pan mae meidrolion yn dod i gredu eu bod wedi eu creu ar lun a delw Duw. Y mae meidrolyn wedi cael ei greu i fod yn addolwr neu'n addolwraig. 'Islaw duw ' ac 'ychydig is na'r angylion' yw geiriau Salm 8 ac y mae'r geiriau yn cydio'r meidrol a'r anfeidrol gan wneud plygu mewn gwyleidd-dra a moli mewn rhyfeddod yn gwbl naturiol ac angenrheidiol i hil Adda ac Efa. Dyma sydd yn ei wneud yn wahanol i bob creadur arall .

Ar ddechrau blwyddyn newydd yr ysgol Sul eleni yr ydym yn ymwybodol ein bod yn dechrau gyda'n gilydd. Yr hyn sy'n dod â ni o bob oed at ein gilydd yw'r Gair a'r Gair hwnnw yw canol, nid yn unig yr ysgol Sul, ond yr eglwys gyfan ac y mae'r eglwys gyfan yn dod ynghyd yn y man ac yn y weithred sydd yn ei gwneud yn eglwys, - sef yn yr addoli. 'Gyda'n gilydd yn addoli' felly yw thema'r llawlyfr. Cyfrol ydyw sydd yn mynd â ni i uchder a dyfnder addoli pobl Dduw. Yr ydym yn dechrau heddiw lle y byddwn yn gorffen yng Ngorffennaf 95 - mewn addoliad. Wedi'r cyfan 'diben pennaf dyn yw gogoneddu Duw a'i fwynhau byth ac yn dragywydd.' Yn ystod y flwyddyn- trwy'r Ysgol Sul a bywyd cyfan yr eglwys- fe fyddwn, gobeithio, yn rhoi mwy a mwy o gynnwys a chyfoeth i'n haddoliad wrth i ni fyfyrio ar y Gair a chael ein tynnu i mewn i'w gyfoeth a'i amrywiaeth.

1. Y mae Salm 8 wedi ei dewis fel crynodeb cyfarwydd o'r gwirionedd sy'n cael ei fynegi yn rymus yn Genesis, yn gyson yn y Salmau, ac sy'n thema ganolog yn y Gair. Yn ôl Genesis 1.26 ('gwnawn ddyn ar ein delw ni') ac yn ôl Genesis 2.7 ('ac anadlodd yn ei ffroenau anadl einioes; a daeth y dyn yn greadur byw') fe'n crewyd gan Dduw. Emyn o fawl yn mynegi hynny yw Salm 8 ac y mae wedi bod yn rhan o addoli'r eglwys

Gristnogol a chenedl yr Iddewon ers canrifoedd lawer. Mae'n anodd meddwl am unrhyw le gwell i ddechrau ymwneud â'n haddoli, oherwydd fel pob emyn o werth, mae'n syml, yn llawen, yn dyrchafu Duw ac yn dathlu'n ddiolchgar ei berthynas â dyn.

Yn ystod ail hanner y ganrif hon, ac yn arbennig y chwarter olaf, yr ydym yn amlwg iawn yn mynd trwy newid sylfaenol a gobeithiol yn ein hagwedd tuag at y cread. Peidiodd â bod yn greadigaeth beiriandol, derfynol a chaeëdig a pheidiodd gwyddoniaeth â bod yn ffordd awdurdodol o'i deall a'i reoli. Daeth y cread yn greadigaeth fyw, agored a chysegredig unwaith eto ac i'r Cristion y mae hyn yn arwydd fod Duw ar waith yn galw pobl yn ôl i'w gydnabod fel Creawdwr . I ni yn yr Ysgol Sul a'r eglwysi, yr oedd esboniad Harri Williams ac O.E. Roberts 'Y Creu a'r Cadw'(1973) yn gam bwysig yn y broses yma o adnabod cread Duw yn well. Erbyn hyn y mae yna gymysgwch rhyfeddaf o fudiadau - o grefyddau amryliw y New Age i fudiadau fel Greenpeace - yn cydnabod fod y cread yn greadigaeth frau a rhyfeddol sydd yn mynnu ac yn haeddu'r parch a'r gofal mwyaf. 'Resurgence' meddai'r economydd Richard Douthwaite, (gan gyfeirio at gylchgrawn poblogaidd o'r enw 'Resurgence' sydd yn rhoi pwyslais ar ochr ysbrydol a chreadigol y Mudiad Gwyrdd), "gives me a breath, a balance and an ethical and spiritual depth I can find nowhere else."

Nid oes dim yn newydd yn y Ddiwinyddiaeth Werdd mewn gwirionedd - ond oherwydd fod yr eglwys wedi bod mor hir yn ei hamgyffred a'i harddel, fe aeth mudiadau eraill â'r ymgyrch oddi arni. Oherwydd yn ôl Genesis y mae popeth yn byw mewn cyd-berthynas. Mae dynion a merched i ddarganfod eu lle fel rhan o gyfanwaith cread Duw - nid yn well, nid ar wahân, nid yn freintiedig, nid i reoli, ond i dderbyn yn ddiolchgar ac i ddathlu yn ddi-baid eu bod wedi eu creu. Mae iddynt eu lle, ac y mae gwybod hynny yn mynnu agwedd o wyleidd-dra mawr os ydynt i gadw a pharchu'r lle hwnnw.

Dyna pam mai'r weithred o addoli yw'r un fwyaf ystyrlon y mae dyn yn ei gwneud yng nghanol cread Duw. Ers blynyddoedd y mae Cristnogion wedi beirniadau'r agwedd sydd yng ngeiriau Browning, "One is nearer God's heart in a garden, Than anywhere else on earth..." fel agwedd baganaidd, wrth-Gristnogol. Ond mewn gwirionedd, mae'r geiriau yn wir. Yr ydym yn nes at Dduw'r Creawdwr yn yr ardd nac yn unman arall. Mae Genesis yn emyn o fawl mewn cread di-deml ; mae'r Salmau yn sôn am goed y maes yn curo dwylo a'r morfil yn dawnsio; mae Eseia yn gyson yn ein gwahodd i edrych i fyny ac i ystyried mawredd a rhyfeddod y cyfan; ac y mae Iesu yn aml yn symud yr addoli o'r deml a'r synagog i'r mynydd ac i'r môr. Dyna sydd yn naturiol, ac yr ydym ninnau, gyda chyfyngiadau ein haddoliad, angen llawer iawn mwy ohono. Ond y mae Salm 8 yn dweud mwy hyd yn oed na hynny.

2. Fe fydd y plant yn eu gwersi heddiw yn sôn am y gwahaniaeth rhyngom ni a'r anifeiliaid. Fe fyddant yn cael eu gwahodd i restru yr hyn sydd yn ein gwneud ni fel pobl ac unigolion yn arbennig. Fe fyddant hefyd yn gofyn y cwestiwn mentrus - ym mha ffordd yr ydym ni yn debyg i Dduw? Wrth geisio ateb y cwestiynau yma fe fydd y plant yn dod i sylweddoli bod yna fwy i 'Fi a'th greodd Di' na chanu 'Pwy wnaeth y sêr uwchben ?'' a'r llinell ryfedd 'Pwy wnaeth y ti a fi ?' Fe fyddant yn dod i ofyn ambell gwestiwn eu hunain : 'Os Duw wnaeth ein creu ni, pam ein bod ni yn medru bod mor gas a chreulon ?' Dyma gwestiwn treiddgar llyfr Genesis.

Os yw dyn yn wahanol i'r anifeiliaid eraill am ei fod wedi ei greu 'ar lun a delw Duw' y mae hefyd yn wahanol am ei fod wedi llygru'r 'daioni gwreiddiol' (y 'fendith wreiddiol' yn ôl Mathew Fox) sydd ynddo. Ŵyr y creaduriaid eraill ddim am y golled hon. Mae dyn wedi ei greu yn wahanol am ei fod yn medru dewis, gwneud penderfyniadau ac yn medru gwybod y gwahaniaeth rhwng da a drwg. Aeth y 'daioni gwreiddiol' yn 'bechod gwreiddiol', a mynegiant o hynny yw gweddill Genesis, oherwydd canlyniad hynny oedd, ac yw, lladd, llygru a gwrthryfel. A dyma'r union fan lle mae drama fawr dyn â'i enaid, y frwydr fawr ysbrydol sydd yn creu hanes - a dyma lle mae dyn a Duw yn cyfarfod mewn gweithred o addoli.

Y cwestiwn yw : A yw'r cwymp yn llwyr ac a yw'r ddelw ysbrydol wedi ei dinistrio'n gyfan gwbl? Neu ynteu - a yw'r ddelw, y daioni gwreiddiol, ynom o hyd ? Dyma yw awgrym Salm 8 - fod dyn o hyd wedi ei goroni â gogoniant, ei fod o hyd ychydig - dim ond ychydig - is na'r angylion. Ai dewis anufuddhau yr ydym, wrthryfelwyr mawr, ynteu a yw'r pechod sydd ynom yn ein tynnu tuag at y drwg nad ydym yn ei ddymuno (chwedl Paul, Rhufeiniaid 7.17)? Ai dyna sydd yng ngeiriau Iesu ar y Groes am faddau, 'am na wyddant beth y maent yn ei wneud'? Efallai mai'r mynegiant gorau o'r argyfwng dynol, o gyflwr dyn, yw ei fod yn greadur deufyd ac felly yn gyfuniad (neu, efallai yn wrthdrawiad) anghyfforddus ac anghenus o ogoniant a harddwch ar y naill law a gwae a gofid ar y llaw arall. O fendith ac o felltith. O anrhydedd ac o gywilydd.

3. Wrth addoli Duw'r Creawdwr yr ydym yn mynegi ein cred mai ei bobl Ef ydym ac y medrwn ni felly droi ato oherwydd, ac er gwaethaf, ein cyflwr. Yr ydym yn troi ato hefyd gan wybod ein lle a llawenhau yn ei greadigaeth. Heb y llawenhau hwn nid yw addoli yn addoli. Wrth gerdded am dro gyda'r Arlywydd Rooseveldt fe fyddai'r naturiaethwr William Beebee yn gofyn i'r Arlywydd dylanwadol edrych i fyny a byddai'n dangos iddo â'r llygaid noeth y sbotyn niwlog yng nghornel chwith sgwâr Pegasus. ' Dyna gysawd Andromeda, ac y mae mor fawr â'n Llwybyr Llaethog ni. Y mae'n un o gan miliwn o gysadau ac y mae saith gant a hanner o filoedd o flynyddoedd goleuni oddi wrthym. Y mae'n cynnwys can biliwn o heuliau a phob un yn fwy na'n haul ni.' Fe fyddai'r Arlywydd yn ymateb trwy ddweud : 'Yr ydym yn ein lle yn awr.'Gyda gweledigaeth o fawredd y cread y mae awdur Salm 8 yn medru gofyn, yn wyneb hyn, 'Beth yw dyn?' ac yn medru ateb gyda hyder fod Duw yn gofalu amdano.

Fe fyddwn yn dychwelyd at yr wythfed Salm yn y wers nesaf.

Adnodau pellach i'w hystyried a'u trafod

Eseia 43.4-7. Actau 17.24-26 Effesiaid 4.23-24

Cwestiynau i'w trafod

1. Y mae John Bell (Cymuned Iona) yn sôn am dair agwedd ar Dduw'r Creadwr:

   1) 'Caredigrwydd y Creawdwr'
   2) 'Gwên y Creawdwr'
   3) 'Gofal Mam' neu 'Ofal Benywaidd' y Gwaredwr.

   Sut y mae rhain i'w gweld yn Salm 8?

2. Gan mlynedd yn ôl **(Awst 4,1894)** ganwyd Ambrose Bebb : hanesydd, cenedlaetholwr a Christion o argyhoeddiad dwfn. Ysgrifennodd ddwy gyfrol sy'n ymwneud â chrefydd, sef 'Yr Argyfwng' a'r 'Ysgol Sul.'

Trafodwch y ddau ddyfyniad sy'n dilyn o'r 'Ysgol Sul' (a gyhoeddwyd gyntaf ym **Medi 1944,** sef hanner can mlynedd i'r mis hwn):

'Dadleuasom dros gadw'n wastadol mewn côf fod yr Ysgol Sul yn rhan hanfodol o fywyd Cymru, a'i dirywiad hi yn rhan o ddirywiad yr holl Eglwys ; dros y genhadaeth danbeitiaf i gyffroi'r holl genedl o blaid yr Ysgol Sul ; dros feddiannu addysg yr Ysgolion dyddiol a'i llwyr drwytho â'r ddelfryd Cristnogol. At yr ysgolion ychwaneger y Mudiad Ieuenctid. Ac at y rheini, y cartrefi. A thrachefn, at yr Ysgolion a'r Mudiadau Ieuenctid a'r cartrefi, y bywyd cymdeithasol yn ei gyfanrwydd : hynny yw, pob agwedd ar fywyd Cymru gyfan. Felly yr adeiladwn Gymdeithas Gristnogol yn yr hon y byddo'r Ysgol Sul unwaith eto yn flodeuog a changhennog, 'fel pren wedi ei blannu ar lan afonydd dyfroedd, yr hwn a rydd ei ffrwyth yn ei bryd, a'i ddalen ni wywa.' (tud. 27-28)

Wrth sôn am rai o wendidiau yr Ysgol Fawr, sef dosbarthiadau yr oedolion dyma sydd gan Amrose Bebb i'w ddweud : '*Gwneud clwb clebran o'r dosbarth ar dro, hollti blew a halltu briw ; cau llygad ar y goedwig drwy ei hoelio ar y coed, torri penodau'n adnodau ac adnodau'n eiriau, coelio'r esbonwyr ar draul ofergoelio'r Beibl......y mae dadlau er mwyn dadlau. Y mae diwinyddiaeth er mwyn diwinyddiaeth, ac nid er iachawdwriaeth. Y mae dwyfoli athrawiaethau ac nid awdur yr athrawiaethau. Y mae derbyn athrawiaeth yr ymgnawdoliad, ar draul gwrthod y Duw a ymgnawdolodd. Y mae bod yn 'iach yn y ffydd' yn hytrach nag ym Mywyd y Ffydd. Ys dywed Thomas à Kempis, 'pa lesâd iti ddadlau'n olau ac yn ddwfn am y Drindod, a thithau heb fod gennyt ostyngeiddrwydd, ac am hynny'n digio'r Drindod ei hun?'*

Gwir yw hyn oll, a gwir nid yn unig am ddeiliaid yr Ysgol Sul, ond am bawb ar a ddenir i ddamcanu am y sylweddau tragwyddol ac i'w dirnad ac i'w dysgu. Gwir hefyd y gellid rhagori llawer iawn ar ddefosiwn ac addoli yr Ysgol Sul....'

Er nad yw'r cyfeiriad uchod yn uniongyrchol berthnasol i'r wers heddiw, trafodwch eiriau Ambrose Bebb. Ein gobaith yw y bydd y maes llafur eleni yn dyfnhau defosiwn ac addoli, nid yn unig y dosbarth a'r ysgol Sul, ond yr eglwys gyfan.

Gwers 2 **'Rydw i'n dy osod yn gyfrifol'**
Salm 8.6-8
Genesis 1.28

Y mae lle dyn wedi ei weu i batrwm cyfan y cread ac i gynllun y Creawdwr. Ond ar hyd y canrifoedd mae'r geiriau 'gosod popeth dan ei draed ef' (ad.6b) neu 'i lywodraethu ar' (Gen.1.26) wedi cael eu cam-ddeall a'u cam ddehongli. Canlyniad hyn yw mai dyn, o'r holl greaduriaid, sydd wedi dinistrio fwyaf ar y cread a chwalu'r *shalom* yr oedd y Creawdwr wedi ei greu. Aeth yn goncwerwr yn hytrach na gofalwr.

1. Fe grewyd dyn 'ar ddelw Duw' i fod yn gyfrifol, i warchod ac i fod yn stiward y cread.Y mae bod 'ar ddelw Duw' yn golygu bod yn gyd-weithiwr â'r Duw hwnnw; bod yn gyd-grëwr; bod yn warchodwr bywyd ac yn hybwr iechyd a llawnder. Mynegiant o hynny yw'r mudiadau sydd wedi dod i amlygrwydd yn ein dyddiau ni - mudiadau a grewyd oherwydd fod dyn wedi ymwrthod â'i gyfrifoldeb a mudiadau sydd wedi cynyddu oherwydd fod yna barodrwydd i gymryd ein methiant o ddifrif . Mae enwau fel Greenpeace a Chyfeillion y Ddaear, R.S.P.B. neu'r R.S.P.C.A. yn tarddu yn uniongyrchol o Genesis ac mae adnod 6 yn Salm 8: 'Rhoist iddo awdurdod ar waith dy ddwylo, a gosod popeth dan ei draed' yn dangos bod Duw yn anrhydeddu dyn trwy ei osod i ofalu am waith Ei ddwylo. Mae hyn yn golygu fod dyn wedi ei greu i ofalu ac i warchod ac y mae peidio gwneud hynny yn dod â chanlyniadau erchyll, - mae'r greadigaeth yn ochneidio (Rhuf.8). Cam â'r Gair yw dweud, fel y dywedwyd yn rhy hir o lawer, mai gwaith cyntaf y Cristion yw achub eneidiau. Cyn hynny, oherwydd mai Duw a'n creodd, y mae yn ein natur i dderbyn cyfrifoldeb am y cread y creodd Duw ni i fod yn rhan anrhydeddus ohono.

2. Nid dyna'r cyfan, oherwydd mae cael ein gwneud ni yn gyfrifol am y cread yn golygu mwy na hyn. Perthynas o gyfanrwydd sydd rhwng Duw a dyn, rhwng dyn a'i gyd-ddyn, a rhwng dyn â'r cread. Mae hynny yn golygu pob agwedd ar fywyd, oherwydd un bywyd y mae Duw wedi ei greu. Y mae llyfr Deuteronomium yn lyfr cyfarwyddyd i warchod bywyd

cyfan: pob agwedd ar fywyd. Dyna paham fod yn rhaid ychwanegu mudiadau fel Cymorth Cristnogol,Oxfam, Tear Fund, Bywyd, Amnest, Cymdeithas y Cymod, CND a phob mudiad arall sy'n ymgyrchu o blaid bywyd. Nid penodau gwyrdd yn unig yw dechrau Genesis ond penodau cyfiawnder a heddwch, oherwydd Creadwr felly a greodd y byd. Dyna pam, gyda llaw, fod Ffransis o Assissi wedi dod yn sant i'n cyfnod ni eto. Y mae amryw nad oes ganddynt argyhoeddiad 'crefyddol' fel y cyfryw, ac amryw o grefyddau eraill, wrth gwrs, yn gweld yn Ffransis rhywbeth allweddol sy'n cyffwrdd â'n dynoliaeth gyffredin.

Mae yna dir cyffredin lle gall crefyddwyr byd gyfarfod, a'r tir hwnnw yw'r man lle mae'r Creawdwr wedi ei ddatguddio ei hun yn ei gread. Mae Hans Küng yn ei gyfrol 'Global Resposibility' yn dweud bod yn rhaid i grefyddau'r byd gyfarfod a rhannu'r cyfrifoldeb - neu rwygo a rhannu mwy ar y cread. Fe wnaethpwyd ymdrech yn Assissi yn 1988 ac y mae'r ymgyrch honno wedi deffro cydwybod crefyddwyr byd i dderbyn cyfrifoldeb ar y cyd am gread Duw. Mae Salm 8 yn Salm a rennir gan brif grefyddau'r byd, a chan bob crefydd arall gwerth ei halen.

Mae addoli yn ein gwneud yn rhan o gyfamod Duw â Noa (Gen.9.16), sef y cyfamod â phob creadur byw ar y ddaear. Y mae addoli Duw'r Creawdwr yn adnewyddu'r cyfamod hwnnw. Does ryfedd, mewn gwirionedd, fod yr enfys wedi dod yn arwydd ac yn symbol arwyddocaol i'n dyddiau ni - dyddiau y galw yn ôl i Genesis, dyddiau cyfamod â'r cread ac â'r ddynoliaeth. Mae'n gyfamod tragwyddol ac oherwydd hynny mae'r cread cyfan yn dod yn arwydd o'r cyfamod .

Adnodau pellach i'w hystyried

Pa oleuni y maent yn ei daflu ar 'bod yn gyfrifol'?

Deuteronomium 22.6-7; 23.12-14,24-25
Diarhebion 12.10 Salm 24.1 Colosiaid 1.19-22

Cwestiynau i'w trafod

1. Ym mha ffordd yr ydych fel eglwys yn gweithredu'n 'gyfrifol' tuag at y cread ?

2. Ym mha ffordd yr ydym fel cymdeithas yn gyfrifol am 'wastraffu adnoddau'r cread'?

3. Yn ôl W.D.M. (World Development Movement) mae gwlad yr Iorddonen ar ôl arwyddo cytundeb gwerth 270 miliwn o bunnoedd i brynu arfau gan lywodraeth Prydain yn 1985, wedi gweld cynnydd o 214.3% yn y cymorth(aid) a gaiff gan Brydain. Mae'r un peth yn wir am Indonesia sydd wedi prynu gwerth 500 miliwn o arfau gan Brydain â'r cymorth wedi cynyddu 196%. Y mae W.D.M. yn gweld cysylltiad agos rhwng masnachu arfau cymorth i ddatblygiad.' (O'r 'Independent' Ioanwr 20, 1994).

Trafodwch yr adroddiad hwn yng nghyd-destun 'bod yn gyfrifol'.

4. 'Nid yw caru'r cread yn ei amrywiaeth rhyfeddol a dangos tuag ato y parch a haedda, yn ddim llai na gweithred o gariad, o weddi ac o offrwm diolch i'r Creawdwr.' (Cafod)

Trafodwch y geiriau yma mewn perthynas â'n cyfrifoldeb.

Gwers 3 **Digon i bawb**

Deuteronomium 24.17-22

Er bod y byd wedi mynd yn llai a'n bod bellach yn byw mewn 'pentref byd' eto mae'r bwlch rhwng y tlawd a'r cyfoethog wedi mynd yn fwy - ac mewn pentref, mae'r bwlch yn ymddangos yn waeth. Mae'n werth cofio hefyd fod yr un bwlch yn poeni'r proffwydi wyth ganrif cyn Crist ac yr oedd y bwlch yn poeni Iesu ei hun. Y mae'r bwlch hwn yn mynd yn ddwfn i galon gweledigaeth y Gair o un byd a grewyd gan Greawdwr da, oherwydd yn y pen draw y mae'n drosedd yn erbyn y Creawdwr ei Hun. Wyneb yn wyneb â sefyllfa o'r fath y mae'r Cristion sy'n addoli'r Creawdwr yn barod i sefyll yn gadarn ar dir ei addoliad - ac i newid byd.Neu, ac yn fwy cywir, i fod yn gyfrwng yn llaw Duw i adfer ei fyd. Y mae sawl un yn y gorffennol wedi tynnu sylw at Feibl y Tyllau, sef y Beibl gyda phob cyfeiriad at y tlawd a'r cyfoethog wedi ei dorri ohono gyda siswrn. Mae Beibl o'r fath yn dyllau i gyd !!

1. Mae Duw wedi darparu i bawb (Genesis 1.29,30) gael eu bwyd yn ei bryd. Efallai fod hyn yn ymddangos yn agwedd naïf a sentimental sy'n perthyn i ddarlun cyfyng iawn o hen fyd a fu. Bellach, mae'r byd wedi newid ac un o broblemau sylfaenol y byd yw gor-boblogi. Ond y mae'n dal yn wir fod yna ddigon i bawb. Petae adnoddau'r cread yn cael eu rhannu yn deg. Pe bai adnoddau ddim yn cael eu gwastraffu ar raddfa mor fawr - yna, **byddai** digon i bawb; cynhyrchir digon o fwyd yn flynyddol ar y blaned i fwydo pawb ddwy waith trosodd. Eseia sydd yn sôn am y cyfoethog yn pentyrru eiddo a chyfoeth, a'r tlodion yn llyfu'r llwch.

2. Oherwydd bod yr Iddew wedi bod yn gaethwas yn yr Aifft a'i fod yn awr wedi ei ryddhau i fyw mewn gwlad dda, yna y mae Duw yn rhoi **gorchymyn** iddo rannu (ad. 18). Nid yn unig y mae hyn yn orchymyn penodol i ufuddhau iddo ond y mae hefyd yn sylfaen cymdeithas dda a chenedl gyfiawn. Y mae'n golygu bod y dieithryn, yr amddifad a'r weddw yn derbyn y gofal y mae Duw ei hun yn ei roi. Y mae llyfr Deuteronomium nid yn unig yn gyfrol fawr o ddiolchgarwch ond y mae hefyd yn cynnwys sylfeini diogel i greu gwareiddiad lle mae rhannu a diogelu eraill yn gwbl sylfaenol.

3. Mae ffydd heb weithredoedd yn farw. Dyma ,wrth gwrs , yw pwyslais Iago (gw. Iago 2.14-17). Nid mater o weithredoedd da ydyw, ond mater o ffydd fyw. Mae'n rhaid i ffydd gael ei mynegi mewn bywyd o roi ac o rannu. Os na wneir hyn, nid yw'n ffydd; crefydd wag ydyw. Yn wir ar hyd y canrifoedd, ers dyddiau Ioan Fedyddiwr, y mae rhai wedi mynnu mai bod yn dlawd, bod heb ddim, yw'r cyflwr gorau i'r Cristion - dyna , yn rhannol, oedd tu ôl i'r weledigaeth fynachaidd o dlodi. Agwedd gyfoes a chyffrous ar yr un pwyslais yw y rhai sydd yn arghoeddedig o'r alwad i fyw'n dlawd er mwyn eu huniaethu eu hunain â mwyafrif poblogaeth y byd. Nid ar yr Efengyl i'r Tlawd mae'r pwyslais, ond ar Efengyl y Tlawd.

Mae'n werth atgoffa ein hunain yma fod degymu a chyflwyno offrwm yn weithred o roi mewn addoliad. Y mae llyfr Deuteronomium yn rhoi cymaint o bwyslais ar gyfanrwydd bywyd fel rhodd gan Dduw fel nad oes dim un rhan o fywyd, gwaith a gorffwys nad yw'n rhan o addoliad cymwys ei bobl. Tybed a yw'r offrwm wedi mynd yn rhan ddi-feddwl o'n haddoliad ac y dylem ddod ag ymgysegriad yn ôl i'r ddefod drwy ei wneud yn llai aml a rhoi mwy o bwyslais arno? Neu a yw'r gweinidog a wrthododd offrymu bendith ar y casgliad am fod cyn lleied wedi ei roi, yn nes ati ?

4. Ond y mae Deuteronomium a'r Beibl cyfan yn mynd ymhellach na phwyslais ar roi ac offrymu a rhannu. Y mae'n sôn am **drefn** o gyfiawnder a chynllun o heddwch lle mae Duw yn mynnu yr hawl i ddyn dderbyn yr hawliau a'r bendithion y mae Duw wedi eu rhoi iddo. Mewn geiriau eraill y mae'n lyfr am hawliau dynol. Eseia sydd yn sôn am heddwch i'r cenhedloedd, am ddarostwng balchder y cenhedloedd ac am ddwyn barn, cyfiawnder a heddwch i'r holl ddaear. Mae'r Gair yn mynd â ni o weithredoedd da i gyfundrefn gyfiawn; o ofal personol i ofal cymunedol; o anrhefn cymdeithasol i drefn ryngwladol.

Fe ellid crynhoi a symleiddio'r hawliau a roddir i'r tlawd yn ôl Deuteronomium:

1. Yr hawl i gael byw heb i neb 'wyro barn' yn eu herbyn (24.17). Neu, a defnyddio termau cyfoes, i beidio â chael eu hecsploitio a'u llusgo i ddyled . O gofio bod cymaint o wledydd tlawd yn mynd yn dlotach

oherwydd baich dyled ryngwladol ym marchnad y byd cyfoethog, y mae'n werth cofio hefyd am y gorchymyn (gw. Deut 15 a Lefiticus 25) am y flwyddyn Sabothol pob saith mlynedd a'r Jiwbili pob hanner cant namyn un o flynyddoedd, oedd yn rhyddhau y tlawd o'u dyledion. Yr oedd hefyd yn rhyddhau teuluoedd o faich dyled y teulu ac yn rhoi yr hawl iddynt ddianc o gaethiwed eu tlodi.

2. Yr hawl i gael darpariaeth ar eu cyfer a hynny yn rhan o stiwardiaeth gyfrifol a dyletswydd gymdeithasol. Nid cardod yw hyn: nid rhoi o'r hyn sydd ar ôl mewn tosturi, ond bod y ddarpariaeth yn elfen allweddol wrth gynllunio a threfnu cynhaeaf a gofal.

5. Y mae'r weledigaeth hon wedi ei daearu mewn addoli. Y mae Llyfr Deuteronomium yn Lyfr Mawr Diolchgarwch - yn gyfuniad o fawl a gweddi a galwad. Mae'n lyfr sydd yn gwneud yr union beth yr oeddem yn ei bwysleisio ar ddechrau'r mis , sef cynnal gŵyl tu allan i furiau eglwys am ei bod yn ŵyl y cread cyfan a'r ddynoliaeth i gyd. Addoli'r Creawdwr yr ydym, ein Duw cyfiawn, na all edrych ar anghyfiawnder, tlodi a thrais. Addoli Duw'r Cenhedloedd yr ydym, yr Un ac y mae'r cread yn ei law a'r cenhedloedd o fewn ei fwriad a'i allu . Addoli Duw'r Deyrnas yr ydym ac y mae Ef yn teyrnasu, nid yn unig nac yn arbennig drwy ei bobl , ond trwy ei allu Ei hun. Mewn gwirionedd mae gan y Cristion fwy o argyhoeddiad na neb am rannu'n deg a byw'n gyfiawn - oherwydd o Dduw y mae'r cyfan, ac y mae hynny yn gwneud y Cristion yn Addolwr-Chwyldroadwr di-flino. Y mynach Thomas Merton a ddywedodd fod pob gweithredu wedi ei wreiddio mewn gweddi ('the road to action lies through prayer'). Addolwyr mawr, dathlwyr diolchgarwch, oedd y proffwydi i gyd . Yn yr un ffordd fe ddylai'r eglwys sy'n addoli fod yn eglwys broffwydol .

Adnodau pellach i'w hystyried

2 Corinthiaid 9.6-14.

Cwestiynau i'w trafod

'Y mae dyn yn methu rhannu am ei fod, mewn gwirionedd , yn methu diolch.' (Michael Taylor)

A yw ein Diolchgarwch yn tueddu i fod o hyd yn gyfyng ac yn bersonol ei apel ? Oni ddylai fod yn ddathliad gwleidyddol?

Bydded heddwch ar y ddaear
a bydded iddo ddechrau ynof fi;
Bydded cariad ar y ddaear,
a bydded iddo ddechrau yn fy nghalon i;
Bydded gwyrthiau ar y ddaear,
a bydded iddynt ddechrau gyda'm ffydd i;
Bydded dyfodol i'r ddaear;
a bydded iddo ddechrau gyda gweithred o rannu - gennyf fi.

(Cafod)

COFIWCH:

Mae'n bwysig eich bod yn dechrau trefnu gwers 4 heddiw

Diolchgarwch

Yn ystod mis Medi yr ydym wedi bod yn myfyrio ar addoli Duw'r Creawdwr. Gweithred o ddiolchgarwch yw'r addoli hwnnw. Y mae agweddau eraill ar ddiolchgarwch, wrth gwrs, ond y mae bob amser yn ddathlu - dathlu'r Creadwr,dathlu bywyd, dathlu'r cread, fel y gwnaeth y Creadwr fwynhau a gwirioni ar ei gread ('Gwelodd Duw y cwbl a wnaeth, ac yr oedd yn dda iawn.' Genesis 1.31). Yr ydym ninnau hefyd i wneud yr un peth. Y mae'r Creawdwr yn Gynhaliwr : nid yn edrych yn oer ar gread gorffenedig, ond yn edrych gyda phleser ar ei greadigaeth fyw. Dyna sydd yn Salm 8. Ond y mae'r Pleser Dwyfol yn troi'n wewyr i'r Creawdwr. Dyna paham fod diolch yn y Beibl nid yn unig yn fawl a chlod, ond hefyd yn weddi o edifeirwch ac o eiriol.

Deunydd myfyrdod pellach sydd yn y wers hon, yn cydio'r gwersi wrth ei gilydd. Y mae'r Sul olaf o bob mis yn gyfle i'r dosbarth gyfrannu i addoli'r eglwys; i ymuno gyda phlant yr ysgol Sul i ddod â gwaith y mis i amser o addoli; neu i droi'r dosbarth yn gylch myfyrdod a gweddi. Llyfr defosiwn ac addoli yw'r Beibl - ac y mae'n rhaid i aelodau'r dosbarth ysgol Sul weld eu gwaith a'u cyfraniad fel rhan allweddol o fywyd cyfan yr eglwys. Drwy wneud hynny efallai y medrwn ddod â mwy o bobl i mewn i fywyd yr ysgol Sul.

1. **FFYDD YN CYSGU** (O Wasanaeth Teulu ar gyfer y mis)

Cymeriadau : Marc - Cristion ysbrydol (?) ond naïf
Dyn - aelod anlwcus (?) o gymdeithas.

(Marc yn dod i mewn gan foli Duw â Beibl yn ei law. Mae'n eistedd ar y fainc nesaf at ddyn sydd yn eistedd â'i ben yn ei ddwylo mewn gofid.)

Marc: Sôn am ddiwrnod bendigedig ! Mae'n fraint cael bod yn fyw. *(Y dyn yn aros yn dawel)* Mae'n ddiwrnod bendigedig ond ydi ?

Dyn: *(Heb godi ei ben)* Mmm.

Marc: Ydi, mae'r haul yn tywynnu, yr adar yn canu, a does dim cwmwl i'w weld. Diwrnod perffaith i ddarllen y Beibl ddywedwn i. *(Agor ei Feibl)* Ydach chi wedi darllen Iago ? Mae'n lyfr cyffrous iawn.

Dyn: *(Yn sydyn yn syllu ar Marc)* 'Rydw i'n 48 oed.

Marc: Dim ots am hynny - dydych chi byth yn rhy hen i ddarllen Iago.

Dyn: Sut yr ydw i i fod i gael swydd arall yn fy oed i ? Pwy sydd am roi gwaith i ddyn canol oed heb gymwysterau ?

Marc: Wel, ia wir. *(Yn ôl at ei Feibl)* Rwan, ble mae'r adnod 'na....

Dyn: 'Rydw i wedi gweithio i'r cwmni yna am ddeunaw mlynedd, a mae nhw wedi fy rhoi ar y clwt - jyst fel 'na. Sut ydw i i fod i dalu'r biliau - mae gen i wraig a thri o blant, ond does neb yn gwrando......

Marc: Mae'n wych, mae'n llawn ystyr. Mae'n fy ysbrydoli.

Dyn: Alla i ddim cym'ryd dim mwy. 'Rydw i wedi cael digon. *(Mae'n dechrau crio. Marc yn anghyfforddus ac yn symud yn bellach oddi wrtho).*

Marc: Wel, well i mi fynd rwan. Mae cyfarfod Beiblaidd yn dechrau am 7.00. Fuasech chi yn hoffi dwad efo fi...? *(Mae Marc yn codi i fynd)*

Dyn: Na, alla i ddim. *(Marc yn mynd.)*

2. Adnodau pellach i'w trafod a'u darllen mewn gwasanaeth Diolchgarwch :

Lefiticus 25.19-21 ; Actau 4. 34-35 ; 1 Timotheus 5.3-6;
2 Corinthiaid 9.6-14 ; Luc 1. 46-56

3. Geiriau gan y Tad Alexander Schmemann (Yr Eglwys Uniongred):

' Canaf i'r Arglwydd tra byddaf byw
Rhof foliant i Dduw tra byddaf. ' Salm 104.33

'Ac y mae'n rhaid iddi fod felly. Mae'n rhaid cael rhywun yn y byd - yng nghanol yr anhrefn - i sefyll yn y canol a'i weld yn llawn o gyfoeth dwyfol, yn gwpan bywyd a gorfoledd, yn ddoethineb ac yn harddwch , - ac i ddiolch am y cyfan. Y 'rhywun' hwnnw yw Crist, yr Ail Adda sy'n ein gwneud ni yr hyn y dylem fod ac yn adfer y cread yn ôl i ni. Ac os yw'r eglwys yn y Crist hwn, yna ei gwaith cyntaf yw diolchgarwch - dychwelyd y cread i'r Duw a'i creodd.'

4. Fe ddylai pob eglwys erbyn hyn fod yn rhan o weithgarwch lleol a chenedlaethol er mwyn i'w diolchgarwch fod yn ystyrlon a chyson.

A) I ba raddau y mae eich eglwys yn gweithredu i warchod ac adfer yr amgylchfyd ? A oes gennych gynllun i gasglu ac anfon papur a photeli i gael eu hail-gylchynu ?

B) A ydych fel eglwys, ac fel aelwydydd, yn prynu ac yn yfed te a choffi sy'n rhan o ymgyrch Y Fasnach Deg gan Traidcraft,Oxfam a.y.b. Nid oes esgus dros beidio bellach.

C) A yw cyfraniad a chefnogaeth eich eglwys i fudiadau gwarchodaeth, cyfiawnder a heddwch yn deilwng ? A oes gennych bersonau arbennig yn eich eglwys i hybu'r gweithgarwch?

Y mae'r un cwestiynau yng ngwerslyfrau'r plant hefyd. Trafodwch y peth gyda'r plant â'r bobl ifanc, a gweithredwch. Cyflwynwch raglen benodol yn y gwasanaeth Diolchgarwch.

5. *'Carai'r ddaear, ei charu fel câr am mai daear Duw yw hi :*
Carai hi gan y'i crewyd gan ei Dad o'r dim yn deml i Fywyd.'

(Crist Natur. Donald Evans.)

6. Ffeithiau (1993)

Datblygedig	**Is -ddatblygedig**
30% o boblogaeth byd.	70% o boblogaeth byd.
80% o gyfoeth byd.	20% o gyfoeth byd.
20% o'r boblogaeth dros bwysau.	20% o'r boblogaeth heb ddigon o fwyd.

Pob **munud** o bob dydd y mae'r byd yn gwario 1.9 miliwn o ddoleri ar filitariaeth. Pob **munud** y mae 15 o blant yn marw yn y byd o effeithiau newyn ac afiechydon.

(Cenhedloedd Unedig.)

7. Y mae Mis Medi yn fis pwysig i'r Iddew gyda dwy Ŵyl grefyddol bwysig, Y Rosh Hashanah, Medi 6-7 (Blwyddyn Newydd) â'r Yom Kippur, Medi 15 (Dydd y Cymod). Trafodwch a defnyddiwch y ddwy weddi yma.

Nertha ni heddiw. Amen
Bendithia ni heddiw. Amen.
Côd ni heddiw. Amen.
Ymwêl â ni heddiw. Amen.
Gwrando ni heddiw. Amen.
Derbyn ein gweddi heddiw. Amen.
Cynnal ni heddiw. Amen (Dechrau blwyddyn)

O Dduw trugarog sy'n gwrando'r tlawd, Gwrando ni.
O Dduw trugarog sy'n gwrando'r tlawd yn yr ysbryd, Gwrando ni.
O Dduw trugarog, sy'n gwrando'r galon ddrylliedig, Gwrando ni.
O Dduw trugarog, gwrando ni,
O Dduw trugarog, trugarha wrthym,
O Dduw trugarog, gwared ni,
O Dduw trugarog, achub ni,
O Dduw trugarog, tosturia wrthym,
Yn awr,
Yn gyflym,
Yn fuan. (Dydd y Cymod)

Addoli'r Creawdwr:
Mor Fawr wyt Ti.

1. Yr un a'n creodd ac a'n carodd (Salm 8)

2. Yr un a'n gwnaeth yn gyfrifol ac yn atebol (Salm 8)

3. Yr un a'n galwodd i rannu ac i ofalu. (Deuteronomium 24)

Arglwydd mawr y nef a'r ddaear,
Ffynnon golud pawb i gyd,
Arnat Ti dibynna'r cread,
D'ofal Di sy'n dal y byd;
Am gysuron a bendithion,
Cysgod nos a heulwen dydd,
Derbyn ddiolch, derbyn foliant
Am ddaioni rhad a rhydd.
Am ddaioni rhad a rhydd.

(J Lloyd Humphreys)

Arglwydd Greawdwr Da,
Creaist ni ar dy lun a'th ddelw Dy hun:
Gwna ni'n ddiolchgar am rodd enbyd bywyd,
gwna ni'n warchodwyr dy gread rhyfeddol di,
gwna ni'n gyfryngau dy gyfiawnder a'th heddwch,
Fel y gall teulu dyn
mewn heddwch a hyfrydwch
Ddathlu -
'O Arglwydd ein Iôr, mor ardderchog yw Dy enw ar yr holl ddaear.'
Amen.

Gwers 1 **Er gwaetha'r rhwystrau**
Llyfr Ruth

Dweud stori yw addoli. Neu, yn fwy cywir, mae addoli yn dweud stori. Dyna yw patrwm addoli yn y Beibl : o ddyddiau cynnar yr Iddew i bregeth Pedr ar ddydd y Pentecost. Ar hyd y canrifoedd mae'r eglwys wedi adrodd ac ail adrodd yr un storïau. Y mae hefyd wedi creu storïau newydd. Dyma'r storïau sydd wedi tanio'r dychymyg, wedi ennyn ymateb ac wedi adrodd yr hanes am 'fawrion weithredoedd Duw'. Drwy'r storïau hyn mae Duw wedi torri i mewn i fywydau dynion a merched gyda delweddau grymus o'i gariad. Drwy addoli mae drama'r cariad dwyfol yn cael ei hail-fyw a'i chyhoeddi.

Stori felly yw llyfr Ruth, ac y mae'n sôn yn arbennig am garu er gwaethaf y rhwystrau. Mewn un ystyr y mae'n debyg i'r storïau sydd wedi dod i ni drwy ffilmiau fel *The Killing Fields* neu sydd wedi portreadu gweithredoedd o gariad mewn cyfnod o gasineb a thrais yn Cambodia ac yn Ne Affrica. Y cefndir i stori Ruth yw cyfnod gwaedlyd Llyfr y Barnwyr ac er bod y cyfnod hwnnw yn gyfnod o wrthdaro llwythau a chenhedloedd, stori bersonol a theuluol yw stori Ruth.

Ond mae'n stori bersonol gyda goblygiadau rhyngwladol iddi , ac fe ddylai hynny daro tant cyfoes iawn i ni sydd yn byw mewn oes sydd wedi cael ei galw yn 'oes y ffoaduriaid'. Yr ydym yn rhannu'r un byd â'r ffoaduriaid. Yr ydym yma 'gyda'n gilydd', ac y mae eu bywydau hwy yn cyffwrdd â'n bywydau ni.

1. Yn llyfr Ruth mae Naomi, oherwydd newyn yn ei gwlad, yn symud gyda'i phriod a'i dau fab o Fethlehem Jwdea i wlad Moab. Mae'r enwau a'r amgylchiadau yn gyfarwydd iawn : pobl sydd yn cael eu symud neu yn gorfod symud oherwydd amgylchiadau yw ffoaduraid - yn dianc, fel Joseff a Mair. Fel petai hynny ddim yn ddigon mae Naomi yn colli ei phriod a'i dau fab - a'r ddau wedi priodi merched o Moab. Mae a wnelo'r stori hon

felly, o'r dechrau, â phrofidau dyfnaf bywyd - profiadau o golli ac o alar ac o dristwch. Profiadau o ddieithrwch ac unigrwydd hefyd. Dyma'r profiadau sydd yn troi dyn at Dduw ac i ddyheu am y Duw hwnnw. Nid ymwneud â phethau amherthnasol 'crefyddol' mae addoli, ond ymwneud â bywyd. Os nad yw'n gwneud hynny nid yw'n addoli.

2. Mae Naomi yn dychwelyd i'w gwlad ei hun, ond mae Ruth ei merch-yng-nghyfraith yn mynnu aros gyda hi. Er bod hynny yn golygu bod Ruth yn troi ei chefn ar wreiddiau a chefndir a chynefin , y mae yna deyrngarwch a chyfrifoldeb a chariad sydd yn golygu ei bod yn barod i aberthu'r cyfan. Dyma'r cariad sy'n goresgyn pob anhawster. Mae '...dy bobl di fydd fy mhobl i, a'th Dduw di, fy Nuw innau ' (1.16) yn eiriau allweddol, nid yn unig yn Ruth, ond yn y Gair yn gyfan, oherwydd y maent yn mynegi mewn ffordd syml, naturiol a didwyll y cyfuniad o deyrngarwch a chyfrifoldeb, o ffyddlondeb ac o ofal sydd yn nrama'r cariad dwyfol.

3. Y mae Ruth yr 'estrones' (2.10), oherwydd ei bod yn weddw, yn cael mynd i loffa yn rhandir Boas. Yr oedd Boas wedi clywed am Ruth ac am ei haberth, ac y mae rhoi lle iddi loffa, yn ôl gorchymyn ei grefydd, yn mynegi gofal Duw Israel ' y daethost i gael nodded dan ei adain' (2.12) Mewn geiriau eraill, y mae'r dieithryn a'r weddw hon, yn cael lle mewn cymdeithas. Ar ôl colli ei lle, ar ôl ildio ei lle, ar ôl aberthu ei lle - y mae'n cael lle. Nid yw cael lle a chartref a chroeso yn iaith ddieithr i addolwyr.

4. Y mae Ruth a Boas yn priodi ac yn dilyn arferion Iddewig eu cyfnod (ac y maent yn arferion diddorol a doniol iawn - gweler penodau 3 a 4) ac o wneud hynny, y mae'r ferch-yng-nghyfraith sydd yn 'well na saith o feibion' (4.15) i Naomi yn dod yn rhan allweddol o stori pobl Dduw. Y mae mab Ruth a Boas yn dod yn daid i'r Brenin Dafydd!! Mewn gwirionedd y mae'r stori yma am 'rhywun diarth' yn dod yn gwbl angenrheidiol i ddatblygiad y stori.

Mae'r stori yn un syml ac y mae'n dyrchafu yr hyn sydd orau mewn meibion a merched. Mae'n gadarnhad o ddelw Duw arnom. Ac y mae addoli yn cydnabod hynny. Dweud y stori yw i ymhyfrydu yn yr hyn mae

Duw wedi ei gyflawni trwy stori teulu dyn. Stori Iddewig ydyw am dras ac etifeddiaeth a chyfamod, ond hyd yn oed cyn hynny mae'n stori'r ddynoliaeth, oherwydd yma yr ydym yn ymwneud â'r 'fendith wreiddiol' - y gofal a'r anrhydedd, y cydymdeimlad a'r cariad, y cynhaeaf a'r daioni, y cyd-weithio a'r cyd-addoli.

Yn fwy na dim y mae'r stori'n fynegiant o'r cariad sy'n dod â'r dieithryn i gartref a'r ffoadur i ddiogelwch tref a chymdeithas. Y mae stori Ruth yn tanlinellu hyn mewn mwy nag un ffordd :

a) Mae gofal am y dieithriaid yn gwbl sylfaenol i wir grefydd. (Lefiticus 19.33,34.) Ond fe aeth Boas ymhellach na gofynion y Gyfraith - fe drodd ddyletswydd yn haelioni, ac fe gerddodd yr ail filltir (2.15,16). Yn groes i'r gred boblogaidd ar adegau, ac yn gwbl groes i'r rhai sydd wedi darganfod yn yr Hen Destament amddiffyniad i ddyrchafu un hil uwchlaw y llall, neu i honni bod un cenedl yn well na'r llall, y mae'r Gair yn ymwrthod yn llwyr â hilyddiaeth. Wedi'r cyfan, 'Pwy yw fy ngymydog?'

b) Y mae gofal am y dieithriaid yn sylfaenol am fod Duw yng Nghrist wedi ein derbyn ni. Fe 'brynodd' Boas yr hawl i briodi Ruth trwy 'dalu' rhag iddi fynd yn gaethferch (3.13). Yr un iaith sydd yn y Testament Newydd, 'nid estroniaid a dieithriaid ydych mwyach...ond cyd-ddinasyddion...ac yn aelodau o deulu Duw ' (Effesiaid 2.14,19) Y mae'r pell wedi dod yn agos drwy aberth Crist (2.13). Y mae Duw ar waith yn creu un dynoliaeth newydd. Y mae Ruth a Naomi yn rhan o'r gwaith hwn.

c) Y mae gofal am y dieithriaid yn sylfaenol am fod Duw am i'r holl bobloedd ei addoli Ef. Mae Ruth yn cael ei derbyn, ei pharchu a'i charu oherwydd iddi hi derbyn 'dy Dduw di'. Y mae drysau yn cael eu hagor ac y mae'r Duw fydd, ac sydd, yn 'oleuni i'r cenhedloedd' am weld pawb yn ei addoli Ef. Mae addoli pobl Dduw yn weithred o agor drysau, o groesawu ac o gyfeillgarwch. Y mae hefyd yn weithred o roi lle, croeso a deheulaw cymdeithas neu gusan tangnefedd i ddieithriaid.

Cwestiynau i'w trafod

1. Yn 1993 fe gyhoeddwyd arolwg ar sut y mae pobl yn 'dod i ffydd'. Fe ddaeth yn amlwg iawn o'r ffeithiau fod y mwyafrif yn dod i gredu nid trwy argyhoeddiad sydyn, nid trwy ymgyrchoedd efengylaidd ond trwy gyfeillgarwch. Efallai y dylem roi llawer mwy o bwyslais ar gyfeillgarwch . Beth yw eich barn ?

2. Pa ran y mae cyfeillgarwch wedi chwarae yn eich bywyd ysbrydol? Ym mha ffordd y mae eich eglwys yn meithrin cyfeillgarwch â rhai tu allan i'r eglwys? A allwch chi gydymdeimlo â theimladau Naomi tuag at Dduw ? Ystyr Naomi yw 'hyfryd' ond yr oedd hi am ei newid i 'mara' (chwerw). Gweler Ruth 1.19-21.

caru - er gwaethaf rhwystrau.
ffyddlon - er gwaethaf rhwystrau.
maddau - er gwaethaf rhwystrau.
rhannu - er gwaethaf rhwystrau.
cymod - oherwydd rhwystrau.
Crist - gorchfygwr rhwystrau.

Cofiwch ddarllen Llyfr Esther erbyn y Sul nesaf.

Yn y wers heddiw fe fyddwn, yn blant ac yn oedolion, yn rhannu stori arall sy'n rhan o'n hetifeddiaeth Gristnogol. Er nad yw'r stori yn sôn am Dduw yn benodol - a dyna paham y bu cymaint o ddadlau a oedd lle i'r llyfr yn yr Ysgrythyrau Cristnogol - eto y mae'r stori yn gyfrwng i fynegi cariad y Duw hwnnw yn ei ymwneud â'i bobl. Dewrder a theyrngarwch a ffyddlondeb sydd yma eto, ond y mae'r stori yn edrych i mewn ar fywyd yr Iddew, yn hytach nac edrych allan fel stori Ruth. Ond nid yw hynny yn ei gwneud fymryn yn llai pwysig. Efallai yn wir, i ni; genedl fechan y Cymry, sydd o hyd yn mewn brwydr am ein hunaniaeth, fod stori Esther yn dweud mwy wrthym.

Ar gyfer y wers heddiw mae'n rhaid i'r athro fod yn gyfarwydd iawn â'r stori. Fe fydd y dosbarth i gyd - gobeithio - wedi darllen y stori cyn y wers, ond fe fydd yn rhaid i'r Athro fod yn ddigon cyfarwydd â hi i fedru adrodd y stori unwaith eto. Mae'n rhaid iddo fod yn 'gyfarwydd' i'w ddosbarth, oherwydd dawn lafar oedd dawn y storïwr ac yn nhermau addoli stori lafar ydoedd. Drwy addoli y mae'r Gair cyfan yn ein dwyn i mewn i holl hanes y ddynoliaeth : ei dristwch a'i fethiant, ei wae a'i ddagrau, yn ogystal â holl ddewrder a daioni yr ysbryd dynol sy'n cael ei gydnabod a'i ddyrchafu trwy Ysbryd Duw. Dyna paham fod pob rhan o'r Beibl yn bwysig ac arwydd o fethu deall natur y Gair yw dewis a dethol, derbyn a gwrthod. Mae hanes yr Iddewon yn daearu'r cyfan, yn ei wneud yn benodol, oherwydd nid Duw syniadau a damcaniaethau, nid Duw yr athronydd sydd yn y Gair ond y Duw, sydd ar waith, Duw hanes - a Duw Esther.

1. Ar ôl dweud y stori fe ddylid treulio peth amser yn edrych ar brif gymeriadau'r stori a thrafod eu cymeriad a'u cymhellion: Ahasferus,Haman, Mordecai ac Esther. A oes perygl i edrych arnynt fel y 'drwg' a'r 'da' yn y stori ? A ydynt yn 'gymysg oll i gyd'? Efallai y buasai'r adnodau canlynol yn gymorth i ddechrau trafodaeth:

1.10-12; 3.4-6; 4.1-2; 8.3-6.

2. Yn eu gwers hwy heddiw y mae'r plant yn ateb y cwestiwn, 'Beth sydd ei angen i fod yn ddewr mewn sefyllfa anodd ?' Ffordd arall o ofyn y cwestiwn yw gofyn beth yw natur dewrder Mordecai ac Esther ? Mae stori dda yn creu arwyr ac y mae cymdeithasegwyr ac addysgwyr, yn ogystal â chrefyddwyr, yn poeni bellach bod natur arwriaeth wedi newid i blant a phobl ifanc. Bellach, nid arwyr Beiblaidd ydynt, ond arwyr sgrîn, nid arwyr daioni, ond arwyr llwyddiant. Y mae'r gwanhau ar y traddodiad a'r arferiad o addoli yn golygu colli adnabod ar 'arwyr y ffydd', ac y mae honno yn golled aruthrol fawr i'r dystiolaeth Gristnogol yng Nghymru.

3. Y mae Llyfr Esther yn olrhain tarddiad Gŵyl y Pwrim ac ar yr ŵyl honno (ym mis Mawrth) mae Llyfr Esther yn cael ei ddarllen o'r dechrau i'r diwedd. (Mae hanes dechrau'r ŵyl yn benodol yn 9.20-32) Tybed nad yw'r traddodiad Protestanaidd a'r traddodiad Anghydffurfiol wedi gwneud darllen y Gair yn llawer rhy dameidiog ? Aeth y Gair yn 'ddarllen rhan' neu yn destun pregeth a phur anaml yr ydym mewn gwasanaeth yn darllen Llyfr cyfan, neu lythyr cyfan, neu hyd yn oed bennod neu adran gyfan bellach . Nid trwy ei bregethu yn unig y mae'r Gair yn dod yn ganolog i'n haddoli, ond trwy roi lle allweddol iddo lefaru drosto'i hun: trwy adael iddo ddweud ei stori!

Ar ŵyl y Pwrim y mae'r Iddewon yn cofio gyda diolch am y rhai a wrthododd blygu i Haman ac yn diolch am i Esther fod yn ddigon dewr i arddel ei Iddewiaeth o flaen y Brenin ac achub yr Iddewon ym Mhersia rhag cael eu difa'n llwyr. O hyn ymlaen yr oedd mis Adar 14 ac 15 i'w cadw fel 'dyddiau o wledd a llawenydd, a phawb yn anfon anrhegion i'w gilydd ac i'r tlodion' (9.22) ac fel dyddiau o 'ympryd a galar ' (9.31)

4. Nid yw'r sefyllfa hon yn un newydd i'r Iddewon, oherwydd mae eu hanes yn frith o gaethiwed, gormes ac erledigaeth. Dyna paham fod hanes Esther wedi bod yn gyfrwng nerth ac ysbrydoliaeth iddynt ar hyd y canrifoedd. Dyna paham hefyd fod defod a gŵyl wedi bod yn allweddol bwysig yn eu parhad fel pobl. Er nad yw'r Pwrim yn ddim ond y lleiaf o'r gwyliau Iddewig eto nid ydynt wedi peidio cadw gŵyl. Mewn un ystyr real iawn addoli'r bobl - o afonydd Babilon i'r siamberi nwy - sydd wedi

eu cadw yn fyw. A dechrau cadw gŵyl wnaethant ar ôl dychwelyd o'r gaethglud.

5. Ond y mae stori Esther yn ddrych i ni weld ein hunain - Iddewon a Christnogion - nid yn unig 'ar ochr Duw' fel petae, gyda Mordecai ac Esther, ond hefyd ar ochr Ahasferus a Haman.Mae gan yr Eglwys Gristnogol ei chyfrifoldeb a'i chydwybod am yr ysbryd sydd wedi creu gwrth-Iddewiaeth yn ein byd ac ni all hanes yr eglwys Gristnogol fod yn gyflawn heb roi lle i'r cyfrifoldeb hwnnw. Mae darllen y Gair a chlywed y stori yn wewyr ac yn boen, yn farn ac yn feirniadaeth arnom. Mae drama'r cariad yn ddrama o farn hefyd. Yn yr un ffordd, un o achosion tristwch ein dyddiau ni yw fod yr Iddewon, oherwydd eu profiad yn y gorffennol, oherwydd ofn, ac oherwydd eu hewyllys i fyw, bellach yn erlid y Palestiniaid. Aeth y rhai a ormeswyd yn ormeswyr. Dyna sydd yn bygwth y cytundeb heddwch yn y dwyrain canol - mae'r eithafwyr ymhlith y Palesteiniaid a'r Iddewon yn gwrthod unrhyw ymwneud â'r gormeswyr. Yn wir, mae dial ar y gelynion yn rhan o stori Esther hefyd (Pennod 9) ac fe allai adnod 16 sydd yn sôn am amddiffyn a lladd 'er mwyn cael llonydd gan eu gelynion' fod yn amddiffyniad o bolisi Israel tuag at y Palestiniaid.

6. Fel y dywedwyd yn gynharach bu dadlau ynglŷn â gwerth 'crefyddol' Llyfr Esther. Ond y mae'n enghraifft ardderchog o Dduw ar waith drwy amgylchiadau hanes, ac yn dwyn ei waith i ben. 'Gwyddom fod Duw, ym mhob peth, yn gweithio er daioni gyda'r rhai sydd yn ei garu, y rhai sydd wedi eu galw yn ôl ei fwriad.' (Rhufeiniaid 8.28) Yn y stori a'r ddrama hon o gariad Duw y mae'r cwestiynau am boen a dioddefaint yn siŵr o godi eu pennau eto. Y maent yn hen, hen, gwestiynau ac nid oes ateb hawdd. Rhan o'r ateb (a rhan yn unig - fe ddown at ateb llawnach yn nes ymlaen) yw nad yw Duw yn troi cefn, nad ydyw yn gadael ei bobl, a'i fod yn gweithio ei gynllun, er gwaethaf, ac weithiau oherwydd, amgylchiadau trist y ddynoliaeth.

7. Y mae rhai yn ystyried pennod 4.14-16 yn uchafbwynt y stori. Mae yma ymdeimlad dwfn o alwad a rhagluniaeth ('pwy a ŵyr nad ar gyfer y fath amser a hwn y daethost...?' ad. 14); mae yma alwad i ympryd (ad. 15)

ac y mae ympryd bob amser yn gysylltiedig â gweddi ac edifeirwch - mewn geiriau eraill y mae yma blygu i ddisgwyl wrth Dduw ; ac y mae yma hefyd ildio ac ufudd-dod mawr i'w weld yn Esther, - ' os trengaf, mi drengaf '. Yr ydym yma felly yn cyrraedd tir uchel o brofiad ysbrydol, y man yn y stori sydd yn groesffordd ac yn ddatguddiad. Er nad yw Mordecai yn defnyddio'r enw Duw y mae yn amlwg iawn yn dweud wrth Esther fod yna batrwm dwyfol i'w bywyd ac y mae Esther yn barod i blygu i'r patrwm hwnnw. Mae'n barod i dderbyn methiant hyd yn oed - os dyna ewyllys Duw. Y mae'n Ethsemane.

Cwestiynau i'w trafod

Yng ngwerslyfrau'r plant fe ddywedir bod yna wersi amlwg yn Llyfr Esther.

Trafodwch y gwersi hyn.

1. I bobl sydd yn ymladd dros unrhyw achos : **peidiwch â gadael i'r achos eich cymryd trosodd.** A ydych yn cytuno ?

2. I bobl sydd mewn awdurdod : **peidiwch a'i gam-ddefnyddio.** Ond a ddylai Cristnogion wrthryfela os yw'r awdurdod hwnnw yn cael ei gamddefnyddio ?

3. I bobl sydd wyneb yn wyneb a drygioni : **peidiwch â disgyn i'w lefel.** Ond a oes angen cyngor mwy cadarnhaol na hynny ?

Pa furiau sy'n cael eu chwalu yn Llyfr Esther ?

I ba raddau mae muriau yn cael eu chwalu yn ein haddoliad ni ?

Gwers 3 **Y Samariad Caredig**
Luc 10.25-36

Go brin bod golygfa fwy cyfarwydd ac enwog o ddrama'r cariad. Go brin chwaith fod gwell enghraifft o ddameg a digwyddiad sydd wedi ei gam-ddefnyddio a'i gwneud yn stori fach neis i'w hail-adrodd yn sentimental. Yng ngwerslyfr y plant y gair 'caredig' sydd wedi disodli 'trugarog'. Ond go brin fod caredig yn air digon grymus a chyfoethog i fynegi'r egwyddorion a'r gweithredoedd mawr sydd yn newid byd. Mae'n wir, wrth gwrs, na ddylem byth ddi-brisio y 'gweithredoedd bach caredig', ond mae'r un mor wir i ddweud hefyd fod yr Efengyl yn sôn am rhywbeth llawer mwy. Mae'r ddameg yma, fel pob un o ddamhegion Iesu, i'w deall oddi fewn i'w neges fod y Deyrnas wedi dod.

Mae addoli yn rhan o'r gweithredu chwyldroadol sydd yn newid byd. Ac y **mae** chwyldro yn y digwyddiad hwn. Prif gymeriad y ddrama yw'r 'dyn a syrthiodd i blith lladron', oherwydd y mae ef ar y llwyfan drwy'r amser. Mynd a dod mae pob cymeriad arall. Mae'r 'dyn a syrthiodd' yn ysglyfaeth i drais a chymdeithas dreisgar. Y mae'n ysglyfaeth hefyd i gyfundrefn a moesau cymdeithasol sy'n medru gadael 'dyn ar lawr' ac yn medru cyfiawnhau hynny ar sail arferion crefyddol a pholisi gwleidyddol.

1. Mae'r cefndir yn gyfarwydd iawn. Brenin Asyria oedd wedi anfon y Samariaid i feddiannu Israel wedi'r gaethglud, a thrigolion Samaria bellach, yn y darn gwlad rhwng Jwdea a Galilea, yw disgynyddion priodasau cymysg rhwng Iddewon a chenedl ddynion. Roedd ganddynt eu teml eu hunain ar Fynydd Gerisim yn ogystal â'u fersiwn eu hunain o'r Hen Destament. Yr oedd y Samariaid felly yn cynrychioli pob perygl a gelyniaeth, ddoe a heddiw, oedd yn fygythiad i Dduw a'i bobl.

Yn ôl Efengyl Luc yr oedd Iesu o'r dechrau yn ymwybodol o'i genhadaeth fyd-eang a oedd yn chwalu muriau ac yn cyhoeddi dyfodiad y Deyrnas. Y mae dylanwad proffwydi ei bobl yn fawr arno, ac fe ddyfynodd Eseia yn ei bregeth gyntaf yn Nasareth. Y mae ei stori ef, sef Luc, sydd yn dechrau yn y deml a thraddodiad gorau pobl Israel, yn parhau ar ddydd y

Pentecost ac yn gorffen yn Rhufain.Yn ystod y stori mae muriau wedi chwalu, y 'ffordd arall' wedi ei chyhoeddi - ac y mae'r berthynas rhwng yr Iddewon a'r Samariaid yng nghanol y stori yna. Er mai unigolion sydd yn y stori, fe wyddom fod unigolion i'r Iddew yn cynrychioli'r bobl, yr 'un' yn cynrychioli 'llawer'. Y mae'n ddameg am berthynas rhwng pobloedd, rhwng hen elynion. Nid dameg am fod yn garedig ydyw yn bennaf. Ond dameg am chwalu muriau. Mae bod yn gymydog yn chwalu muriau rhwng pobloedd.

2. Cwestiwn ynglŷn ag 'etifeddu bywyd tragwyddol' (10.25) a arweiniodd i'r ddameg, ond cyn hynny yr oedd Iesu wedi cadarnhau y gyfraith sy'n sôn am garu Duw ' â'th holl galon ac â'th holl enaid ac â'th holl nerth ac â'th holl feddwl' (ad. 27) a chydio hynny mewn un brawddeg gyda 'a châr dy gymydog fel ti dy hun.' 'Gwna hynny a byw fyddi.' (ad.28). Mae'r bywyd crefyddol yn UN bywyd cyfan, crwn. Ni ddylid hyd yn oed trafod cwestiynau cwbl amherthnasol fel 'A ddylai Cristion garu ei gymydog....?' Nid rhywbeth i'w drafod ydyw. Ceisio cyfiawnhau ei hun (ad.29) y mae'r athro.

Tra roedd yr Iddewon yn ceisio 'dal' a chornelu Iesu gyda'u cwestiynau y mae Iesu hefyd yn fwy na pharod i herio eu gyhuddwyr gyda chwestiynau. Yng 'nghymdeithas y gwrthdaro' (chwedl Donald Soper) y mae Iesu yn aml yn ei ddatguddio ei hun ac yn rhannu'r Newyddion Da. Mewn gwirionedd, mae'r ddameg hon yn ein hatgoffa fod yna wrthdaro mewn addoli ac nad yw ymwneud yr Arglwydd â'i bobl ddim yn ddi-gynnwrf a thawel a diniwed. Mae darllen rhai o'r Salmau a'r proffwydi yn ein dychryn weithiau wrth glywed y grym a'r tyndra a'r gwrthdaro sydd ym mherthynas Duw a'r rhai y mae yn ei garu.

3. Mae arferion crefyddol a chymdeithsol yn medru cyfiawnhau llawer o bethau. Doedd dim **disgwyl** i offeiriad o Iddew stopio , oherwydd, os mai corff marw oedd ar y ffordd ni ddylai ei gyffwrdd ar unrhyw gyfrif rhag iddo ei halogi ei hun ac addoliad y deml. A sut yr oedd i wybod os oedd yn farw ai peidio heb ei gyffwrdd ? Fuasai neb am funud yn beio'r

Lefiad chwaith - roedd ganddo yntau ei ddyletswyddau a'i gyfrifoldeb i wasanaethu ei bobl. Does dim disgwyl i bawb wneud pob dim ! Mae'r Samariad yn gweithredu'n 'annoeth' oherwydd y mae yn gwneud rhywbeth a oedd yn groes i arferion pwysicaf ei bobl, heb sôn am wneud rhywbeth a fuasai yn creu mwy o helynt ymhlith yr Iddewon. Mae'n peryglu ei fywyd yn ogystal â thanseilio defod a threfn a hanes. I'w gyd-Samariad yr oedd yn 'fradwr', yn fentrus os nad yn beryglus. Dyma yn wir yw stori'r cariad - mae'n stori rymus sydd yn gwneud yr annisgwyl â'r annerbyniol.

4. Ni allwn lawn amgyffred grym geiriau Crist dim ond trwy gofio mai geiriau Iesu ydynt ac mai yng nghysgod ei fywyd a'i aberth llawn y medrwn ddechrau deall eu gwirionedd. Yng ngoleuni'r Groes a'r Atgyfodiad y mae deall popeth. Mae hanes yn dystiolaeth fod y Groes yn chwalu muriau oherwydd y Groes yw grym yr Agape. Fe aeth yr Efengyl i Samaria (Actau 8) am nad oedd ronyn o anghysondeb rhwng yr hyn a ddywedodd, yr hyn a wnaeth a'r hyn ydoedd Iesu, - fel y cawn weld yn fwy manwl y mis nesaf. Cymdeithas ddi-ffiniau, ddi-ragfarnau, ddi-derfynau yw'r eglwys. Pan ymddiheurodd Eglwys Ddiwygiedig yr Iseldiroedd yn Ne Affrica am ei bod wedi cyfiawnhau apartheid am yr holl flynyddoedd, yr Agape a orchfygodd a Duw a ail-adroddodd storïau ei Air.

5. Mae'r 'dos, a gwna dithau yr un modd' (ad.37) yn bwysig. Nid yn unig y mae'r Samariad yn ei gynorthwyo ond y mae hefyd yn derbyn cyfrifoldeb amdano wedyn. (10.35). Nid yn unig mae'n rhaid gwybod y gyfraith ond y mae'n rhaid ei chyflawni yn llwyr hefyd - nid bod yn garedig yn unig, ond bod yn feddylgar ac yn gyfrifol yn ogystal. Mae'r weithred o garedigrwydd yn arwain at wleidyddiaeth maddeuant a pholisi cariad a chymod.

Adnodau pellach i'w hystyried

Luc 9.51-56 ; Luc 10.13-15 ; Luc 24.47.
Lefiticus 19.33-34 ; Actau 17.26 ; Iago 2.1

Cwestiynau i'w trafod

1. A ydych yn credu fod gormod o bregethu wedi bod ar y ddameg ac y buasai yn beth da i roi llonydd iddi am rai blynyddoedd ?

2. A yw Cymorth Cristnogol yn golygu nad dameg i'r eglwysi yw hon bellach, ond dameg i arweinwyr y cenhedloedd?

3. Y mae'r ddameg hon wedi'i diweddaru yn amlach na'r un ddameg. A oes perygl mewn diweddaru? Beth yw pwrpas diweddaru?

4. 'Y mae adnod 17 yn grynodeb o beth yw hanfod addoli.' Trafodwch.

5. **Gweddi Iddewig**

> Gweddïwn, O Dduw, dros y ddynoliaeth gyfan,
> ac er ei bod wedi ei rhannu yn genhedloedd,
> eto mae pawb yn blentyn i Ti
> ac yn byw ac yn bod ynot Ti.

Wrth ystyried y sefyllfa yn y Dwyrain Canol a ydych yn cytuno â'r weddi? Ym mha ffordd y gellir dweud fod pawb yn blant i Dduw? Ar ôl ei thrafod, defnyddiwch y weddi i orffen yr ysgol Sul.

Cofiwch fod angen paratoi ar gyfer gwers 4.

Wedi addoli'r Creawdwr, wedi dathlu ei shalom a chywilyddio fod y shalom hwnnw wedi ei chwalu gan greu dychryn a dagrau, y mae'r Duw sydd ar waith yn datguddio drama ei gariad. Mae addoli bellach yn ein dwyn i mewn i ddigwyd. "Addoli yw adrodd yr hanes, myfyrio, gwrando, dysgu, yn fwy na dim gwybod a chredu fod muriau yn cael eu chwalu, ffyrdd yn cael eu hadeiladu a ffiniau yn cael eu croesi wrth i Dduw arwain ei bobl a galw ei fyd i'w gydnabod yn Greawdwr ac yn Arglwydd ei fyd a'r cenhedloedd. Nid bod yn gynulleidfa drama yw addoli wedyn, ond bod yng nghanol y ddrama."

Yn y wers hon eto fe fyddwn yn dod â gwersi'r mis at ei gilydd ac felly y mae dewis i bob dosbarth:

- defnyddio'r wers i drafod ymhellach ac i adolygu;
- ymuno gyda gweddill yr ysgol Sul a'r eglwys mewn addoliad a chyfrannu i'r addoliad trwy ddefnyddio rhywfaint o'r deunydd yma;
- troi'r dosbarth yn gylch gweddi a myfyrdod;
- gorffen rhai o'r gwersi eraill cyn mynd ymlaen i fis Tachwedd.

Sylwer: Ble mae 5 Sul yn y mis y mae gwers 4 yn cynnwys digon ar gyfer dwy wers.

1. A yw'r traddodiad eglwysig wedi tlodi ac amddifadu ein heglwysi o 'ddrama'r Gair' ? Yng Ngŵyl y Pwrim y mae Llyfr Esther yn cael ei ddarllen yn **gyfan** a'r gynulleidfa yn ymateb yn ôl y galw!! Beth am i'r dosbarth ystyried gwneud hyn gydag un o lyfrau'r Beibl? A yw'r Gair wedi colli ei amrywiaeth gan ei fod wedi cael ei 'ddarllen' gan un person yn unig ac mai darnau byrion neu adnodau unigol a ddarlunir?

Beth am i'r dosbarth gyflwyno llyfr Ruth neu Esther mewn gwasanaeth, neu ei ddarllen yn gyfan yn y dosbarth ?

2. **Deialog** (sy'n cynnwys adnodau o Genesis 12.1-3 a Rhufeiniaid 4.13-17a)

Adroddwr : Os wyt ti'n Gristion mae gennyt lawer o frodyr a chwiorydd
Merched: Gwyn eu croen
Dynion: Du eu croen
Merched: Asiad
Dynion: Affricanwr
Merched: Chineaid
Dynion: Siapaneaid
Merched: Maoriaid
Pawb: Gwyddelod a Saeson.
Adroddwr : Maent i gyd yn frodyr a chwiorydd i ni
Pawb: Pob hi...pob cenedl....yn un teulu...
Darllenydd 1: 'A dywedodd yr Arglwydd....(Darllen Gen.12.1-3)
......holl dylwythau'r ddaear..'
Darllenydd 2: 'Y mae'r addewid...(darllen Rhuf.4.13-17a)
.......dad cenhedloedd lawer...'
Pawb: Cenhedloedd LAWER.

(O'r Gwasanaeth Teulu yng ngwerslyfr y Plant)

3. Mae mis Hydref yn fis Wythnos Un Byd a Dydd y Cenhedloedd Unedig

Meddai'r rhagarweiniad i Siarter y Cenhedloedd Unedig

> **'Yr ydym ni bobloedd y Cenhedloedd Unedig...yn cadarnhau ein ffydd mewn hawliau dynol, yn urddas a gwerth pob person ac yn hawliau cyfartal dynion a merched o bob cenedl fach neu fawr....'**

Trafodwch y geiriau yn wyneb y sefyllfa heddiw ac yng ngoleuni dameg Y Samariad Trugarog.

Gweddi o edifeirwch.

Am y casineb sy'n rhannu cenedl oddi wrth genedl, hil oddi wrth hil a dosbarth oddi wrth ddosbarth
O DAD , MADDAU.
Am y rhaid sy'n ecsploitio llafur dynol ac yn difetha'r ddaear
O DAD, MADDAU.
Am y cenfigen o les, llwyddiant a hapusrwydd eraill
O DAD, MADDAU.
Am ddifrawder yn wyneb cyflwr y digartref a'r ffoadur
O DAD, MADDAU
Am y trachwant sy'n defnyddio cyrff dynion a merched i amcanion anheilwng
O DAD, MADDAU
Am y balchder sydd yn ein harwain i ymddiried ynom ein hunain yn hytrach nag yn Nuw
O DAD, MADDAU
Byddwch yn dirion wrth eich gilydd, yn dyner yn eich calon, yn maddau i'ch gilydd fel y maddeuodd
Duw i chwi.
O DAD, MADDAU.

5. *Beth yw bod yn genedl ? Dawn*
Yn nwfn y galon.
Beth yw gwladgarwch ? Cadw tŷ
Mewn cwmwl tystion . (Waldo)

Myfyriwn yn ddyfnach yn ein hanes . O'n gorffennol y daw goleuni inni.
Tynnwn wers ohoni .(Ambrose Bebb)

Defnyddiwch y ddau ddyfyniad i fyfyrio ac i ystyried sut mae cyfuno croesawu dieithriaid ac amddiffyn Cymreictod ? Pa arweiniad gawn ni yn y Beibl ac yn arbennig yng ngwersi mis Hydref ? Sut mae eich eglwys chwi yn ymateb i fewn-fudwyr ?

7. Dechreuwch gynllunio eich 'cenhadaeth croesawu' a gofynnwch i'r gweinidog neu/a blaenor(iaid) ddod i drafod a gweithredu eich awgrymiadau.

8. Hanner can mlynedd i'r wythnos hon (ar **Hydref 26, 1944**) y bu farw yr Archesgob William Temple. Yn ei gyfrolau ar Efengyl Ioan y mae ganddo ddiffiniad enwog o beth yw addoli (tud.68)

'Addoli yw ymostwng ein natur yn llwyr i Dduw trwy ddeffro ein cydwybod i'w sancteiddrwydd; bwydo'n meddwl â'i wirionedd; puro'n dychymyg â'i harddwch ;agor ein calon i'w gariad ; ildio ein hewyllys i'w fwriad - a'r cyfan yn cael ei roi mewn rhyfeddod addolgar, y cyflwr mwyad anhunanol y gallwn fod ynddo.'

Y mae'n werth cysylltu'r geiriau yna â geiriau eraill o'i eiddo :

Y mae Duw yn berffaith yn ei gariad ac yn berffaith yn ei ddoethineb.Nid ydym yn gweddïo i newid Ei ewyllys , ond yn hytrach yn gweddïo i'n hewyllys ni fod mewn harmoni â'i ewyllys Ef.

Trafodwch ac ystyriwch eich addoli fel eglwys yng ngoleuni geiriau Temple a chan gofio fod Temple wedi rhoi pwyslais mawr ar gyfrifoldeb cymdeithasol yr eglwys.

1. Codi pontydd

2. Chwalu muriau: cariad cryf

3. Croesi ffyrdd: cariad cymydog

Nid oes yng Nghrist na dwyrain, de,
Gorllewin, gogledd chwaith;
Cymdeithas gref o gariad sydd
Yn un drwy'r ddaear ffaith.

Pob lliw, pob llun, O down ynghyd,
Un teulu ydym ni;
A wasanaetho Dduw ein Tad,
Mae'n frawd neu chwaer i mi.

Ti, O Dduw, sydd wedi datguddio dy Hun a'th bwrpas drwy oeoedd a blynyddoedd hanes.
Rho i ni ran yn nrama Dy gariad
A gwna ninnau yn ein dydd yn gyfryngau yn dy law -
I godi pontydd, i chwalu muriau ac i groesi ffyrdd.
Amen.

Er bod Efengyl Ioan yn fwy diwinyddol ac athronyddol na'r un o'r Efengylau eraill, eto Ioan sydd yn daearu'r addoli yn Iesu yn fwy na neb arall. Mae ôl esbonio, pregethu, addoli a'r sacramentau yn drwm ar yr Efengyl ac o'r dechrau mae geiriau fel 'gogoniant' (1.14), 'dyrchafu'(3.15) 'ysbryd' a 'gwironedd' (4.24) i'w gweld ac i'w deall yn Iesu. Yn ôl Ioan, daeth y Gair yn gnawd a thrigo yn ein plith ni ac oherwydd hynny y mae addoli'r Cristion yn Grist- ganolog ac yn gnawd-ganolog. Addoli sy'n tarddu o ymgnawdoliad yw addoli'r eglwys. Mae'n ymwneud â'r ysbryd a'r corff, y meddwl a'r enaid. Mae'n addoliad y Gair a'r Sacramentau.

1. Mae adnod 26 a 27a yn cydio hanes porthi'r pum mil â gweddill pennod sy'n esboniad ar 'Myfi yw bara'r bywyd.' Mae'r wyrth hon yn bwysig yn yr efengylau i gyd ond y mae Ioan yn rhoi mwy o le a phwyslais arni fel un o ychydig 'arwyddion' Iesu. Ar Ŵyl y Bara Croyw yr oedd yr Iddewon yn cofio y rhyddhau o'r Aifft ac yn cofio gwyrth y manna o'r nef. (Gw. Exodus 16.1-35)

Does ryfedd felly fod y bobl yn tyrru i gael gweld y 'gŵr y gwyrthiau' hwn o Galilea ac mai dyma efallai pryd yr oedd ei boblogrwydd ar ei eithaf. Yr oedd bara a manna yn fyw iawn yn eu meddyliau. Oherwydd eu caethiwed a'u tlodi yr oeddynt yn dyheu am 'fwyd' a 'bywyd' ac wedi'r cyfan yr oedd yr Iesu hwn wedi rhoi sylw arbennig i 'Was yr Arglwydd' oedd yn dod i 'bregethu'r newydd da i dlodion...i beri i'r gorthrymedig gerdded yn rhydd' (Luc4.18). Nid yw'r bennod hon, gyda'i phwyslais ar y bara a bery byth, yn newid dim ar y bregeth honno. Yn wir, y mae'r naill yn cadarnhau a chryfhau y llall ac y mae'n ddiddorol sylwi bod Efengyl Ioan yn boblogaidd gan Ddiwinyddion Rhyddhad o wledydd tlawd y byd sydd yn gweld Iesu, o flaen popeth arall, fel y Moses sydd yn rhyddhau ei bobl o gaethiwed; nid trwy droi cefn ar dlodi a thrais ond trwy fynd i'w ganol a'i drawsnewid. Yn yr efengylau eraill yr oedd y disgyblion am i Iesu ollwng y dyrfa - troi cefn arnynt - ond nid Meseia troi cefn yw'r Meseia.

2. Yr oedd Iesu yn effro iawn i beryglon y rhai oedd yn ei gam-ddeall a'i ddilyn am y rhesymau anghywir. Yr oedd ganddo ofn gwyrthiau : dyna pam y cyflawnodd cyn lleied ohonynt. Yr oedd y dyrfa yn disgwyl ac yn pwyso am fwy o wyrthiau oherwydd yr oedd gwyrthiau yn un o arwyddion y dyddiau olaf cyn dyfodiad y Meseia. Ond i Iesu diben yr arwyddion oedd prawf fod Duw ar waith, oherwydd arwyddion ydynt o wirioneddau sydd yn dragwyddol wir. Nid oedd, ac nid oes, angen eu pentyrru, oherwydd nid Duw felly yw ein Duw ni. Does ryfedd felly fod y bobl yn ei gam-ddeall, oherwydd iddynt hwy, po fwyaf o wyrthiau, gorau oll - agwedd sydd mor boblogaidd heddiw ag y bu erioed. Mae Iesu yn dweud (ad.29) mai'r gwaith a fynn Duw yw credu yn yr Un y mae wedi ei anfon, ac yn syth mae'r dyrfa yn dweud - ' Pa wyrth fedri di ei dangos i ni ?'

Yr ydym yn byw mewn dyddiau pan fo cyfryngau poblogaidd a llwyddiant crefyddol yn ogystal â chwlt seren yr Eglwys- Electroneg - Americanaidd- Brydeinig yn gwneud y galw am wyrthiau yn rhywbeth cyffredin eto. Un o'r peryglon sydd wedi dod yn sgîl y twf charismataidd ydyw, ac y mae'r ffin rhwng addoliad a pherfformiad, iachâu a chonsurio yn denau iawn. Mae'n un o beryglon gwacter ysbrydol hefyd.

3. Y mae 6.33 yn ein hatgoffa fod yr arwydd hwn yn arwydd o 'fara bywyd' - dyma'r bara sy'n rhoi bywyd i'r byd. Y mae'n werth sylwi fod y pwyslais yma, nid yn unig ar yr unigolyn ('Ni bydd eisiau bwyd byth ar y sawl sy'n dod ataf fi' - ad. 35) ond ar yr holl fyd. Y mae 'byd' - y cread, y cosmos - yn bwyslais cyson yn Ioan o'r dechrau i'r diwedd : 'Do, carodd Duw y byd gymaint' (3.16) i'r adnod olaf, gyda ystyr ychydig yn wahanol, ond yr un gair ,'ni byddai'r byd... yn ddigon mawr' (21.25).

Beth sydd i'w ddweud felly am 'Iesu,bara'r bywyd' ? Y mae gwerslyfr y bobl ifanc yn ceisio egluro fel hyn:

a. Dywedodd Iesu ei fod fel bara oherwydd , fel y mae arnom angen bara, yr ydym hefyd angen Iesu ac fe allwn ei fwynhau.
b. Pan fyddwn yn bwyta yr ydym angen bwyd yn fuan wedyn, ond gall Iesu ein bodloni am byth.
c. Tybia rhai pobl mai y cyfan yr ydym ei angen mewn bywyd yw bwyd, arian,

iechyd, cyfeillion, ond fe ddywed Iesu fod arnom angen mwy na hynny , yr ydym angen bod yn 'iawn gyda Duw'
- a dim ond Iesu all wneud hynny.

4. Ioan yw'r unig efengyl nad yw'n sôn am sefydlu Swper yr Arglwydd. Eto, dyma'r efengyl fwyaf sacramentaidd ohonynt i gyd. Dyma'r unig ffordd i ddeall a dehongli adnodau 51-58, sydd yn sôn am fwyta ei gnawd ac yfed ei waed. Y mae angen cyfrol gyfan i drafod y sacramentau, ac nid oes air terfynol arnynt. Ond fe allwn ddweud hyn: mae sacrament yn arwydd gweledig o'r anweledig, yn arwydd o fywyd, aberth ac atgyfodiad Iesu , yn gyfrwng cyfamod a maddeuant, ymgysegriad a diolch. Mewn geiriau eraill - y mae'n addoliad. I rai traddodiadau dyma uchafbwynt a chanol pob addoliad; i eraill y mae'r Gair a sacrament, y materol a'r ysbrydol yn un drwy waith yr Ysbryd Glân. Mae eraill nad ydynt yn arddel sacrament; un rheswm dros ymwrthod yw'r argyhoeddiad fod byd a bywyd i gyd yn sacrament. Beth bynnag yw'r pwyslais, y mae 'Myfi yw Bara'r Bywyd' wedi bod yn iaith addoli ar hyd y canrifoedd.

5. **Adnodau eraill i'w hystyried.**

Salm 78.24-25 ; Mathew 14.13-21 ; Marc 6. 30-44 ; Luc 9.10-17.

Trafodaeth:

Ystyriwch yr amlinelliad yma o werslyfr yr oedolion.

1. Sut y gallwn ni 'fwyta'? Trwy ddod at Iesu, trwy gredu ynddo, trwy ddysgu ganddo, trwy aros ynddo, trwy weithgarwch yr Ysbryd ynom.

2. Pam fyddwn ni'n 'bwyta' ? Nid am fod Iesu'n gallu paratoi cinio i ni nac i fodloni ein hawydd i weld rhyfeddodau. Nid er mwyn cael iechyd neu lwyddiant na chwaith am fod yr eglwys yn cynnig mesurau argyfwng i ni. 'Rydym yn bwyta am mai hynny yn unig sy'n arwain i fywyd ac i realiti.

3. Ymhle gawn ni ginio? Yr oedd geiriau Iesu yn mynnu fod pobl yn ymateb, yn penderfynu, ac fe drodd llawer oddi wrtho. Ond, gan sylweddoli ei fod wyneb yn wyneb â'r Meseia, fe ddywedodd Simon Pedr - 'Arglwydd at bwy yr awn ni? Y mae geiriau bywyd tragwyddol gennyt ti....'

Gwers 2 **Y Bugail Da**
Ioan 10.1-21

Y mae pob gweithred o addoli yn weithred o gael ein bugeilio. Wedi'r cyfan ' Bugail a Gwarchodwr eich eneidiau ' (1 Pedr 2.25) yw'r Bugail Da neu'r Pen Bugail (I Pedr 5.4). Pan fo cynulleidfa yn addoli yn gyson, yna y mae Crist yn eu bugeilio ac y maent 'yn gwrando ar ei lais'. Dyna paham fod meddwl am eglwys fel corlan a chynulleidfa fel praidd yn ein hatgoffa fod y Bugail yn adnabod ei braidd ac felly yn gwybod eu hangen. Dyna paham hefyd fod gwir addoli yn addoli cyson, oherwydd mae yna berthynas sydd yn datblygu ac yn aeddfedu rhwng Bugail a'i braidd. Y mae pregethu'r Gair yn arwain at fugeilio eneidiau. Os nad yw, fe all fod yn arwynebol iawn.

1. Y mae geiriau Iesu am y Bugail Da yn achosi ymraniad (10.19) ac yn dwysáu'r gwrthdaro rhwng Iesu a'r Phariseaid. Y mae meddwl am Iesu fel Bugail da yn siŵr o ddod ag atofion i lawer o bobl am lun hardd a thawel ar fur y festri, ac mae'n hawdd anghofio mai tu ôl i'r llun mae gwrth-daro dwfn a phoenus (9.16 ; 8.59). Ond y gwir yw mai wrth i'r gwrthdaro ddyfnhau yr oedd dylanwad Iesu yn treiddio'n ddyfnach , er bod y dyrfa'n cilio.

Un rheswm am y gwrthdaro yn y cysylltiadau yma yw fod y 'bugeiliaid' wedi bod yn rhan bwysig o gefndir yr Iddewon, ac yr oedd y Phariseaid yn siŵr o fod yn gweld eu hunain yn olyniaeth y bugeiliad. Yr oeddynt yn ymwybodol iawn o'r 'gau-fugeiliaid' oedd wedi camarwain a gwasgaru tŷ Israel (Jeremeia 23.1) i gaethglud ac anrhefn ond yr oeddynt hwy yn gweld eu hunain fel y bugeiliaid oedd yn mynd 'i'w dwyn drachefn i'w corlan' (Jer. 23.3), ac yr oedd hynny yn wir. Fe arhosodd y Phariseaid yn ffyddlon yn gwarchod yr etifeddiaeth yng nghyfnod y chwalu. Ystyr 'Phariseaid' yw 'amgylchynu' - fel corlan!! Cam mawr â hwynt yw eu beirnaidu am eu rhagfarn a'u methiant. Y mae yna amser pan mae'n rhaid gwarchod yn amddiffynnol, ac y mae yna amser pan mae'n rhaid cadw'r gyfraith deued a ddelo. Fe fu'r Phariseaid yn fugeiliaid.

Ond yr awgrym yng ngeiriau Iesu oedd mai ef oedd y Bugail da ac mai'r Phariseaid felly oedd y gau-fugeiliaid!

2. Y mae dau brif wahaniaeth rhwng y Bugail Da a'r bugeiliaid eraill.

a) Y mae ef yn gofalu am bawb yn ddi-wahân. (10.14,16). Yr Iddewon, wrth gwrs, yw'r defaid yn y gorlan, ond y mae Iesu yn sôn am ddefaid eraill hefyd (ad. 16) nad ydynt yn perthyn i'r gorlan hon. Fe all y 'defaid eraill' olygu'r cenhedloedd eraill, oherwydd dyna yw'r awgrym yn yr Hen Destament. Ond fe wyddom hefyd y gall fod yn 'ddafad golledig' (Luc15), sef yr unigolion a'r dosbarthiadau sydd yn wrthodedig gan Israel - y publicanod a'r pechaduriaid.

b) Y mae'r Bugail Da yn rhoi'r cyfan (10.11,17). Yn wir mae'n barod i roi ei fywyd, oherwydd y mae ganddo 'ofal' am ei ddefaid a buddiannau'r defaid sydd bwysicaf iddo. Wrth sôn amdano'i hun fel 'drws' yr oedd Iesu hefyd yn pwysleisio fod y bugail yn barod i fod yn 'ddrws' gan fentro ei fywyd i warchod y defaid. Ysbeilwyr yw'r bugeilaid eraill ac nid gofalwyr. Maent yn fwy parod i gymryd bywyd nag i roi bywyd.

3. Yn nes ymlaen yn yr un bennod (ad.22-31) y mae'n amlwg fod Iesu yn meddwl am ei ddisgyblion fel 'praidd'. 'Yr wyf fi'n rhoi bywyd tragwyddol iddynt', meddai (ad.28) a'r un awyrgylch a'r un pwyslais sydd ym mhenodau 14-17 - (y penodau mwyaf personol yn yr Efengylau). Yma y mae yn sôn wrth ei ddisgyblion am 'roi ei einioes'.

Unwaith eto, felly, fel gyda Bara'r Bywyd, aberth Crist sydd yng nghanol ein haddoliad. At yr aberth y mae popeth yn tynnu ac yn cyfeirio. Pob tro mae Iesu yn dweud 'Myfi yw' yna y mae'n sefyll ym mhlith ei bobl fel y Crist Croeshoeliedig .

4. Yr un Bugail sydd ar ddiwedd Ioan (pennod 21) yn ymddangos i Pedr gyda'r geiriau, 'Bugeilia fy nefaid' a 'Portha fy ŵyn' . Yma mae'r bugeilio a'r porthi, yr anfon a'r comisiwn , yn ein symud tuag at y Pentecost a Gŵyl Fawr addoli'r Eglwys fyd-eang. Mae Epistol Pedr, fel yr ydym

wedi cyfeirio yn barod , yn rhoi yr un pwyslais ar waith y Bugail Da yn porthi ei ŵyn. Y mae llawer o ddefaid ac y mae llawer wedi crwydro am nad ydynt wedi cael eu porthi na'u bugeilio.

5. Yn y wers heddiw fe fydd y plant yn rhestru yr hyn yr oedd ei angen i fod yn fugail yn nyddiau Iesu. Y mae peryglon y gwaith ac amodau'r gwaith yn ddigon i brofi bod angen dewrder oherwydd ei fod yn waith anodd a chaled . Y mae'n lafur corfforol, yn ogystal â bod yn lafur ysbrydol. Mae Ioan yn pwysleisio hefyd fod y bugail yn 'adnabod' ei ddefaid, ac y mae'r gair adnabod yn bwysig i Ioan fel ag y mae i Paul (Gw. Philipiaid 3.10).

Mae adnabod a gwybod yn waith caled a phwysig yng nghymdeithas yr eglwys. Ond y mae'n gwbl angenrheidiol, a dyna paham, yn ogystal â'r bugeilio, mae addoli hefyd yn dyfnhau drwy gyfeillach a gweddi. Mae'r cyfan yn waith caled. Yr ydym fel arfer yn meddwl am 'waith caled' yng nghysylltiadau yr ymarferol a'r prysur. Ond y mae hyd yn oed yn fwy addas i'r bywyd mewnol ac i addoli pobl Dduw. Y mae Eseia yn sôn am 'lafur enaid' y Gwas Dioddefus.

Adnodau eraill i'w hystyried

Salm 95.6-8 ; Eseia 40.10-11 ; 1 Pedr 5.2-4.

Cwestiynau i'w trafod

1. Pwy yw, ac ym mhle mae'r 'gau-fugeiliaid' heddiw?

2. Pa ran o'n haddoli yw'r rhan fwyaf 'bugeiliol'?

3. A ydym yn rhoi digon o bwyslais ar fugeilio yn ein heglwysi heddiw?

Ioan 14.1-6

Y mae'n ymddangos yn dasg amhosibl i ystyried y 'Myfi yw' yma mewn un gwers ! Y mae'r tri gair ar wahân wedi bod yn destun diwinyddda lawer a llyfrau di-rif. Ond eto, fe fu'n rhaid i Thomas a'r disgyblion eraill wynebu yr un peth: y geiriau a lefarwyd mewn un brawddeg, y gwirioneddau a rannwyd mewn un sgwrs ! Y perlau a gollwyd, am nad oeddynt wedi deall ! Efallai mai camgymeriad yw inni geisio rhannu'r 'ffordd', 'y gwirionedd' a'r 'bywyd' oherwydd tri gair yn cyfeirio at Iesu ei hun ydynt, ac yn cyfeirio ato'i hun i ddangos gwahanol ffyrdd o edrych ar y Tad. Maent yn eiriau diwinyddol ac yn allweddol yn Ioan, ond y maent hefyd yn eiriau am berthynas â Iesu ac y mae hynny yn golygu eu bod yn eiriau addoli. Y mae'n werth cofio mai'r geiriau yma, a ddarllenir yn ddieithriad mewn angladdau, yw'r ychydig eiriau o eiddo Iesu sydd yn cael eu clywed gan bobl nad ydynt bellach yn addolwyr. Y maent yn clywed geiriau ar achlysur sy'n ddwys neu sydd hyd yn oed yn achlysur dirdynnol. Nid geiriau i'w trafod ydynt ar yr achlysur hwnnw, ond geiriau i'w gwrando'n dawel ac i'w hystyried.

1. Cysylltiadau marwolaeth a'r diwedd sydd i'r geiriau yn Efengyl Ioan. Dyma'r dyddiau olaf ym mywyd Iesu ac y mae'r disgyblion yn dal gafael ar bob gweithred a gair ac amgylchiad , oherwydd yr oeddynt yn dechrau sylweddoli beth oedd yn ei feddwl a'i fwriad. Mae'r awyrgylch yn drist a Thomas yn ei ddryswch naturiol yn dweud , 'Wyddom ni ddim ble 'rwyt ti'n mynd, a sut y gallwn ni wybod y ffordd ?' Roedd Pedr cyn hyn(13.36) eisiau gwybod i ble roedd yn mynd ac yn nes ymlaen (14.22) yr oedd Jwdas am wybod pam yr oedd yn mynd mor fuan. Y mae Ioan yn rhoi llawer o le i gwestiynau'r diwedd oherwydd yr oedd yn ymwybodol ei fod yn paratoi ei efengyl ar gyfer byd oedd yn ymgodymu â meidroldeb yn fwy na dim arall. Y mae hynny yn dal yn wir, oherwydd yma mae ein hofnau a'n cwestiynau mwyaf. Ateb y cwestiynau yma y mae Iesu wrth ddweud, 'Myfi yw'r ffordd......nid yw neb yn dod at y Tad ond trwof fi'. Mewn geiriau eraill, 'Myfi yw' yw'r ateb i gwestiynau bywyd a marwolaeth. Mae'r Testament Newydd yn rhoi llawer o le i gwestiynau

ac fe fyddwn yn tynnu sylw at rai ohonynt yn y wers nesaf, ond y mae'r cwestiynau yn cael eu gofyn, nid er mwyn rhoi atebion hawdd a syml, ond er mwyn ein harwain i adnabod Iesu fel yr ateb.

2. Yn eu gwers heddiw y mae'r plant yn ceisio deall y geiriau yma trwy edrych ar fap er mwyn iddynt fedru mynd o'r ysgol i'r bar coffi. Y mae pawb i ddewis eu ffordd eu hunain, ond y mae yna 'rybuddion i drafnidiaeth' ar y map ac y mae hynny yn golygu nad oes yna, mewn gwirionedd, ddim ond UN ffordd bosibl. Nid yw hon yn ffordd hawdd, ond dyma'r unig ffordd. Yn yr un wers y mae'r plant hefyd yn cael cwis ac y mae'r atebion bob tro yn 'gau' neu 'gwir'. Does dim 'efallai' . Un ffordd sydd, un gwirionedd, un bywyd.

Ond yng ngwers y plant mae hynny. Ai ystyr anghynhwysol neu gynhwysol sydd i eiriau Iesu? 'Exclusive' ynteu 'inclusive'? A yw yn ymwrthod â phopeth arall, ynteu a yw'n agored i bopeth arall? Beth am grefyddau eraill sydd yn cynnwys geiriau Iesu yn eu llyfrau crefyddol a beth am y crefyddau eraill, gan gynnwys Iddewiaeth, sydd yn derbyn yr Hen Destament ? Onid yw Ioan ei hun a Paul yn gweld athroniaeth Groeg a chrefydd Israel, yn baratoad ac yn arweiniad tuag at Iesu ? Yn nes ymlaen, yn ôl Ioan, mae Iesu yn sôn am yr Ysbryd yn eu harwain at yr holl wirionedd (16.13) ac am yr Ysbryd yn datguddio pethau dyfnach iddynt eto. Mae'r 'holl' wirionedd yn gyfoethocach ac yn gywirach na'r 'unig' wirionedd. Iesu yw'r datguddiad terfynol, llawn .

3. Pwyslais Iesu yw fod y Tad i'w ogoneddu ynddo Ef. (ad. 13) Y mae'r pwyslais ar y Tad a'r Mab , ac y mae hynny yn gwbl gyson a thystiolaeth y Testament Newydd. Mab Duw yw Iesu, ac nid Duw ei hun. Ond yn y bennod hon hefyd , a'r ddwy bennod sy'n dilyn , y mae addewid o'r Ysbryd. Dyma felly, un o'ch ychydig fannau yn y Testament Newydd, heb sôn am yr efengylau , lle 'rydym yn dod yn agos at athrawiaeth y Drindod - Y Tad, Mab ac Ysbryd Glân. Iaith perthynas, iaith adnabod ac iaith addoli ydyw. Fe all fod yn gymhleth, yn anodd ac yn ddadleuol , ond i'r un sy'n clywed 'Myfi yw' y mae'n fynegiant o'r profiad o addoli Duw ein Tad.

Ar ddiwedd yr adran yma (ad.14) y mae Iesu hefyd yn pwyso ar y disgyblion i ofyn, ac mae'n dweud, os gofynwch unrhyw beth, fe'i gwnaf. Unwaith eto mae'n bwysig cofio mai ofnau, dryswch a thristwch y disgyblion sydd yma. Pwyso mae Iesu am iddynt ddod ato, i rannu eu pryderon a'u hofnau, oherwydd yn ei gwmni mae tangnefedd a llawenydd (14.27 a 15.11). Un sy'n derbyn, nid yn gwrthod ydyw. Un sy'n barod i wrando ac i gydymdeimlo, nid i wfftio ac i gondemnio. Y mae 'Myfi yw' Iesu yn llawn cysur a chyfeillgarwch, ac i lawer iawn o bobl, dyna yw bendithion mwyaf addoli. Flynyddoedd yn ôl yr oedd beirniadu ar 'grefydd swcwr' - J.R. Jones oedd y lladmerydd yng Nghymru - ond bellach fe wyddom fod y dyhead am gysur a thangnefedd a gobaith mewnol yn ddyfnach o lawer na rhyw swcwr arwynebol. Mae'n gri enaid clwyfus. Os nad yw addoli yn gyfrwng i rannu yr ofnau a'r cysur sydd yn Ioan 14, yna nid yw'n addoli o gwbl .

Adnodau eraill i'w hystyried

Gweddill o Ioan 14 ; Effesiaid 2.4-6 ; Colosiaid 3.1-4.

Cymharwch gyfieithiad William Morgan o'r geiriau yma â'r cyfiethiad newydd.

Cwestiynau i'w trafod

1. Ffordd, gwirionedd a bywyd - p'run o'r geiriau sydd yn golygu fwyaf i chwi ?

2. Pa un yw'r ffordd orau o geisio cyfleu'r syniad o 'nefoedd' ?

Cofiwch ddechrau paratoi ar gyfer gwers 4.

I ganol gwefr a gwewyr y cread, argyfyngau a breuddwydion ei genedl, fe ddaeth yr un a ddywedodd 'Myfi yw'. Yr ydym wedi bod yn myfyrio ar ei eiriau a'i fywyd drwy'r mis, ac y mae darnau ein haddoliad, ein hymdrech i ddod â chyfoeth a chrefydd yr Hen Destament i fod yn gyfrwng i fynegi ein diolch a'n hangen - y mae'r cyfan yn dod ynghyd yn Iesu. Y mae ein haddoliad bellach wedi cael man canol, neu, yng ngeiriau'r Testament Newydd 'ynddo Ef y mae pob peth yn cydsefyll' (Colosiaid 1.17). Addoli yw bod 'ynddo Ef'. Nid siarad amdano, ond aros ynddo, a dweud 'Yr Arglwydd yw.' Dyna yw addoli. Ac mae gwrando arno, i ddysgu ganddo, ymddiried ynddo yn gwneud addoliad yn fywyd llawn ac yn llawn bywyd.

Unwaith eto fe ellid defnyddio rhannau o'r wers hon **naill ai** mewn gwasanaeth teuluol neu wasanaeth arall yn yr eglwys **neu** fel cyfle i'r dosbarth fyfyrio a gweddïo gyda'i gilydd **neu** fel trafodaeth **neu** fel cyfle i barhau â'r wers/gwersi y mis.

1. Darllenwch Eseia 53.1-6 (sy'n disgrifio'r bugail yn rhoi ei fywyd) a defnyddiwch y geiriau fel cyflwyniad i weddïo dros y rhai sydd mewn poen, blinder a phryderon.

2. Gofynnwch y cwestiynau sy'n dilyn i'r gynulleidfa / dosbarth. Wedi eu gofyn rhowch gyfle iddynt fyfyrio arnynt yn dawel, cyn darllen y geiriau sy'n dilyn fel ateb.

a. Cwestiwn Thomas : 'Arglwydd, ni wyddom i ble'r wyt yn mynd. Sut y gallwn wybod y ffordd?' (Ioan 14.5)
(Tawelwch)
Meddai Iesu : **Myfi yw'r ffordd.**

b. Cwestiwn Peilat: 'Beth yw gwirionedd?' (Ioan 18.38)
(Tawelwch)
Dywedodd Iesu : **Myfi yw'r gwirionedd**.

c. Cwestiwn y gŵr cyfoethog: 'Athro, beth a wnaf i gael bwyd tragwyddol?' (Luc 10.25)

(Tawelwch)

Dywedodd Iesu : **Myfi yw'r bywyd .**

3. Gwrandewch ar dâp 'Myfi yw' gan Gwmni Ieuenctid Maldwyn a dethol darnau (yn arbennig y gân 'Myfi yw') er mwyn chwarae'r tâp mewn gwasanaeth.

4. Paratowch weddi fel dosbarth gyda phwyslais arbennig ar weddïo dros arweinwyr - bugeiliaid - o bob math. Defnyddiwch Eseciel 34.11-16 fel arweinaid i'r weddi. Cofiwch am:

- arweinwyr lleol : gweinidogion, offeiriaid, blaenoriaid, gweithwyr gyda phlant a phobl ifanc ;

- arweinwyr enwadol : swyddogion eich enwad, sefydliadau eich enwad;

- arweinwyr eraill yng Nghymru : Cytûn, Cyngor Eglwysi Rhyddion, Cyngor Ysgolion Sul a.y.b.

5. Cyflwynwch a dangoswch bethau gweledig sydd yn gymorth i chwi fyfyrio ar..

...fara, Bugail Da, ffordd, gwirionedd a bywyd.

Beth am wneud baner neu boster ?

Beth am chwilio am ddarluniau ?

6. Dewiswch a darllenwch emynau sydd yn ymwneud â thema'r mis : darllenwch hwy fel myfyrdod yn hytrach na'u canu.

7. A ydych fel dosbarth wedi trafod yr egwyddor o blant yn derbyn

cymundeb? Holwch eich Gweinidog neu arweinwyr eich henwad er mwyn cael gwybodaeth am y drafodaeth. Os nad oes arweiniad a thrafodaeth wedi bod, ystyriwch a ddylech fel dosbarth fod yn gofyn am drafodaeth felly yn yr eglwys.

8. Gwahoddwch blant yr ysgol Sul i Wasanaeth Cymun a gwnewch gais arbennig i bwy bynnag fydd yn gweinyddu'r cymun i egluro ystyr y cymun i'r plant. Trefnwch hefyd i rhywun gyflwyno thema'r mis yn yr un gwasanaeth.

9. Cant a hanner o flynyddoedd yn ôl **(Tachwedd 23, 1844)** bu farw Thomas William, Bethesda'r Fro. Chwiliwch am ei emynau yn y Llyfr Emynau. Oherwydd ein bod wedi myfyrio ar Efengyl Ioan yn ystod y mis hwn, myfyriwch ar yr emyn hwn o waith Thomas William a thrafodwch yn arbennig y cysylltiadau Beiblaidd.

Ffynnon Jacob

(Ioan 4.6)

Y Gŵr wrth ffynnon Jacob eisteddodd gynt i lawr,
Dramwyodd drwy Samaria, mae'n tramwy yma 'nawr :
'Roedd syched arno yno am gael eu hachub hwy,
Mae syched arno eto am achub llawer mwy.

Goleua'n meddwl ninnau i weld dy ddawn, O Dduw,
A phwy sy'n galw arnom i yfed dyfroedd byw;
A gadael ein pydewau, a'n dwfr-lestri'n hun,
I yfed dyfroedd gloywon o ffynnon Mab y Dyn.

Efe yw dŵr y bywyd; a'i hyfo, gwyn fyd hwy:
'Raid o bydewau eraill ymofyn dwfwr mwy;
Bydd dwfwr ffynnon Bethle'm i'r rhai y daeth i'w rhan
Yn ffynnon o ddŵr bywiol yn tarddu byth i'r lan.

10. Heddiw yw'r Sul cyntaf yn yr Adfent. Ystyr 'adfent' yw 'dyfodiad' ac y mae pwyslais tymor yr Adfent ar y **gobaith** sydd yn yr addewid am ddyfodiad Crist i'r byd.Beth am ofyn i ddau neu dri o'r dosbarth gasglu adnodau sydd yn sôn am 'obaith' ar gyfer y Sul nesaf - ac y mae'r Sul nesaf yn Sul y Beibl. Neu, beth am ofyn am wirfoddolwyr o'r dosbarth i **ddysgu** adnod ar thema gobaith erbyn y Sul nesaf ?!

11. Cofiwch bod gan Cymdeithas y Beibl ddefnyddiau arbennig ar gyfer Sul y Beibl (sef y Sul nesaf,yr ail o'r Adfent). Beth am roi casgliad yr ysgol Sul y Sul nesaf i'r Gymdeithas ?

Addoli: yr Arlwydd yw!

1. Bara'r bywyd (Ioan 6)

2. Bugail da (Ioan 10)

3. Ffordd, gwirionedd, bywyd. (Ioan 14)

Iesu ddywedodd, 'Fi yw y bara,
Bara bywyd dynol-ryw wyf fi'

Iesu ddywedodd, 'Fi yw y bugail
Bugail da dynol-ryw wyf fi'

Iesu ddywedodd, 'Fi yw y bywyd
Yr atgyfodiad a'r bywyd wyf fi'

(Emyn Wrdw, cyf. Hywel Griffiths)

Diolch, Arglwydd fod Dy Fab, Iesu,
yn fara bywyd,
yn fugail da,
yn ffordd, yn wirionedd - ac yn fywyd i ni.
Mewn llawenydd, diolchgarwch a diogelwch
Arwain ni fel dosbarth ac fel eglwys yn ystod y mis hwn
I fedru dweud
'Yr Arglwydd yw'
Amen.

RHAGFYR **ADDOLI: DERBYN GWAHODDIAD**
Gwers 1 **Gwahoddiad i Briodas**
Mathew 25.1-13.

Yr ydym bellach yn nhymor yr Adfent a dyma'r tymor sydd yn dod â chyffro a disgwyliadau mawr i'n haddoli wrth i ni baratoi at gyfer y Nadolig. Y mae mwy o baratoi ar gyfer y Nadolig nag unrhyw ŵyl arall ac y mae pwysau'r ŵyl fasnachol wedi bod yn gyfrwng i atgoffa'r eglwys fod yna dymor o edrych ymlaen am ddyfodiad Iesu (ystyr adfent yw 'dyfodiad') a bod angen paratoi ar gyfer y dyfodiad hwnnw. Y mae dwy wedd i'r paratoi a'r dyfodiad. Un yw sylweddoli bod yna wahoddiad sy'n dyfod cyn y paratoi, a bod gwahoddiad yn hanfod yr efengyl ac yn bwyslais cyson yn y Gair. Duw sy'n gwahodd yw ein Duw ni. Yr agwedd arall yw fod yna rybudd i 'fod yn barod' ac yn effro i ddisgwyl ei ddyfodiad. Mae'r paratoi yn golygu bod ar flaenau ein traed.

Y mae addoli yn cyfuno y ddwy agwedd hon : gwahoddiad a bod yn effro. Enghraifft o'r cyfuno hwn yw dameg y bump morwyn gall a'r bump morwyn ffôl, neu ddameg y deg geneth.

1. Er nad oes sôn yn y ddameg am wahoddiad fel y cyfryw, y mae'r gwahoddiad yn sail i'r ddameg ac y mae gwahoddiad i wledd yn bwyslais cyson yng ngeiriau Iesu ac yn y Beibl (Eseia 55 yw'r enghraifft enwocaf). Fe ellir dweud yr un peth wrth gymharu'r deyrnas â gwledd ('Anfonodd ei weision i alw'r gwahoddedigion i'r neithior' Mathew 22.3) Ysbryd dathlu a llawenydd sydd mewn gwledd: felly hefyd y deyrnas, ac nid damwain yw'r ffaith fod Ioan yn sôn am Iesu yn dechrau ei weinidogaeth mewn gwledd briodas . A dyna pam y gellir dweud yr un peth am addoli , oherwydd addoli yw derbyn gwahoddiad a dod i'r wledd i ddathlu mewn llawenydd. Y mae'r gair dathlu ('celebration') wedi dod yn air poblogaidd am fath arbennig o addoli, gyda chynulleidfaoedd mawr yn dod ynghŷd i ddathlu achlysuron arbennig ond y gwir ydyw y dylai fod yn air sy'n disgrifio pob addoliad a phob gŵyl Gristnogol: fe ddylai dathlu'r Sul fod fel dathlu'r Nadolig adathlu'r cymun fel dathlu'r Pasg .

2. Mae'n bwysig cofio arferion priodasol y dwyrain. 'Roedd paratoadau'r briodferch yn dechrau yn gynnar yn y dydd gyda'r morynion yn ei helpu i wisgo. Yna byddai'n eistedd ac yn aros am y priodfab, ond nid oedd hwnnw yn dweud pryd yr oedd yn dod !! Yna, wedi hir ddisgwyl, fe ddeuai neges yn dweud ei fod ar y ffordd ac fe fyddai'n gorymdeithio i dŷ'r briodferch. Yna fe gynhelid y gwasanaeth. Ar ôl hynny fe fyddai'r briodferch a'r morynion yn ymuno â'r orymdaith ac yn dychwelyd i dŷ'r priodfab ac i'r wledd. Erbyn hynny fe fyddai'n dywyll a byddai'n rhaid cael lampau clai bychan i oleuo'r ffordd. Yr oedd y wledd, gyda llaw, yn parhau am rai dyddiau.

Oherwydd bod y lampau'n fychain, ac na wyddai neb am faint o amser y byddent yn aros, yr oedd yn bwysig cael olew ychwanegol wrth gefn. Nid oedd y morynion i gael cerdded yn y tywllwch heb olau. Pan gyrhaeddodd y priodfab , yn nameg Iesu , yr oedd pump o'r morynion heb olau, hyd yn oed cyn dechrau gorymdeithio. Oherwydd hynny maent yn cyrraedd y wledd ymhell ar ôl y lleill ac anghwrteisi o'r mwyaf oedd peidio â chyrraedd erbyn dechrau'r wledd. Nid oedd disgwyl iddynt gael mynediad gan y priodfab ! Fe allwn feio'r priodfab am ei agwedd haearnaidd, di-drugaredd tuag at ferched ifanc di-feddwl , ond yr oedd ei agwedd yn gwbl dderbyniol a chanmoladwy hyd yn oed !

Yr anogaeth yw - byddwch yn wyliadwrus (ad.13)

Y mae'r alwad i fod yn wyliadwrus ac yn effro yn alwad y bywyd Cristnogol ond y mae hefyd yn alwad penodol iawn yn nhermau addoli. Y mae'n alwad i glywed, i weld, i fod yn barod - ac i baratoi. Ond beth yw paratoi i addoli ? I ba raddau mae paratoi yn rhan o'n haddoli ? Ar lefel bersonol mae yna baratoi meddyliol ac ysbrydol lle mae disgwyl i'r addolwr dreulio amser yn gofyn am arweiniad a bendith, ac mae'r paratoi hwnnw yn siŵr o fod yn amrywio llawer. Sawl gweinidog wrth gael ei sefydlu sydd wedi gwahodd ei gynulleidfa i weddïo'n gyson dros addoli'r eglwys?

Ond mae'n rhaid i ni hefyd dderbyn y ffaith mai rhuthr y cyrraedd a'r paratoi ymarferol sydd yn mynd ag amser llawer o addolwyr. Oherwydd hynny, tybed na ddylid neilltuo amser **cyn** dechrau addoli i feddwl ac ystyried a pharatoi ar gyfer yr addoli sy'n dilyn ? Mae hynny yn golygu mwy nac ymarfer rhai o'r emynau! Tybed a ydym yn disgwyl gormod gan gynulleidfaoedd nad ydynt yn gynulleifaoedd seiat a chyfarfod gweddi erbyn hyn ? Yr Archesgob Ramsay ddywedodd rhywbryd mewn cyfweliad ei fod yn treulio hanner awr mewn defosiwn personol pob dydd: ugain munud i baratoi a deg munud mewn gweddi. Tybed nad yw'n egwyddor dda i'n haddoli o Sul i Sul?

3. Ond y mae'r ddameg hon a'r adfent yn pwysleisio rhywbeth arall hefyd. Y mae Mathew 24, gyda'r pwyslais ar ddyfodiad Mab y Dyn, yn sôn am y 'dyddiau diwethaf' (24.3) pan fydd popeth yn cael ei gyflawni . Yn nhymor yr adfent y mae'r eglwys yn rhoi'r pwyslais hwn ar ddyfodiad neu ail-ddyfodiad Iesu. Ond y mae'n rybudd i wylio rhag twyll - 'gwyliwch na fydd i neb eich twyllo' (ad.4) oherwydd 'awr anhysbys' yw honno oherwydd ni wyddoch ' na'r dydd na'r awr ' (25.13)

Mewn dyddiau o drai ar grefydd gyfundrefnol a gwacter ysbrydol mae crefyddau a mudiadau sydd yn rhoi pwyslais ar y dyddiau diwethaf yn tyfu. Mewn cyfnod felly yr ysgrifennwyd Llyfr Daniel a'r Datguddiad y ddau lyfr sydd wedi bod yn gloddfa i bob math o sectau a chrefyddau sydd yn dal i geisio dyddio'r diwedd er bod hyn yn hollol groes i apêl Iesu ei hun. Fe wyddai Iesu am y peryglon o bob math a fuasai'n deillio o honiadau o wybodaeth felly. Y mae'r eglwys wedi bod yn gwbl gywir yn ei hagwedd tuag at fudiadau crefyddol o'r fath ac y mae'r tân a losgodd gymuned gyfan yn Waco, Texas ddwy flynedd yn ôl yn dal yn hunllef yn y meddwl.

Ond y mae ochr arall i hyn hefyd. Nid oedd Iesu yn sôn amdano'i hun yn dod yn ôl i'r ddaear fel yn nyddiau ei gnawd. Yn ystod ei ddyddiau olaf ar y ddaear y mae'n dweud 'mi a ddeuaf drachefn', ond trwy'r Ysbryd y daw ac y maent yn eiriau i'w deall yng nghyd-destun y Groes a'r Atgyfodiad. Wrth gwrs y mae prysurdeb y 'pethau sydd i ddod' yn amlwg iawn drwy ei weinidogaeth ac y mae'r pwyslais Iddewig ar y dyddiau diwethaf pan gyflawnir popeth yn bwyslais amlwg iawn ganddo hefyd. Dyna paham yr oedd hefyd yn bwyslais yn y cyfnod cynnar wedi ei groeshoeliad fel y gwelwn yn llythyrau cynnar Paul. Yr oeddynt yn credu fod digwyddiadau Jerwsalem a geiriau Iesu yn arwydd fod y diwedd wedi dod. Ond yn fuan fe ddaeth y gwirionedd fod Duw wedi llefaru ac wedi gweithredu yn derfynol yn Iesu yn amlwg iddynt , ac mai comisiwn Iesu iddynt oedd, nid i aros am y diwedd, ond i gyhoeddi'r Newyddion Da. Yn well fyth, yng nghysylltiadau'r ddameg hon - i gyhoeddi neu i estyn gwahoddiad i wledd.

Pwyslais yr Adfent a phwyslais pob addoliad yw fod Iesu, yn ôl ei addewid, yn dod i ganol ein byd a'n bywyd ,a'n bod ninnau, y rhai sydd yn credu ynddo, yn dathlu ei bresenoldeb ac yn cyhoeddi yr hyn yn mae wedi ei gyflawni ar ein rhan. O fod yn effro iddo Ef, nid oes yn rhaid i ni wedyn boeni dim am 'y pethau diwethaf' - y mae Ef yn eu gwneud yn ddibwys i fodau meidrol.

4. 'Yn wir... nid wyf yn eich adnabod' (ad.12). Fe wyddom am y cam a'r peryglon o or-fanylu ac o alegoreiddio dameg. Neges y ddameg hon yw - byddwch yn effro. Ond y mae rhywun yn cael ei demtio i dynnu sylw at agwedd di-deimlad a hallt y morynion call - mewn stori arall fe fuasent yn cael eu barnu am beidio â rhannu ! Yn yr un ffordd y mae agwedd y priodfab, 'nid wyf yn eich adnabod' yn ddi-gyfaddawd ac yn derfynol. Mae'r drws wedi ei gau a does dim sôn yma am edifeirwch na maddeuant na thosturi. Ie, dameg am fod yn effro ydyw, ond mae'n bwysig sylweddoli hefyd mai un dameg ydyw na ellir ei deall yn iawn ond yng ngoleuni'r Efengyl gyfan. Yng ngoleuni honno rhaid i ni hefyd gofio yr UN sy'n agor y drws i bawb sy'n curo .

Y mae hyn yn berthnasol iawn i addoli. 'Mae drws trugaredd heb ei gau'. 'Mae'r orsedd fawr yn awr yn rhydd'. Nid yw'r gwahoddiad byth yn peidio . Nid yw Iesu, fel y Phariseaid ,wedi gosod terfynau.Yn y gwerslyfr 11-16 ar gyfer y wers heddiw gwelir y geiriau yma: 'Mae angen i ni droi at Dduw, edifarhau am ein drygioni, cydnabod pwy yw Duw ac ymddiried ynddo.' Nid amod addoli yw hynny, ond cyfle a'r angen i addoli. Mae ymateb i'r gwahoddiad yn agor y drysau sydd hefyd yn fynediad i'r wledd. Byddwch effro!

Adnodau eraill i'w hystyried

Mathew 24.42-51 ; Actau 1.6-11 ; 1 Thesaloniaid 4.13 - 5.11

Cwestiynau i'w trafod

1. Sut y dylem baratoi ar gyfer y Nadolig ?

2. ' Mae angen rhywbeth i'n deffro' yw'r sylw cyffredin. Beth, tybed yw ystyr y geiriau?

3. Trafodwch thema arbennig Sul y Beibl ar gyfer eleni .

Gwers 2 **Gwahodd iad i ddod o hyd i Iesu**

Luc 2.1-20

Wrth ddatblygu Maes Llafur ar gyfer yr eglwys gyfan y mae'r Cyngor Ysgolion Sul yn gobeithio y bydd hynny yn gymorth i'r eglwysi feithrin eu hunain fel teulu'r ffydd yn dysgu ac yn rhannu, yn addoli ac yn cenhadu. Pob oed - gyda'i gilydd. Dyna'r nod. Neu, o'i roi mewn ffordd arall - Nadolig drwy'r flwyddyn ! Os yw addoli yn wahoddiad i ddod at Iesu gyda'n gilydd yna efallai y medrwn ddweud bod hynny yn digwydd ar y Nadolig yn fwy nag unrhyw amser arall. Y mae ei ddyfodiad Ef yn ein tynnu at ein gilydd waeth beth yw'r rhesymau amrywiol dros weld llawer mwy o bobl nag arfer yn y gwasanaeth Nadolig!

1. Y mae cefndir ac amgylchiadau'r geni yn eithriadol o bwysig, yn wir yn sylfaenol bwysig , i ddechrau deall yr Ymgnawdoliad. Y mae'n gefndir o ormes a thrais. Yr oedd Israel dan lywodraeth Rhufain ers 63 C.C. a thrwy orchymyn Cesar Awgwstws yr oedd yn rhaid i bob Iddew ddychwelyd i dref ei gyndadau - i gofrestru yn ei wlad ei hun! Dyna pam yr aeth Joseff a Mair i Fethlehem, 70 milltir i'r de o Nasareth. Mae pob math o ddamcaniaethu a dyfalu wedi bod am y llety neu'r gwesty , ond y ddamcaniaeth boblogaidd ar hyn o bryd yw mai ystafell mewn tŷ oedd y 'llety' ac mai ogof o dan y llety oedd y 'stabl'. Does dim gwahaniaeth am hynny, oherwydd y gwir yw fod Mair wedi geni ei phlentyn heb gael gofal na chysur gan ferched ei theulu, rhywbeth oedd mor bwysig i'r Iddew. Yr oedd yn alltud ac yn ddi-deulu yn ei gwlad ei hun! Yn fuan wedyn, yn ôl Mathew yr oeddynt yn ffoi i'r Aifft - yn ffoaduriaid.

Dyna'r cefndir i'r Nadolig ac i addoli'r Nadolig. Fe all, mor hawdd â dim, fod yn glip newyddion o nawdegau'r ganrif hon. O ran awyrgylch ac amgylchiadau y mae, wrth gwrs, yn debyg iawn i gefndir y Croeshoeliad. Mae rhywun wedi cael mwy na digon ar yr ystrydebu blynyddol ein bod wedi 'gwneud tinsel o'r Nadolig' - mae pob bardd Cymraeg wedi dweud hynny mewn rhyw ffordd, os nad wedi defnyddio yr union eiriau ! Ond y gwir yw, nid ein bod wedi masnacheiddio'r ŵyl, (wedi'r cyfan yr ydym wedi masnacheiddio bywyd) ond ein bod wedi mynnu dod â'n haddoli i glydwch festri a chapel. Efallai yn wir mai mannau eraill yn y byd yw'r unig le i ni fedru dathlu'r Nadolig bellach: gwersylloedd ffoaduriad yn Affrica ac Asia; cartrefi gwag Palestiniaid sydd wedi gorfod gadael eu cartrefi neu wersylloedd ffoaduriad yn Iraq. Neu - ac y mae hyn yn gynyddol wir - i ganol y digartref yn ein gwlad ni. I fyd fel hyn y daeth. Efallai na wnawn ni byth ddod o hyd i Iesu yn ein haddoli Nadolig ni. Efallai mai braint y di-freintiedig yw honno.

2. Yn wahanol i'r doethion, pobl gyffredin oedd y bugeiliaid, meibion ffermwyr neu weison cyflog. Roedd eu gwaith yn anodd a digon diflas a natur y gwaith hwnnw yn eu gwneud yn bobl ar wahân i'r Israel grefyddol. Nid oeddynt yn bobl 'dduwiol'. Ond hwy sy'n cael y gwahoddiad ac y maent yn ymateb i'r 'newyddion da o lawenydd mawr' ac yn dychwelyd gan 'ogoneddu a moli Duw' (ad. 20). Nid ydynt yn petruso : 'they came quickly, bare-footed' meddai Evelyn Waugh yn ei nofel Helena, o'u cymharu â'r doethion a oedd mor araf dan faich geriach a gwybodaeth! **Mae** yna symlrwydd mewn ffydd ac addoli sydd yn mynd ar goll dan straen geiriau a datganiadau'r ffydd. Y mae hyn, wrth gwrs, wedi cael ei ddweud o'r blaen, ac efallai y buasai pob Cristion a diwinydd ac enwad a thraddodiad yn cytuno . Ond, ar ein gwaethaf, colli'r syml a wnawn. Mae gwahaniaeth sylfaenol rhwng bod yn arwynebol a bod yn syml, rhwng bod yn naïf a bod yn blentyn. Yr hyn sy'n achub y Nadolig rhag bod yn sentimental ac arwynebol, yw ein bod am rhoi lle allweddol i'r plant yn ein haddoliad.

3. Mae'r efengylau yn llawn o angylion ac y mae dechrau efengyl Luc yn orlawn ohonynt! A lle mae angylion y mae 'disgleirdeb a gogoniant' (ad.9) a 'llawenydd mawr' a 'mawl' (ad. 14). Cyfryngau rhwng nef â daear yw angylion sydd yn dod â'r nef i'r ddaear ac yn cario'r ddaear i'r nef. Yn y Gair, lle bynnag y mae Duw yn tanio'r dychymyg ac yn creu breuddwydion , yno hefyd y mae'r ffin rhwng daear a nef yn diflannu - ac yno y mae addoli. Munudau o addoli a chymundeb yw presenoldeb angylion.

Mae Rhydwen Williams wedi awgrymu nad ydynt yn bod bellach a'u bod wedi eu claddu dan loriau papur ein byd.Mae lle i gredu eu bod yn absennol o'n haddoli yn aml oherwydd aeth ein haddoli yn 'fflat' a diddychymyg. Gwahoddiad i addoli byw, effro, creadigol a chyffrous yw gwahoddiad y Nadolig. Mae'n wahoddiad i wrando ar angylion ac yn wahoddiad i nefol fyd o glod, mawl a gogoniant! Efallai ein bod wedi dod mor gyfarwydd â geiriau, defodau a diffyg digwydd ein haddoli fel y buasai yn beth llesol i ni addoli yn llai aml o lawer fel cynulleidfaoedd - rhag colli'r wefr.

4. Daeth llawer o garolau arwynebol a phlentynaidd i'n Nadolig bellach. Un canlyniad i hyn yw ein bod wedi dechrau gwerthfawrogi mwy ar yr hen garolau Cymreig gyda'u pwylais ar holl fywyd Iesu Grist, ac yn arbennig ei aberth: 'Yr Iawn gaed ar Galfaria'n faban bach, yn faban bach' Cawn ein hatgoffa, a hynny yn hollol gywir, na fedrwn aros ym Methlehem.

Er hynny yr ydym yn derbyn gwahoddiad i fynd i Fethlehem yn y lle cyntaf ac i ryfeddu at **fabi.** Os na fedrwn ni ryfeddu at fabi, go brin y medrwn ryfeddu at ddim arall chwaith. Mae yna apêl oesol yn y darlun (dychmygol) o fugeiliaid cryf, blêr a gwrywaidd yn plygu o flaen. Babi - byd y ferch a'r tyner oedd y babi ac y mae yn apelio am ein bod yn gweld gwyrth y rhyfeddod yn fwy ynddynt hwy nag yn neb arall. Fe roddodd Iesu bwyslais mawr ar y plentyn ac fe estynodd **wahoddiad** arall sydd yn gysylltiedig â'r Nadolig, sef gwahoddiad i fod fel plant. Rhybudd pwysig ar drothwy'r Nadolig yw nad gŵyl i blant yw'r Nadolig, fel y dywedir yn aml, ond gwahoddiad i fod fel plant ac i rannu'r rhyfeddod sy'n gweddu i'r ŵyl.

Adnodau pellach i'w hystyried

Marc 10.13-16 ; Luc 1.5-20 ; Eseia 9.6,7.

Cwestiynau i'w trafod

1. Yn nes ymlaen yn y Maes Llafur fe fyddwn yn sôn am addoli a chenhadu. Dyma'r amser i ystyried estyn gwahoddiad arbennig i bobl tu

allan i'r eglwys i ddod i Wasanaeth Nadolig.

'Mae'r Nadolig yn gyfle i ddod â barddoniaeth a chwerthin yn ôl i'n haddoli'

A ydych yn cytuno?

Yn ôl Shelter a'r YMCA y mae dros 2,000 o bobl ifanc bob nos yn ein dinasoedd mwyaf 'heb le i roi pen i lawr'. Yn 1993 fe gyhoeddodd Shelter Cymru ar drothwy'r Nadolig ei bod wedi ceisio helpu 10,000 o deuluoedd i chwilio am rhywle i fyw.

A yw eich eglwys chi yn gwneud rhywbeth?

Gwers 3 **Y doethion yn derbyn gwahoddiad**
Mathew 2.1-12

Y mae'r cefndir i addoliad y doethion yn ehangach na'r cefndir i addoli'r bugeiliaid. Nid yw hynny wrth gwrs yn gwneud yr addoliad yn well nac yn wahanol , ond y mae yn dod â dimensiwn arall i addoli pobl Dduw. Yn stori'r bugeiliaid yr ydym yn dringo'r bryniau uwchben Bethlehem. Yn stori'r doethion yr ydym yn syllu ar y sêr yn ehangder y cread. Yn un stori yr ydym yn edrych ar yr agos a'r cyfarwydd, ac yn y stori arall yr ydym yn edrych tu hwnt i'n hamgyffred tua'r dirgelwch. Y mae'r ddwy stori yn perthyn i addoli'r Nadolig ac ni allwn sôn am un heb sôn am y llall. Mae addoli ym mhob amgylchiad yn golygu dod â'r agos a'r cyfarwydd at yr eang a'r mawredd.

Yn hanes y doethion y mae Herod, yr hanner-Iddew, yn was i Ymerodraeth Rhufain ac oherwydd hynny yn gaeth i rym ac awdurdod - a thrais hefyd. Yr oedd ganddo lawer i'w amddiffyn ac nid oedd am adael i 'Frenin' Iddewig sefyll yn ei ffordd. Yr oedd yn barod i gael gwared o bawb a oedd yn fygythiad iddo, hyd yn oed plant. Fe wnaiff dyn unrhyw beth i amddiffyn ei safle a'i awdurdod ei hun. Y mae hanes y ddynoliaeth yn llawn o enghreifftiau o hynny a dyna pam y clywir cyfeirio o hyd at 'Herod o fyd '. Yn gefndir i hanes y doethion felly y mae teyrnasoedd byd, a'r posibiliadau erchyll sydd ym mhob awdurdod dynol.

1. Fe fydd y plant heddiw yn cael eu dysgu i beidio â derbyn rhai o'r camgymeriadau a wnaethant yn y gorffennol wrth adrodd y stori, neu gam-argraffiadau efallai e.e. nid at y prescb y daeth y doethion oherwydd yr oedd Mair a Joseff bellach yn byw mewn tŷ (ad.11) ; nid babi oedd Iesu bellach chwaith, ond plentyn ; nid yw'r Beibl yn dweud mai tri gŵr doeth oedd yna - dim ond sôn am dair anrheg. Nid yw Mathew chwaith yn dweud mai brenhinoedd ydynt, ond fe wyddom mai tramorwyr (o'r dwyrain) oeddynt ac mae'n bosibl mai sêr-ddewiniaid oeddynt.

Fe wyddom eu bod yn bobl a oedd yn chwilio ac yn holi a'u bod yn barod i wneud popeth er mwyn cael gafael ar y gwir. Y mae ynddynt ysbryd i'w edmygu ac ymroddiad i'w efelychu ac efallai eu bod yn cynrychioli ysbryd dyn ar ei orau : yn barod i fentro, i anturio, i ddyfalbarhau ac i arloesi.Y maent yn cynrychioli yr hyn y mae dyn wedi ei adeiladau a'i greu a'i ddarganfod. Ond y maent hefyd yn ein hatgoffa mai ymchwil mwyaf dyn yw'r ymchwil am yr ysbrydol ac yn yr ystyr hwnnw y mae Dwyrain a Gorllewin yn dod ynghyd ynddynt - '...a daethom i'w addoli' (ad.2). Y mae grym y gwir a'r ysbrydol yn gryfach o lawer na'r materol a'r dynol - ac y mae Herod, fel sawl Herod arall, yn dychryn wrth sylweddoli hynny.

2. Nid pobl di-grefydd oeddynt, ond y mae'n deg credu fod yna rhyw anfodlonrwydd a gwacter heb ei lenwi yn y grefydd a oedd ganddynt. Ystrydeb efallai yw dyfynnu Awstin Sant a'i eiriau am y galon yn anniddig nes gorffwyso yn Nuw, ond o gofio bod Awstin wedi chwilio yn hir ac wedi dilyn sawl trywydd, y mae yn ein hatgoffa am elfen bwysig yn hanes y ddynoliaeth. Mae'n bwysig cofio bod lle i'r ymchwil onest a'r holi taer, nid yn unig ym mywyd yr unigolyn, ond hefyd oddi fewn i gymdeithas ac addoli'r eglwys. A dweud y gwir, fe ddylai'r eglwys fod yn rhoi lle a sylw penodol i'r eneidiau aflonydd oherwydd y maent yn lleng. Ni ddylem byth gymryd yn ganiataol fod pawb yn y gynulleidfa yn credu, na meddwl chwaith nad oes neb yn y gynulleidfa yn credu. Tuedd yr uniongred a'r traddodiad 'efengylaidd' yw pregethu fel petai'r gynulleidfa yn gwbl ddi-gred; tuedd y traddodiad cyfundrefnol ac eglwysig ar y llaw arall yw peidio rhoi digon o le, sylw a chyfle i'r enaid ymchwilgar.

3. Mae'r sêr-ddewiniaid yn cyflwyno'r rhoddion sy'n cydnabod bod y baban yn frenin. Aur: rhodd sy'n deilwng o frenin; thus: yr arogldarth sy'n arwydd o Dduw; myrr: arwydd o ddioddefaint a marwolaeth. Y mae'r rhoddion yn cydnabod brenhiniaeth, yn cydnabod un sy'n deilwng o addoliad ac yn cydnabod ffordd croes a dioddefaint hefyd.

Y mae pob addoli yn addoli gyda'r doethion. Y mae'n addoli heb y rhoddion, ond y mae'n addoli sy'n parhau gyda'r rhoddion. Mae yna blygu a chyflwyno rhoddion wrth y preseb ac yn y cyflwyno hwnnw ceir holl ddoniau a godidowgrwydd y pethau sydd gan ddyn i'w cyflwyno. Mae yma gampweithiau celf a chân, pensaerniaeth ac adeiladau, lliw a llun a llais, geiriau a symbolau - y maent i gyd wrth y preseb yn deilwng i'w gosod wrth draed y Brenin.

Perygl Anghydffurfiaeth yw colli'r lliw a gadael y ca[eli fel ogof wag y geni. Perygl y traddodiad Catholig ac Unionged yw pentyrru rhoddion a cholli golwg ar y baban. Mae'r Nadolig yn dod â'r ddau draddodiad at ei gilydd yng nghyfoeth yr addoli ac yn llawenydd y gwahoddiad. Y mae hyn i gyd yn or-symleiddo. Ond y mae'n hanner gwir hefyd.

4. Yn eglwysi Uniongred y Dwyrain, Gŵyl yr Ystwyll sy'n cofio dyfodiad y doethion ac ar yr Ŵyl honno y maent yn dathlu eu Nadolig. Trwy'r doethion maent yn dathlu dyfod y Goleuni i'r cenhedloedd Ar Ionawr 6 y bydd hynny ac fel y byddwn ni yn tynnu'r goeden a'r addurniadau i lawr y mae'r Dwyrain yn dathlu ei ddyfodiad: 'Y gwir oleuni sydd wedi ymddangos sy'n rhoi golau i bawb', meddai litwrgi yr eglwys honno. Y mae hyn yn ein hatgoffa fod yna rhywbeth di-dor, di-derfyn yn addoli pobl Dduw - 'Y gân o foliant byth ni dderfydd ', chwedl John Ellerton yn ei emyn. Mae'n ryngwladol, aml-ieithog ac yn fyd eang a dyna pam fod gwisgo a gorymdeithio plant y gwledydd ar ôl (neu o flaen!) yr angylion yn bwysig yn nrama'r Geni. Maent yn dod â'u diwylliannau, ei hieithoedd, eu tiroedd a'u hunain, i rannu'r llwyfan gyda'r angylion a Mair a Joseff, y bugeiliaid a'r doethion - a Herod yn llechu rhywle o'r golwg, ond yn agos iawn!

Cwestiynau i'w trafod

1. Pwy yw ein 'doethion' cyfoes ?

2. A ydym yn rhoi digon o le a chyfle i'r rhai sydd yn 'chwilio' ?

3. Ym mha ffordd y mae gwybodaeth a gwyddoniaeth yn cryfhau ein ffydd?

Cofiwch ddechrau paratoi ar gyfer gwers 4.

Gwers 4 **ADDOLI: DERBYN GWAHODDIAD**

Addoli wedi'r Nadolig ac ar ddiwedd blwyddyn.

Gwahoddiad i wledd, nid baich na gorfodaeth, yw addoli. Mae'n wahoddiad i ddod gyda bugeiliaid a doethion, i chwilio, i ddarganfod, i ryfeddu. Mae addoli hefyd yn gyffro ac yn antur, yn wahoddiad ac yn her i feddwl a dychymyg i fynd tu hwnt i furiau cyfyng ein deall a'n gallu. Y mae'n wahoddiad i chwilio am y perl gwerthfawr ac am y trysor drud. Ac nid trwy fod yn ofnus ac yn amheus - ac y mae bod yn amheus yn wahanol i fod ag amheuon - y mae mentro i ddilyn y seren. Pan yw pobl o bob oed, o bob gradd a chyflwr, o bob gwlad ac iaith, yn derbyn yr un gwahoddiad ac yn cyrchu i'r un man - dyna yw addoli. Mae'r gwahoddiad wedi troi yn wledd.

1. Dewiswch a myfyriwch ar yr emynau sydd yn gwahodd. Meddyliwch yn arbennig am y carolau sydd yn gwahodd a defnyddiwch hwy fel gwahoddiad diwedd blwyddyn.

2. Yr ydych eisioes wedi paratoi cerdyn gwahoddiad Nadolig. A ydym yn gwahodd digon ar bobl i ddod i addoli ? Beth am ei wneud yn gynllun blwyddyn newydd ? Beth am ddechrau trwy newid 'CYHOEDDIADAU' i 'WAHODDIADAU' a rhoi mwy o bwyslais ac amrywiaeth wrth eu cyflwyno?

3. 'Ond nid rhaid mynd ym mhellach, ond gofyn i ti (pwy bynnag wyt drwy holl Gymru), oni wnaethost ti lawer peth (neu ryw beth) yn erbyn dy gydwybod ? Do, lawer mwy nag a yr un dyn yn y byd, heblaw bwyta, ac yfed, a chysgu, a llefaru gormod, a chamarfer y rhyddid.

Wele'r Cymro, dyma'r *waedd* ; dyma'r llefain, yr utgorn o'r tu mewn. Ac onid yw'r gydwybod yn datseinio, fe a dry'r *waedd* yn *wae* i ti . Ond os wyt ti yn deffro, ac yn agoryd dy lygaid i edrych i mewn, yna mae'r galon yn rhoi gwaedd hefyd, ac yn llefain, 'Pa beth a wna i fod yn gadwedig ? Pa fodd y ca'i lanhau fy nghydwybod lygredig?

Pa fodd y dihangaf fi oddi wrth y dig a ddaw? Pa fodd y galla' i gyrraedd y bywyd tragwyddol ?

Fy mrawd a'm cymydog , ni wn i fawr, ie ni wn i ddim ohonof fy hunan i'th gynghori ; ond mae Goleuni yn llosgi o'r tu fewn a ddichon ddangos y ffordd. Di glywaist mai deuparth gwaith yw dechrau, ac mai dwywaith y gwneir drygwaith. Am hynny dechrau di'r gwaith tra y galwer di heddiw, ac edrych ar fod y maen cyntaf ynot wedi ei osod yn iawn.'

'Gwaedd yng Nghymru yn wyneb pob cydwybod' (Morgan Llwyd)

Ystyriwch y geiriau yma fel neges diwedd blwyddyn/dechrau blwyddyn

4. **Addoli gyda'r doethion** (thema myfyrdod o werslyfr yr ieuenctid)

a..Mae addoli yn llawen (ad.10). Mae'r gwahoddiad yn arwain i ymateb llawen a chyffrous.

b. Mae addoli yn ddifrifol (ad.11). Mae bod ar ein gliniau yn weithred ddifrifol iawn. Mae pob gwir lawenydd yn ddwyster hefyd.

c. Mae addoli yn costio (ad.11). Mae addoli yn ymestyn i'n holl fywyd. Mae'n golygu rhoi'r gorau a rhoi'r cyfan.

ch. Mae addoli yn beryglus (ad. 12). Yr oedd addoli yn dod a hwy wyneb yn wyneb â Herod. Nid oeddynt am blygu i Herod ac yr oedd hynny yn golygu sefyll a gwrthdaro.

5. Y mae mynd yn ôl ar 'hyd ffordd arall' yn golygu derbyn canlyniadau'r plygu a'r ymgysegru. Rhwng y Nadolig a diwedd y flwyddyn y mae'r eglwys Gristnogol wedi cofio hynny ac wedi neilltuo dyddiadau eraill i'w cofio.

Rhagfyr 26 Gŵyl Sant Steffan.
Rhagfyr 27 Gŵyl Sant Ioan
Rhagfyr 28 Cofio lladd y plant ym Methlehem (Gŵyl y Diniweidiaid)

Myfyriwch ar y digwyddiadau hyn a defnyddiwch y weddi hon:
Awn i Fethlehem i'w addoli Ef.

Wrth gofio am Steffan ac eraill o'th ferthyron a fu farw yn ddewr mewn tangnefedd â gweddi a mawl ar eu gwefusau. AWN I FETHLEHEM AC ADDOLWN EF.

Wrth gofio am y plant a laddwyd a'r plant sydd o hyd yn cael eu lladd mewn byd di-dostur a chreulon. AWN I FETHLEHEM AC ADDOLWN EF.

Wrth ddiolch am Dy Air ac yn arbennig am yr Efengylau sydd wedi cadw i ni yr hanes rhyfeddol am Iesu. AWN I FETHLEHEM AC ADDOLWN EF.

Ar ddiwedd y flwyddyn hon, wrth ddiolch am y cyfan a gawsom ac wrth obeithio am y cyfan a ddaw. AWN I FETHLEHEM AC ADDOLWN EF.

Wrth ddiolch bod dy wahoddiad Di yr un o hyd o un blwyddyn i'r llall: 'Deuwch ataf fi...' AWN I FETHLEHEM AC ADDOLWN EF.

6. *Yn nheyrnas diniweidrwydd -*
Gwyn fyd pob plentyn bach
Sy'n berchen llygaid llawen
A phâr o fochau iach!
Yn nheyrnas diniweidrwydd -
Gwae hwnnw wrth y pyrth:
Rhy hen i brofi'r syndod,
Rhy gall i weld y wyrth!

(Pennill olaf o gerdd Rhydwen Williams 'Yn Nheyrnas Diniweidrwydd')

Yng ngoleuni'r pennill, sut mae cadw rhyfeddod y Nadolig drwy'r flwyddyn ?

7. Paratowch **addewidion blwyddyn newydd i'r eglwys** a chyflwynwch hwy mewn gwasanaeth.

8. Paratowch weddi o ddiolch am y flwyddyn sydd wedi mynd heibio ym mywyd yr eglwys.

O deuwch ac addolwn:
derbyn gwahoddiad.

1. Gwahoddiad i wledd briodas. (Mathew 25)

2. Gwahoddiad i gwmni Iesu. (Luc 2)

3. Gwahoddiad i Fethlehem. (Mathew 1)

I fachgenyn Mair
Y tragwyddol Air,
Yn y gwellt a'r gwair,
Dygwn roddion:
Serch y galon,
Aur anrhegion,
Thus a myrr.
Tua Bethlem dref
Awn yn fintai gref
Ac addolwn Ef.

(Wil Ifan)

Diolch, Arglwydd, mai Duw sy'n gwahodd wyt Ti -
ac nid yn unig yn gwahodd, ond yn anfon dy
wahoddiad drwy Iesu, Dy Fab,
Gyda llawenydd a diolchgarwch,
gyda rhyfeddod a chariad,
fe dderbyniwn y gwahoddiad yr Adfent hwn eto,
er mwyn i ninnau gael plygu ac addoli,
Amen.

Gwers 1 **Iesu'r Athro**
Luc 8. 1,4-15.

Ym mhob addoliad mae'r heuwr yn hau . Er bod y ddameg hon yn gwbl gyfarwydd i ni, ni allwn edrych ar y bywyd Cristnogol ac addoliad y Cristion heb roi lle canolog i'r Heuwr. Wedi'r cyfan -

'Yr had yw gair Duw' (ad. 11) a dyma galon ein haddoliad.

Y mae llawer iawn wedi cael ei ysgrifennu am y damhegion ac nid oes prinder llyfrau ac esboniadau i roi digon o arweinaid i ni am y ddameg hon. Y **mae** modd gwahaniaethu rhwng y dyrfa a'r disgyblion yn yr hanes yma : mae'r disgyblion yn ' gwybod cyfrinachau teyrnas Dduw' (ad.10). Os felly ai dameg i'r rhai nad ydynt yn ddisgyblion yw'r ddameg? Ai oddi allan i'r eglwys mae'r hau yn digwydd drwy weithgarwch cenhadol yr eglwys ? Y mae 8.1 yn awgrymu hynny. Ynteu a oes raid i ni gofio na wnaeth y disgyblion ddeall y gyfrinach o gwbl a bod y Gair felly yn cael ei hau yn barhaus iddynt hwythau hefyd? Oherwydd mai Gair Duw yw'r had, onid addoli'r eglwys yw'r man penodol lle mae'r had hwnnw yn cael ei hau? Onid yw hi'n wir i ddweud fod 'pob tir' ym mywyd cyfan yr eglwys? Mewn un ystyr y mae'r ffin rhwng byd ac eglwys yn diflannu lle mae pobol - a lle mae Iesu.

1. Yr oedd Iesu yn athro ac y mae'n parhau i fod yn athro. Y mae'n rhaid i ninnau, fel y rhai a gafodd ei adnabod yn nyddiau ei gnawd, ei adnabod ef hefyd fel athro, ac os na wnawn ni hynny ni wnawn ei adnabod fel Gwaredwr chwaith. Y ffordd at Iesu yw trwy ei Air ac y mae'n rhaid i bob profiad gael ei ddehongli a'i ddeall yng ngoleuni'r Gair hwnnw. Yr ydym wedi dyfynnu 'Gwae i ni wybod y geriau heb adnabod y Gair' hyd syrffed, ond y mae yn rhybudd sy'n llawn mor bwysig i ddweud 'Gwae i ni honni ein bod yn adnabod y Gair heb wybod y geiriau' oherwydd gwrando arno, nid darllen amdano, yw'r cam cyntaf. Fe wnaeth Iesu fwy o ddysgu na dim arall. Bod wrth draed Iesu oedd bod wrth draed athro.

Un sy'n dysgu yw disgybl.

Yr oedd Iesu yn athro llwyddiannus. Yr oedd pob amser yn ddiddorol, yn effeithiol, yn wahanol ac, yn ddieithriad, yr oedd yn ennyn ymateb. Yr oedd yn dysgu fel un ag awdurod ganddo (Mathew 7.29) oherwydd yr oedd argyhoeddiad a dealltwriaeth a phrofiad yn ei ddysgu. Fe wyddai beth yr oedd yn ei ddweud, ac yr oedd pobl yn gwrando ac yn glynu, neu yn gwrthod gwrando ac yn erlid. Yn bwysicach na dim, athro'r bobl ydoedd ac nid oedd ei ddysgu yn drymaidd, ysgrythurol, fanwl, yn nhraddodiad y Phariseaid, ond yn syml ond heb fod yn arwynebol. Yr oedd bywyd pob dydd ei wrandawyr yn gyfrwng allweddol yn i'w ffordd o ddysgu.

Fel yr awgrymwyd eisioes, y mae darllen a gwrando ar eiriau Iesu yn ganolog ym mhob addoli. Yn wir gellid amau i ba raddau y mae addoli yn addoli Cristnogol os nad oes lle i eiriau Iesu yn yr Efengylau yn yr addoli hwnnw.Mae lle i'r Salmau a'r proffwydi, mae lle i Paul ac i'r Actau, ond y mae'n **rhaid** cael geiriau Iesu. Yn yr un ffordd, gan ddilyn ei esiampl, mae'n rhaid i addoli fod yn fywiog a syml, yn siriol ac amrywiol, oherwydd mae gwneud geiriau Iesu (heb sôn am ei berson) yn ddiflas, di-liw ac undonog yn un o'r pechodau mwyaf. ('The sin of spiritual boredom', chwedl y nofelydd Saul Bellow). Pechod yr un mor fawr yw ceisio diweddrau a moderneiddio ei eiriau i'r fath raddau fel nad yw'r athro o Galiliea yn y ganrif gyntaf i'w glywed bellach. Mae addoli yn ymwneud â hen, hen eiriau sy'n fythol newydd am mai geiriau Iesu ydynt - yn y fan yna y mae'r rheidrwydd i fod yn gyfoes a 'pherthnasol'.

2. Cawn ein hatgoffa felly fod yna ddysgu a hyfforddi ym mhob addoli. Nid rhywbeth sydd yn digwydd rhywsut, rhywfodd ydyw ond y mae'n un o gyfryngau dysgu pwysicaf Duw, os nad y pwysicaf un. Wedi'r cyfan mewn addoli y ganwyd y Gair a thrwy addoli y cafodd ei rannu a'i gyhoeddi. Nid pregethu i bobl sydd heb glywed na chredu'r Gair a geir mewn addoliad Cristnogol. Y mae hyn yn gamgymeriad sylfaenol a wneir gan lawer o bregethwyr sydd am wneud dim ond 'achub' ac 'argyhoeddi' eu cynulleidfa. Cristnogion sydd angen eu hyfforddi a'u hadeiladu yw cynulleifaoedd ein heglwysi o Sul i Sul. Dyna paham mae patrwm newydd

gwaith yr Ysgol Sul a'r Maes Llafur i'r eglwys gyfan yn gam i adfer lle'r athro ym mywyd yr eglwys gyfan. Nid yw hynny, wrth gwrs, yn golygu nad oes le i amrywiaeth a rhyddid. Mae hynny, yn wir, yn holl bwysig, ond y mae yn golygu bod yn rhaid wynebu'r cyfrifoldeb aruthrol sydd arnom i gael ein haddysgu a'n hadeiladu yn y ffydd. Mae angen Iesu'r Athro arnom yn fwy na dim.

3. Yn wahanol i'w arfer, y mae Iesu yn esbonio'r ddameg hon ac yn yr esboniad yr ydym yn clywed adlais o'r eglwys fore yn ei ddehongli. Y mae'r gwerslyfr i'r Bobl Ifanc yn gofyn y cwestiwn,'Pa fath o gynulleidfa?' wrth drafod y ddameg hon. Dyma'r ateb:

a) Cynulleidfa'r llwybr, nad ydyw yn ymateb o gwbl.(ad. 5,12) Mae'r gair yn cael ei gipio yn syth.

b) Cynulleidfa'r graig, sy'n ymateb yn ddiffuant, ond nid yw eu ffydd yn dyfnhau.(6,12). Credu dros dro y maent, yna cilio.

c) Cynulleidfa'r drain, sy'n ymateb ar y dechrau, ond pan ddaw pethau eraill i fynd â'u bryd maent yn penderfynu fod eu ffydd yn ddianghenraid (7,14). Mae golud a gofalon a phleserau bywyd yn llenwi eu bywyd.

ch) Cynulleidfa'r pridd da, sy'n ymateb yn ufudd i Dduw ac yn dyfalbarhau yn y ffydd er lles llawer o bobl (15). Mae'n dwyn ffrwyth ar ei ganfed.

Mae'r gair 'cynulleidfa' yn y gwerslyfr yn awgrymu 'cynulleidfa eglwysig', ond 'tyrfa' yw gair Luc (4) ac y mae gwahaniaeth rhwng tyrfa a chynulleidfa. Mae'n wahaniaeth pwysig. Un o beryglon sôn am 'gynulleidfa' yw'r duedd, mewn oes o gynnydd mewn eglwysi charismataidd/efengylaidd, i geisio sefydlu eglwysi 'categori ch' (à la termau addysgiadol!)neu hyd yn oed honni eu bod yn eglwysi 'categori ch'! Ond mae dysgeidiaeth ein Hathro am y cynhaeaf, yr hedyn mwstard, y lefain, yr efrau ymysg yr ŷd (gw. yn arbennig Mathew 13) yn ein rhybuddio rhag gwneud y didoli eu hunain.

I ddychwelyd at yr hyn a ddywedwyd ar y dechrau : efallai **bod** lle i gredu fod pob tir ym mhob un ohonom, ym mhob eglwys ac ym mhob amgylchiad ac ym mhob oes. Dyna paham nad oes byth ddiwedd ar yr hau.

Adnodau eraill i'w hystyried

Diarhebion 22.17-21 ; Eseia 6.9-13 ; Mathew 13.1-23
Marc 4.1-20 ; Ioan 20.16.

Cwestiynau i'w trafod

1. A oes digon o bwyslais ar addysgu yn yr eglwysi ? Fe alwodd John Calfin yr eglwys yn 'Ysgol Ffydd' - a yw'n ddisgrifiad da o'r eglwys ?

2. A ninnau hanner ffordd drwy flwyddyn yr ysgol Sul ystyriwch i ba raddau mae'r Maes Llafur yn cyffwrdd â bywyd yr eglwys gyfan?

3. Dau gant a hanner o flynyddoedd yn ôl **(ar Ionawr 13,1745)** y ganwyd Robert Jones, Rhoslan. Chwe wythnos o addysg a gafodd ac eto fe ddaeth yn un arweinwyr y Diwygiad fel athro, fel pregethwr ac fel awdur. Yn y flwyddyn 1795 cyhoeddodd cyfrol o emynau 'Grawsypiau Canaan'. Ond ei waith enwocaf yw 'Drych yr Amseroedd'(1820), sef hanes crefydd Cymru o ddechrau Ymneilltuaeth hyd at amser Robert Jones ei hun. Dyma 'apocryffa'r Diwygiad' meddai R.T.Jenkins.

'Ymofynydd : ..ai yr un egwyddoroion oedd gan y gwrandawyr â chan eu hathrawon ?

Sylwebydd : Pa fodd y gellid disgwyl yn amgenach ? Digon i'r disgybl fod fel ei athro. Os digwyddid weithiau sôn am yr enaid, 'Wele,'meddent ' os da y gwnawn, da y cawn'........Wrth ddyfod o'r addoliad fe allai y dywedai ymbell un lled ddefosiynol 'Onid oedd pregeth dda yn yr eglwys heddiw ?'. 'Oedd, oedd ' , atebai eraill, 'pe gwnaem ond yr hanner....'

(Drych yr Amseroedd tud. 27)

Luc 5.12-16.

Mae ein hemynau yn cynnwys llawer o gyfeiriadau at iacháu:

> ' *Awn at y Meddyg Da ei hun*
> *Mae'n gymwys i iacháu.*'

Mae addoli yn weithred o iacháu oherwydd yr ydym yn dod at yr Un sy'n creu ac yn cynnal bywyd a'r Un, trwy ei ysbryd, sy'n ein hadfer yn ôl i gyfanrwydd y bywyd hwnnw. Yr ydym wedi hen arfer â'r ddadl ynglŷn ag iachawdwriaeth/iechydwriaeth ond bellach yr ydym yn medru derbyn y ddau air fel mynegiant o'r gwirionedd Beiblaidd mai Duw sydd am roi iechyd llawn yw ein Duw ni, a bod yr iechyd hwnnw yn tarddu o gytgord corff ac ysbryd, meddwl ac enaid.

Fe ddylai pob addoliad fod yn wasanaeth iacháu felly. Ond y mae galw o rai cyfeiriadau am gael gwasanaethu iacháu penodol, neu ganolbwytio ar iacháu mewn rhan o wasanaeth. Fe fyddwn yn trafod hyn yn nes ymlaen, ond y mae'n werth cofio yma nad ymgyrchoedd iacháu yn unig sydd yn rhoi y pwyslais hwn, ond cymunedau fel Cymuned Iona sydd yn rhoi lle arbennig i iacháu ym mhob gwasanaeth Cymun. Ond fe ddylid pwysleidio hyn: y mae pob addoliad yn arwydd o'r Deyrnas ac o ddyfodiad Iesu i'r byd, ac yr oedd ei deyrnas Ef yn deyrnas gyfan . Fe ddaeth i fyd methedig a rhanedig, a oedd yn dyheu am undod; fe ddaeth at genedl doredig, wasgaredig, a oedd yn dyheu am gael dychwelyd; fe ddaeth at bobl wrthodedig, syrthiedig, a oedd yn dyheu am gael eu derbyn; fe ddaeth at unigolion afiach o gorff a meddwl a oedd yn dyheu am gael eu gwneud yn iach. Felly y daeth; ac felly y mae'n dod o hyd.

1. Mae iacháu'r gwahanglwyfus yn weithred bwysig ym mhob un o'r Efengylau. Yn dilyn y bedydd a'r temtiad,y bregeth yn Nasareth a galw'r disgyblion y mae Iesu yn dechrau ar ei weinidogaeth drwy 'ddysgu a iacháu' (Luc 4.31-44). 'Rhywbeth' i'w osgoi oedd y gwahangleifion ond yr oeddynt o gwmpas ym mhob man ac yn gweiddi am dosturi ac am iachâd.

Nid oedd osgoi arnynt. Nid yn unig yr oedd yr afiechyd ynddo'i hun yn greulon a difaol, yr oedd effaith yr haint ar berthynas y claf â'i gyd-ddyn ac â'i gymdeithas hyd yn oed yn fwy creulon. Roedd yn wrthodedig oherwydd canlyniad pechod oedd y gwahanglwyf; roedd yn aflan ac felly i'w osgoi ar bob cyfrif; roedd yn creu ofn, ac felly i'w gadw o'r golwg ; roedd yn faich ac yn ddianghenraid i gymdeithas, ac felly yn neb. Nid oes angen llawer o ddychymyg felly i sylweddoli maint yr unigrwydd, yr anobaith a'r ymdeimlad o fethiant a oedd yn ysigo bywyd y gwahanglwyfus. Ac y mae unrhyw un sydd yn gorfod cardota i fyw, wedi cyrraedd y gwaelod.

Oherwydd hyn i gyd tybed nad oeddynt yn fwy parod i addoli? Syrthiodd y dyn gwahanglwyfus 'ar ei wyneb ac ymbil arno' (ad. 12). Onid dyna yw hanfod addoli - plygu ac ymbil? Onid dyma'r cyflwr y mae'r eneidiau mawr ar hyd y canrifoedd wedi ei gyrraedd ? A yw'r gwahanglwyfus yntau yn mynd drwy 'nos dywyll yr enaid'? Fe ddaeth y gwahanglwyf yn gyfrwng yn llaw Duw i ddangos fod gwir ymbil yn agor y drysau i deyrnas Dduw, nid i'r Phariseaid ond i'r gwrthodedig.

2. Y mae'r hanes yn Luc yn colli grym a chryfder y gair 'tosturi' (neu 'dicter') sydd gan Marc. Eto fe wyddom fod Luc y meddyg annwyl yn rhoi lle amlwg iawn i dosturi Iesu yn ei efengyl. Yn wir mae wedi cael ei galw yn Efengyl y Tosturi Dwyfol. Wyneb yn wyneb â'r gwahanglwyf nid oes unrhyw betruso yn Iesu - mae'n ymateb yn reddfol ac yn naturiol. Estynnodd iesu ei law a chyffwrdd ag ef gan ddweud. . .'Glanhaer di' (ad. 13). Mae perygl i ni edrych ar y weithred hon fel gweithred 'grefyddol a seremonïol' ond o flaen dim, ac yn fwy na dim, y mae'n weithred o gydymdeimlad mawr. Yr oedd Iesu'n methu ymatal. Lle bynnag yr oedd dyn mewn angen o unrhyw fath, yr oedd yn natur Iesu i aros a chyffwrdd. Un felly ydoedd, oherwydd yr oedd natur ei Dad ynddo. Nid trefnu neu gynllunio i garu y mae, nid mynd ar daith iacháu, ond mae cariad yn llifo ohono ac mae'n siŵr ei fod wedi cyffwrdd â channoedd lawer o wahangleifion. Yr oedd hynny ynddo'i yn weithred o garu ac o iacháu, oherwydd yr oedd yn gyffyrddiad naturiol, iach, yn arwydd o berthyn, o dderbyn, o groesawu ac o agosatrwydd.

Mae'n werth pwysleisio hyn. Y mae yn natur addoli rhywbeth sy'n mynnu cyffwrdd, oherwydd y mae'n weithred gorfforol ac ysbrydol, gymdeithasol a phersonol. Nid yw hynny o angenrheidrwydd yn golygu cofleidio neu geisio mynegi (yn annaturiol braidd) deimladau ac emosiynau cryf, er y gall olygu hynny, ond y mae yn golygu rhywbeth tawelach a symlach: y cyffyrddiad ysgafn, yr ysgwyd llaw; y gwasgu braich; y gusan. Y mae grymuster a dyfnder arbennig yn y cyffyrddiadau hyn; y maent yn arwydd o'r Ysbryd Glân yn ein cyffwrdd ni. Er bod yr Ysbryd Glân ar adegau yn 'nerthol wynt' yn fwy aml y mae yn gyffyrddiad tyner, tawel. Cyffwrdd a wnaeth Iesu, cofleidio a wnaeth Ffransis o Assissi.

3. Yr oedd llawer o bethau yn sefyll rhwng Iesu a'r gwahanglwyf - traddodiad, gwaharddiadau,argyhoeddiadau ynglŷn â natur pechod ac afiechyd, rheolau, arferion a chyfraith. Ond y mae un cyffyrddiad yn chwalu'r cyfan, oherwydd y mae'r un cyffyrddiad hwnnw yn brawf ac yn fynegiant nad oes dim a all sefyll yn ffordd, nad oes dim a all rwystro , y cariad ' sy'n rymus i iacháu.' Heb yn wybod i ni, a chyda'r bwriadau gorau a'r argyhoeddiadau mwyaf, fe allwn rwystro pobl rhag dod at Iesu. Ond agor y ffordd yw ein gwaith, gwneud lle i Iesu, a chyhoeddi fod yr orsedd fawr yn agored ac yn rhydd.

4. Y mae'r iacháu yn arwydd mai ewyllys Duw yw iechyd a llawnder, bywyd a chymdeithas i bawb. Yr oedd hynny yn gwbl angenrheidiol ac anorfod yn nyfodiad y deyrnas . Ni fuasai dweud hynny yn unig wedi bod yn ddigon. Mae Duw yn iacháu - datguddiodd hynny yn Iesu - a lle bynnag y mae iacháu, yno hefyd y mae Duw. Nid iacháu sydyn, 'gwyrthiol' ydyw y rhan fwyaf o'r amser. Nid yw hynny yn golygu nad yw yn wyrth, wrth gwrs. Nid yw'r iacháu a ddaw drwy rym cariad y Groes yn 'sydyn, wyrthiol' chwaith, ond y mae'n iacháu ac y mae'n wyrth. Y mae Duw ar waith, y mae Duw yn gweithredu, nid yn amwys, niwlog, ond yn glir ac yn gadarn yn Iesu. Y mae yn gweithredu heddiw drwy Gymdeithas y Gwahangleifion (ac y mae modd iacháu'r gwahanglwyf bellach, gyda'r adnoddau a'r cydweithio angenrheidiol) a does dim gwell enghraifft o iacháu tawel a chyson. Y mae engreifftiau eraill o iacháu, wrth gwrs , ond y mae Duw yn gwneud mwy drwy'r iacháu dyddiol sydd o'n cwmpas, drwy ddynion a

merched yn ogystal â sefydliadau meddygol a mudiadau gwirfoddol.

5. Mae rhybudd Iesu iddo beidio dweud wrth neb (ad.14) yn gyson â'i awydd i osgoi cyhoeddusrwydd ar sail y gwyrthiau . Nid yw am dynnu sylw, oherwydd yr oedd yn gwybod y peryglon a oedd mewn cyhoeddusrwydd o'r fath. Mor, mor wahanol i rai Efengylwyr/Iachawyr Americanaidd sy'n addo pethau mawr ac yn honni pethau mwy ar gyffyrddiad botwm y teledu!

Yr oedd enghraifft yn 1992 o rhywun felly a ddaeth i Lundain gan ddangos gwŷr a merched yn taflu cadeiriau olwyn tros y clogwyni i'r môr ar ei boster cyhoeddusrwydd! Ni fu dim erioed mor bell oddi wrth Iesu'r Meddyg Da!

Adnodau pellach i'w hystyried

Lefiticus 13.40-46 ; 2 Cronicl 26.16-21 ; Mathew 8.1-4 ;
Marc 1.40-45

Cwestiynau i'w trafod

1. A yw ein haddoli yn rhoi digon o bwyslais ar iacháu ? A oes perygl i'n gweddïau cyhoeddus ni

i) fod yn rhy gyffredinol ii) fod yn rhy benodol?

2. Pwy fuasech chi yn ei ystyried yn 'wrthodedig' heddiw ? I ba raddau y maent yn cael lle yn ein haddoli ?

3. Dewiswch rywun i ddechrau casglu gwybodaeth am Cenhadaeth y Gwahangleifion erbyn y Sul olaf o'r mis.

Gwers 3 **Ffrind pechadur**

Luc 7.36-50

Yn ystod y mis hwn yr ydym yn myfyrio ar y Gair sydd yng nghanol ein haddoliad. Ar y Sul cyntaf yr oeddem yn myfyrio ar Iesu'r Athro a'i eiriau yn dod yn Air Duw. Yn yr ail wers fe fuom yn myfyrio ar Iesu'r Meddyg Da a'i eiriau a'i weithredoedd yn ddatguddiad fod y Gair ar waith yn ein byd. Yn y wers hon fe fyddwn yn cael ein hatgoffa yn arbennig o ymateb dynion a merched wrth glywed y Gair. Fe welsom hyn yn barod yn y gwahanglwyfus pan oedd yn ymbil ac yn plygu. Pa ysbryd a weddai i'r rhai sydd am ei addoli ? Mae'r hanes yma yn ein helpu ni i ateb.

1. Fe ellid dweud nad oedd agwedd Simon y Pharisead yn ei wneud yn agored i waith Duw. Er iddo wahodd Iesu i'w gartref, ac er bod y Phariseaid wedi cael cam mawr ar hyd y canrifoedd , y mae'r Testament Newydd yn rhoi lle i ni amau ei gymhellion. Mae meddyliau Simon yn nes ymlaen yn arwyddocaol : 'Pe bai'r dyn yma'n broffwyd..' ac y mae adnodau 7.34-35 yn sôn am gynllwynion parhaus y Phariseaid i'w ddal. Y mae'n amlwg hefyd (ad.44-45) nad oedd Simon wedi cyflawni cwrteisi arferol lletygarwch. Efallai ei fod yn poeni am agwedd ei ffrindiau petaent yn clywed ei fod wedi gwahodd Iesu i'w dŷ. Efallai ein bod ni yn cam-farnu rhywun a oedd yn ei galon am wrando a deall ac efallai ddilyn Iesu, ond ei fod dan bwysau parhaus gan rai cryfach nag ef ei hun. Beth bynnag yw'r eglurhad am ei ymddygiad, cymysg ac amheus oedd agwedd Simon tuag at Iesu. Nid oedd yn agored. Nid oedd yn onest chwaith.

Mae'n wir hefyd ei fod yn feirniadol o'r 'bechadures' ond cam â Simon fuasai i ni ei gondemnio am hynny. Pechadures ydoedd , a hynny mewn ffordd arbennig a phenodol iawn. Yr oedd Simon a phawb arall yn ei hadnabod fel 'pechadures'. Yr oedd wedi dod i mewn i dŷ Simon ac yr oedd ei holl draddodiad crefyddol a chymdeithasol yn cyfiawnhau agwedd Simon tuag ati. Yr oedd fel pe bai'r gwahanglwyf wedi dod i'w gartref.

2. Mor wahanol yw agwedd y wraig. Y cwestiwn sy'n cael ei ofyn am y wraig hon yw a oedd hi'n edifeiriol? Y gwir yw na wyddom ni ddim,

oherwydd does dim i ddweud hynny yn benodol. Y mae wedi clywed am Iesu ac y mae yn mynnu ei weld. Ond ai dagrau edifeirwch sydd yn adnod 37 ? A yw'n ymwybodol o'r hyn ydyw ? Fe allai fod yn sioe emosiynol. Nid yw'n **dweud** ei bod yn edifeirol . Yr unig arweiniad sydd gennym a'r unig arweiniad sydd yn angenrheidiol yw agwedd Iesu tuag ati , oherwydd yn oedd ef 'yn gwybod beth sydd mewn dyn' (Ioan 2.25). Nid oedd yn rhaid iddi ddweud dim. Digon yw iddi fod wedi gweld mawredd a rhyfeddod y Gŵr o Nasareth ac ymateb i'w neges ac i'w berson, a gwneud hynny drwy'r weithred hael hon. Y mae bod o'i flaen Ef yn cyffwrdd â dyfnder ei henaid a'i hangen. Yn wahanol i Simon y mae hi yn gwbl agored ac wedi dod yn ddi-ragfarn ac yn onest.

Nid geiriau yw edifeirwch, ond agwedd. Nid dweud, ond plygu. Nid llefaru chwaith, ond dagrau. Mor hawdd y gallwn fynd i gyfundrefnu hyd yn oed ein haddoliad : edifeirwch yn gyntaf, yna diolch, yna eiriol, yna ymgysegru.Ond yma , mae'r cyfan yn un weithred fawr. Mae'r dagrau yn fynegiant o lawenydd ac o edifeirwch, o roi ac o dderbyn.Mae hon , yn wahanol i Simon, yn gwbl agored i gariad a maddeuant - ac y mae yn derbyn y cyfan.Mae bod yn bechadures fel hon yn ei gwneud yn addolwraig ardderchog. Y mae wedi cael ei dal yng ngrym yr Ysbryd Byw. Y mae wedi adnabod y Gair.

3(a) Beth yw maddeuant ? (ad.49) Yn yr hanes yma y mae gwrthdaro sylfaenol rhwng Iesu a'i elynion. Nid oes neb ond Duw yn medru maddau ac yr oedd yr holl gyfundrefn grefyddol Iddewig yn pwyso ar hynny gan gynnwys holl ddefodau aberthol y deml. Does ryfedd felly eu bod yn gofyn- 'Pwy yw hwn sydd... yn maddau pechodau?' Ond nid yw Iesu yn yr hanes yma yn dweud mai ef sydd yn maddau. Dweud y mae fod ei phechodau wedi eu maddau (ad.47); cyhoeddi'r maddeuant hwnnw y mae Iesu. Y mae'r wraig wedi dod ato yn nhyndra ei heuogrwydd a'i hunigrwydd ac wedi dangos trwy ei gweithred a'i hagwedd beth oedd gwir ddymuniad ei chalon. Heb unrhyw betruso y mae Iesu yn dweud bod ei phechodau wedi eu maddau, neu, yn nhermau y ddameg (ad. 40-43), fod y ddyled wedi ei chlirio. Oherwydd bod Iesu mewn perthynas cwbl arbennig â'i Dad y mae yn cyhoeddi ewyllys ei Dad.

3(b) Dehongliad arall o'r hanes yw fod y wraig hon wedi cael sicrwydd o faddeuant gan Iesu cyn iddi ddod i'r wledd. Os felly, nid gweithred o gariad ac o gyffes yw'r hyn y mae yn ei wneud, ond gweithred o ddiolchgarwch. Efallai bod y dehongliad yma yn well esboniad ar achlysur y ddameg. Y mae'n amlwg (ad.35) fod Iesu eisioes wedi cael yr enw o gymysgu gyda phechaduriaid. Efallai, ar y llaw arall, nad yw'n gwneud gwahaniaeth a oedd wedi derbyn maddeuant cyn y golchi traed ai pheidio, oherwydd ynddi hi y mae'r diolch a'r edifeirwch a'r llawenydd yn cael ei fynegi mewn gweithred o gariad a gwasanaeth nad oedd neb arall yn y wledd wedi ei ddangos.

4. Beth yw ffydd ? (ad.50) Mewn ffydd y daeth y wraig. Fe fentrodd i dŷ Pharisead ac fe fentrodd gyflawni gweithred eithafol. Fe allai fod wedi gwneud ffŵl ohoni ei hun (ac i lawer mae'n siŵr mai dyna'n hollol a wnaeth) ac fe allai'r cyfan fod wedi troi yn chwerw. Ond doedd dim yn mynd i'w dal yn ôl, a hyd yn oed petai rhywun wedi ceisio ei rhwystro mae'n amlwg y buasai wedi mynnu dod. Yr oedd yn gwybod yn ei chalon na fuasai Iesu yn ei gwrthod hi nac yn gwrthod ei gweithred chwaith. Dyna yw ffydd: bod yn barod i ymddiried yn Iesu a bod yn barod i fentro. Y mae wedi gweld, neu wedi clywed, yr hyn y mae'r gŵr hwn yn ei wneud ac yn ei ddweud, ac ar sail y dystiolaeth honno y mae hi am weithredu mor bendant. Er nad oedd yn gwybod y cyfan amdano, heb sôn am ei ddeall na deall oblygiadau ei neges a'i deyrnas, y mae yn gwybod digon i gredu ac i fentro.

Mae addoli yn weithred o ddod at Iesu gan gredu na chawn ein gwrthod na'n siomi. Beth bynnag yw'r cwestiynau neu'r amheuon, yr ofnau neu'r pryderon, mae addoli yn fentro i bresenoldeb Iesu. Fe all y cwmni fod yn oeraidd neu yn bell, fe all yr arweiniad fod yn ddi-fywyd neu hyd yn oed yn rwystr, ond mae gwir addoliad yn rhoi cyfle iddo Ef ac y mae yna agor drws er mwyn cael dod ato Ef. Beth bynnag a ddywedwn ni (yn hunangyfiawn) am Simon, yr oedd traddodiad y Dwyrain yn golygu bod drws y wledd yn agored rhag ofn y buasai yna dlotyn yn chwilio am fwyd neu roddion. A dyna ddisgrifiad da o bob addolwr.

Adnodau pellach i'w ystyried

Hosea 14.4-8 ; Joel 2.12-13 ; Mathew 26.6-13 ; Ioan 8.1-11; 12.1-8

Cwestiynau i'w trafod

1. Trafodwch y pethau da sydd i'w gweld yn Simon.

2. Beth yw rhagrith ?

3. Onid yw'r ffaith ein bod i gyd yn bechaduriaid yn ddigon o reswm ynddo'i hun i ni glosio yn nes at ein gilydd fel eglwysi?

4. Trafodwch yr hanes yn y wers dan y penawdau canlynol:

gwledd rad - gwledd ddrud
gwledd lawen - gwledd drist
gwledd llawer - gwledd ychydig
gwledd tensiwn - gwledd tangnefedd
gwledd cariad - gwledd ofnau
gwledd pechadur - gwledd maddeuant
gwledd ddoe - gwledd heddiw.

Cofiwch baratoi ar gyfer gwers 4.

Yng nghanol ein blynyddoedd, a ninnau yn cyfrif ein dyddiau ac yn gwybod ein lle, mae addoli yn gadernid ac yn ddiogelwch. Mae geiriau'r Gair, mae'r Meddyg Da, mae Ffrind pechadur wedi rhoi i ni dŷ ar y graig. Mae iddo sylfeini a ffenestri, ystafelloedd i weithio, i orffwys - ac i fod yn deulu ynddynt. Mae addoli yn ffordd o fyw, amddiffyn a gwarchod bywyd. Mae addoli hefyd yn agor drws y tŷ ar y graig er mwyn i eraill gael gweld, gwybod am, ac adnabod Mab Duw. Mae'n 'gadw tŷ' ac y mae Mair a Martha yno. Yr ydym felly yn dechrau blwyddyn, heb wybod beth sydd o'u blaen, ond yn gwybod Pwy sydd gyda ni i'n cyfarwyddo, i'n croesawu ac i'n cofleidio. Dyna yw addoli.

1. Erbyn y Sul hwn fe ddylai fod rhywun wedi casglu gwybodaeth am y Genhadaeth i'r Gwahangleifion. Gan fod y Sul olaf o Ionawr yn Sul y Gwahangleifion cyflwynwch neges y Sul eleni naill ai i'r dosbarth neu i'r eglwys.

Defnyddiwch y drefn gwasanaeth arbennig ar gyfer y Sul i weddïo dros y gwaith. A ydych fel eglwys yn cyfrannu tuag at y gwaith? A yw eich cyfraniad wedi cynyddu ?

Wrth gofio a diolch fod yna iachâd i'r gwahanglwyf bellach, diolchwch yn eich gweddi am:

Joseph Lister - a ddarganfu bwysigrwydd glendid mewn llaw-feddygaeth;

Louis Pasteur - a welodd mai organebau bychain oeddd yn gyfrifol am glefydau o bob math ac a aeth ati i'w dileu;

William Harvey - a ddarganfu gylchrediad y gwaed;

Marie Curie - a ddarganfu Radiwm ac a arloesodd ym maes y pelydr x;

Alexander Fleming - a ddarganfu Benicillin a'i allu i ddifa heintiau;

meddygon, llaw-feddygon ac ysbytai lleol.

(o Werslyfr y plant)

2. Athro, Meddyg, Ffrind pechadur: ym mha ffordd y maent yn ein helpu i feddwl am Iesu fel Mab Duw ?

3. Ar **Ionawr 23,1895** ganwyd Tom Nefyn Williams. Darllenwch y darn yma o'i bregeth ar 'Canys felly y carodd Duw y byd' a chysylltwch y darn â'r wers am Ffrind pechadur :

' Camp cariad yw caru'r annheilwng. Nid rhywbeth sy'n sefyll yn ei unfan ydyw cariad. Y mae'n anesmwyth ac eisiau ymddiddori mewn rhyw wrthrych tu allan iddo'i hun. Y fam er mwyn ei phlant. Yr oedd gan Dduw wrthrych tragwyddol - y byd, nid byd ar batrwm y freuddwyd dragwyddol, nid byd delfrydol ,da, eithr byd yn ei godwm a'i graith. Byd wedi afradu ei dda. Yn yr ysbyty ym Mangor y mae prysurdeb. Nid ydynt yn malio dim am yr iach ar y stryd, ond y maent yn brysur bryderus am y claf, yr hen a'r unig. Damhegion y deyrnas sydd yn yr ysbyty. Caru'r anafus. 'Canys felly y carodd Duw y byd' - ei garu yn ei fethiant, ar y llawr. Y peth mwyaf mewn bod yw caru'r annheilwng.'

('Tom Nefyn' Gol. William Morris tud. 87)

4. Gweddi siant. (o Werslyfr y Plant).

Phariseaid, dynion drwg
Iesu sy'n eu caru.
Saint neu bechaduriaid mawr
Iesu sy'n eu caru
Ym mhob oes ac ym mhob gwlad
Iesu sy'n eu caru.
Pobl sydd yn gas gan bawb,
Iesu sy'n eu caru.

Pob rhyw liw a phob rhyw siâp,
Iesu sy'n eu caru.
Pob lliw gwallt a phob lliw croen,
Iesu sy'n eu caru.
Tal neu fychan, tenau, tew,
Iesu sy'n eu caru.
Da eu gwaith, neu da i ddim,
Iesu sy'n eu caru
Tlawd, cyfoethog, rhwng y ddau,
Iesu sy'n eu caru.
Helpa ni i'w caru hwy,
Iesu sy'n eu caru. Amen.

5. Ystyriwch thema'r Wythnos Weddi am Undeb Cristnogol eleni. Ym mha ffordd y mae'r thema yn cyfoethogi ein haddoli? Ym mha ffordd y mae'r thema yn ymwneud â'r 'Myfi yw' yr ydym wedi bod yn ei drafod yn ystod y mis?'

Mae'n arwyddocaol fod Cristnogion wedi dod yn nes at ei gilydd wrth fod yn gyfryngau iacháu a gofal Crist nac mewn unrhyw ffordd arall. Defnyddiwch rannau o'r gwasanaeth sydd yn pwysleisio galwad Duw arnom i fod yn dystion i Iesu'r Meddyg a Iesu Ffrind pechadur. Gweddïwch yn arbennig am i'r alwad honno gael ei gweithredu yn lleol.

Y Gair a'r geiriau: Mab Duw

1. Iesu'r Athro - yn dysgu. (Luc 8)

2. Iesu'r Meddyg - yn iacháu. (Luc 5)

3. Iesu Ffrind pechadur - yn maddau. (Luc 7)

Mawl i Dduw am air y bywyd
Gair y nef yn iaith y llawr,
Gair y cerydd a'r gorchymyn,
Gair yr addewidion mawr;
Gair i'r cadarn yn ei afiaith,
Gair i'r egwan dan ei bwn,
Cafodd cenedlaethau daear
Olau ffydd yng ngeiriau hwn.

(Gwilym R Tilsley)

Tyrd atom Arglwydd Bywyd,
Yn Dy Fab Iesu -
Yn Athro i'n goleuo ni,
Yn Feddyg i'n hiacháu ni:
am i'r Gair drigo yn ein plith ni,
nertha ni i aros yn ei gwmni Ef.
Amen.

Gwers 1

Dod yn greadigaeth newydd

Actau 9.1-19

Mae'r Esgob Hugh Montefiore - Iddew a gafodd brofiad tebyg i Paul, ond llai dramatig - yn dweud nad oes fawr o werth ystyried manylion tröedigaeth Saul. Ni ellir egluro profiad o'r fath. Ar un olwg mae'n ymddangos na fuasai Luc yn cytuno â'r farn honno oherwydd mae ganddo ef dri adroddiad am y dröedigaeth yn yr Actau (Penodau 9,22 a 26).

Mae Paul ei hun yn cyfeirio at y digwyddiad mewn termau llai dramatig yn ei lythyrau, ond nid oes amheuaeth nad yw yntau yn ystyried y digwyddiad yn un cwbl dyngedfennol . Ond mae'n siŵr y byddai Luc, a Paul hefyd yn gwybod fod yr hyn ddywedodd Montefiore yn wir, ac na all geiriau, na dadansoddi, nac ail-adrodd, fynegi yn iawn nac egluro'n llawn beth yw tröedigaeth.

Mae'n cynnwys llawer o elfennau - ond y mae'r profiad yn fwy na'r mynegiant ohono. Mae crefyddwyr o bob gradd yn cael eu temtio i fynnu eu bod yn cael y geiriau iawn a'r dehongliad iawn cyn cydnabod dilysrwydd ffydd ac argyhoeddiad. Nid ailadrodd er mwyn egluro y mae Luc , ond ailadrodd er mwyn pwysleisio. Mae'n ailadrodd oherwydd ni ellir llawn werthfawrogi galwad a chenhadaeth Paul heb roi lle canolog i'r dröedigaeth.

Mae'n brofiad creiddiol ym mhererindod ac yn addoli pobl Dduw. Lle bynnag mae'r weledigaeth, yr alwad, y dröedigaeth, ble mae'r Gair yn sôn am brofiad felly, yn hanes rhai fel Moses ac Eseia, yno hefyd y mae iaith addoli - gogoniant, sancteiddrwydd, plygu a rhyfeddod. Mae'r ffin rhwng y 'dröedigaeth' a'r 'alwad' yn y cysylltiadau hyn yn denau iawn , oherwydd ym mherthynas Duw â dyn, yn y man cyfarfod lle mae'r tragwyddol yn torri i fyd o amser, ni all dyn wneud dim ond plygu ac ufuddhau. Fe fyddwn yn sôn mwy am y dröedigaeth yn nes ymlaen - ond mae dod wyneb yn wyneb â Duw, cael ein meddiannu a'n llenwi ganddo **yn** dröedigaeth ac **yn** alwad. Y maent yn brofiadau sydd i'w deall a'u gwerthfawrogi a'u mynegi o fewn addoliad.

Cyn edrych yn fwy manwl ar Actau 9 mae'n werth sylwi ar y teitl sydd ar yr uned yma yng ngwerslyfr y plant a'r ieuenctid : ' dod yn greadigaeth newydd '. Y mae mwy i hynny na phrofiad o dröedigaeth . Mae Paul yn cysylltu'r greadigaeth newydd â bod 'yng Nghrist' (2 Cor.5.17) ac y mae aros, a pharhau i aros, yn y Crist hwnnw yn golygu rhannu'r gogoniant a ddatguddir i ni.Y mae tröedigaeth yn ein troi i gyfeiriad Duw , ond nis datguddir ef yn llawn hyd nes bydd yr addoli a ddechreuir ar y ddaear yn cael ei gwblhau yn y nef.

1. **Actau 9.1-2.** Y mae'r portread o Saul fel Iddew o argyhoeddiadau a balchder dwfn, di-gyfaddawd dros ei bobl a'i grefydd wedi bod yn un byw iawn ar hyd y canrifoedd . Er ei fod yn fychan, yr oedd yn gymeriad cryf a chanddo ddigon o ffydd a hyder yn ei allu ei hun. Dyna oedd yn ei yrru yn ddidrugaredd er mwyn iddo gael llwyddo yn yr hyn a oedd yn uchelgais iddo.Yr oedd am fod - yr oedd yn mynnu bod- yn Iddew da, yn Pharisead da, yn athro da. Nid uchelgais i'w chondemnio yn ddidrugaredd yw hon, ond ymdrech, os nad brwydr, at berffeithrwydd a llwyddiant. Meddai Hugh Montefiore : 'The harder he tried, the more he failed. The more he failed, the harder he tried. It was a vicious circle, forcing him to spin faster and faster in order to keep up with himself"; (Paul, tud. 21). Pwy ŵyr yn iawn beth oedd yn ei yrru a beth oedd yn ei feddwl?

Yn bendant nid dyn drwg ydoedd , ond dyn o argyhoeddiadau cryf. Digon cryf iddo fedru chwythu bygythion (ad.1) a mwy at y rhai oedd o wahanol feddwl ac a oedd yn fygythiad i'r union beth yr oedd ef wedi byw er ei fwyn. Nid tröedigaeth o 'ddrwg i dda' sydd yma; na throedigaeth o Iddewiaeth i Gristnogaeth chwaith - o leiaf, nid eto; na thröedigaeth fel Luther chwaith o deimlo'n fethiant a Duw ymhell, i deimlo y Duw byw yn agos trwy ei Air. Gŵr sy'n cael ei yrru gan angerdd crefyddol yw Paul, gŵr y sêl ysol.

Tybed a ellir ei ddisgrifio fel hyn? Dyn â chyfundrefn o grefydd ac o ddysgeidiaeth, o draddodiad cyfoethog ac o etifeddiaeth i'w hamddiffyn, nad oedd yn medru gwrando ar lais Duw yn y galon, nac yn medru ymdawelu o flaen y Duw byw, na chwaith yn medru bod yn agored i'r

Duw a wnaeth bethau mawr a rhyfeddol yn Iesu. Ar y fordd i Ddamascus, fe'i plygwyd. Ac wrth blygu fe ddaeth yr erlidiwr yn addolwr ac fe ddaeth yr un a oedd yn cael ei yrru yn un a oedd yn mynd i gael ei anfon. Mae i addoli bwyslais mawr ar ymdawelu , sef rhoi lle a chyfle i wrando ar y llais mewnol, dod yn agored a gonest o flaen Duw a rhoi lle ac amser iddo Ef ffrwyno ein teimladau a'n hargyhoeddiadau ni hefyd. Mor hawdd y gall addoli fod yn ddim ond cyfle i ni ddweud rhywbeth wrth Dduw, boed yn gwyn neu yn gais, ac yn waeth na hynny yn gyfle i ni gael mynnu cyflwyno ein safbwynt a'n hargyhoeddiadau i'r Hollalluog. Mae gweddi yn medru troi yn ymgyrch a phregeth yn bropaganda. Nid dweud wrth Dduw sut yr ydym ni'n credu ynddo yw addoliad; nid dweud wrth Dduw chwaith beth y mae pobl eraill yn ei gam-gredu amdano ; ac yn bendant nid dweud wrth Dduw beth y dylid ei wneud â'r rhai sydd yn cyfeiliorni yn ôl ein tyb ni. Plygu yw addoli : yn wylaidd, edifeiriol, dawel.

2. **Actau 3-9.** Dyma'r adnodau sy'n sôn am y golau, y llais a'r cwestiwn. Mae'r golau sydyn a fflachiodd yn fynegiant o ymyrraeth ddwyfol. Yr un golau a welodd y bugeiliaid ar y mynydd a'r disgyblion ar Fynydd y Gweddnewidiad. Er nad oes gyfeiriad penodol at angylion yn yr hanes yma y mae cysylltu'r golau â'r angylion yn beth cwbl naturiol. Ond yr un yw'r golau - y golau sy'n arwydd o bresenoldeb Duw, lle mae dyn yn dod wyneb yn wyneb â'r Duw hwnnw. A dyna elfen arall mewn addoli: dod wyneb yn wyneb. Nid yw'r patrwn i Paul ddim gwahanol i bawb arall sydd yn dod i bresenoldeb y dwyfol: Paul ei hun sydd yn wahanol.

Nid mor wahanol chwaith, oherwydd mae eraill hefyd yn gwybod beth yw cael eu llorio a'u hatal gan rym y sanctaidd. Onid dyna ddigwyddodd i Eseia? Y marworyn yn cyffwrdd â'i enau, y sanctaidd yn bresenoldeb golau o'i gwmpas ?

Ond y mae yma lais yn ogystal â golau.Erlid 'pobl y Ffordd' (ad.2) neu 'ddisgyblion yr Arglwydd' (ad. 1) y mae Saul, ond y mae'r llais yn dweud ' Saul, Saul, pam yr wyt yn fy erlid **i** ?' ac yn nes ymlaen ,'Iesu wyf fi yr hwn wyt yn ei erlid'. Nid yw Saul wrth gwrs yn ei adnabod : 'Pwy wyt ti, Arglwydd ?' Methu adnabod y llais y mae Saul. Er bod Saul ei hun yn cysylltu'r digwyddiad yma ag ymddangosiadau y Crist Atgyfodedig (gw. 1 Cor 15) y **mae** hwn yn wahanol. Clywed llais yn unig mae Saul. Ond mewn ffordd rymus a dramatig iawn mae yma gyfarfod, a'r cyfarfod hwnnw yn ddechrau ar berthynas a oedd yn mynd i newid cyfeiriad yr eglwys ac yn wir y byd hefyd. Mae'n rhaid manylu ychydig.

a) Y mae yn dröedigaeth oherwydd mae'r digwyddiad yn newid holl gyfeiriad bywyd Paul. Ond efallai y buasai yn well dweud mai dyma **ddechrau'r** dröedigaeth oherwydd mae yna lawer mwy i'w ddweud. Ni wyddom eto natur y dröedigaeth oherwydd rhaid ei gweld ym mhatrwm bywyd cyfan Paul . Mae mwy nag un wedi awgrymu nad damwain yn y cysylltiadau hyn yw mai ar y ffordd y cafodd Paul y profiad hwn. Ar y ffordd y mae cerrig milltir a chroesffyrdd - a dyma sydd yn digwydd yma ym mhererindod Saul. Mae'n dod i groesffordd , ac y mae'n troi. Ar wahân i hyn y mae geiriau Iesu ei hun - 'Myfi yw'r ffordd' - yn siŵr o fod yn fyw yn ein meddyliau wrth i ni gofio hefyd eiriau Eseia wrth sôn am y Meseia oedd i ddod, ond bod y pob un yn 'troi i'w ffordd eu hun (Eseia 53.6). Mae'r gwrthgyferbyniad, os nad y gwrthdaro, yn creu y posibilrwydd o ffordd Damascus ym mhrofiad dynion a merched. Mae Saul yn gorfod ail-ystyried, ail-feddwl, aros. Daeth cyfnod y rhuthro i ben. Rhaid aros ar y ffordd. Ni ddylem anghofio chwaith mai erlid oedd Saul : yn rhan o greulondeb di-dostur sydd wedi creu, ac yn dal i greu, byd lle mae pobl yn cael eu cosbi a'u lladd am yr hyn y maent yn ei gredu. Nid oedd wedi sylweddoli eto fod Pobl y Ffordd yn dilyn un a gredodd i'r eithaf yn ffordd cariad a thosturi a'r dull di-drais o fyw. Yr oedd y llais yn lais newydd iddo. Fe ddaeth ei ffordd o weithredu i ben. Nid amherthnasol felly yw cofio sut y gellir ddefnyddio addoli i gyfiawnhau ein gweithredoedd. Yr enghraifft orau o hyn efallai yw fod y Dutch Reformed Church wedi cyfiawnhau 'apartheid' ar hyd y blynyddoedd, ond bellach, mewn edifeirwch, wedi cydnabod ei bai.Fe ddaeth i ffordd Damascus.

b) Fe ddaeth Iesu i'w fywyd. Ni newidiodd Saul ei Dduw na throi ei gôt , ond fe ddaeth i gysylltiad â'r un a oedd yn mynd i'w arwain i chwyldro ysbrydol. Ac fe ddaeth i gysylltiad â'r Iesu hwnnw trwy weithgarwch a chenhadaeth ei ddisgyblion.Fe wyddom o ddarllen llythyrau Paul ei fod wedi tyfu ac aeddfedu yn ei berthynas â Christ. Yn Galatiad (1.16) y mae yn dweud hynny fel hyn : '...dyma Duw... yn dewis datguddio ei Fab ynof fi...' a hynny ar ôl cyfeirio at ei alwad 'a'm neilltuodd o groth fy mam'. Mae'r cyfeiriad yma, (yn ogystal â 1Cor.15) yn dawelach na disgrifiad Luc. Y Paul, sydd wedi aeddfedu trwy'r profiad sydd yn llefaru ac y mae yn sôn fod profiad Damascus yn brofiad o ddod i ddechrau adnabod y Crist byw. Nid yw profiad ffordd Emaus yn wahanol : Paul sy'n wahanol. Yr un Iesu ydyw, yr un goleuni, yr un llais. Roedd yna le i aros yn Namascus hefyd , - diolch am hynny. Er ei fod yn brofiad personol, ysgytwol, nid yw'n brofiad oddi allan i fywyd eglwys Crist. Mae Saul yn cael lle i'w brofiad ac yn cael mwy o oleuni ar y profiad hwnnw yng nghwmni Ananias.

c) Er nad oes sôn yn y digwyddiad yma am edifeirwch, y mae'r digwyddiad yn fynegiant clir o edifeirwch. Mae edifeirwch yn fwy na gair. Fel yn hanes y wraig a'r blwch enaint y mae'r ysbryd sydd yma yn llefaru yn fwy huawdl na'r gair. Fe ddaw y geiriau eto. Y mae'n amlwg fod rhywbeth yn marw yma oherwydd, mae rhywbeth yn darfod ac y mae rhywbeth yn digwydd. Mae yn methu mynd yn ei flaen. Dyna, mewn gwirionedd, ganlyniad cyntaf y digwyddiad : nid yw Paul yn gweld i fynd yn ei flaen. Nid yw'n gweld yn ddigon da i fynd yn ei ôl chwaith. 'Bu am dridiau heb weld.' (ad. 9) Y mae yma rhyw suddo i dywyllwch - tridiau yn y bedd - a hynny, fel yr oedd Paul i ddweud yn ddiweddarach , yn golygu claddu yr 'hen ddyn'. Yma mae gwyrth yr adnewyddu yn dechrau. Mae Duw ar waith, mewn ffordd na wêl llygaid, yn ail-greu, yn adnewyddu ac yn galw. Mae Crist y Pasg a'r Pentecost ar y ffordd i Ddamacus , ac felly y mae profiad Paul yn rhan o waith Duw ar ei bobl, yn ei ddatguddio ei Hun iddynt ar y ffordd a'u galw i ffordd addoli a chymdeithas er mwyn iddynt gael ei adnabod Ef.

Adnodau pellach i'w hystyried.

Galatiaid 1. 11-20 ; Ioan 3. 3-8 ; Actau 22. 1-29

Cwestiynau i'w trafod

1. Sut y buasech yn ceisio profi fod profiad Paul yn un dilys ac nid yn un dychmygol ?

2. Beth yw peryglon profiad dramatig o dröedigaeth ? Paham nad oes mwy o bobl yn cael tröedigaeth?

Yr ydym wedi oedi mwy gyda throedigaeth Saul oherwydd fod ei brofiad ef wedi dylanwadu yn aruthrol ar agwedd yr eglwys tuag at gredu ac felly at addoli. I ba raddau y mae geiriau a phrofiad Paul yn rhan hanfodol o'n haddoli? Dywedir weithiau (yn annheg) fod Paul yn dod rhyngom ni â Iesu. Ond tybed nad oes fwy o ddylanwad Paul na Iesu ar ein haddoli?

Wedi'n creu i bwrpas
Actau 9.19- 30

Awgrymwyd yn y wers flaenorol fod y ffin rhwng tröedigaeth a galwad yn medru bod yn denau iawn. Mae hynny yn wir am Paul . Y mae ei dystiolaeth ef ei hun yn ei lythyrau yn awgrymu yn gryf ei fod yn gweld ei dröedigaeth yn ngoleuni ei alwad, yn hytrach na gweld ei dröedigaeth yn arwain i'w alwad. Rhan o'r rheswm am hynny, fel ag yr ydym wedi awgrymu yn barod , yw na ellir edrych ar dröedigaeth Saul heb gofio yr hyn a oedd yn digwydd cyn hynny a'r hyn a oedd i ddigwydd ar ôl hynny. Y mae'r **cyfan** yn rhan o bwrpas Duw.

1. Mae Ananias (ad. 10-19) a Barnabas (ad. 27) yn gyfrwng i gyflwyno ac i gyfryngu'r alwad. Dyna paham fod y rhan hon o'r stori mor bwysig , oherwydd mae Paul ac Ananias yn cael yr un weledigaeth. 'Dos di;' meddai Duw wrth Ananias, 'llestr dewis i mi yw hwn, i ddwyn fy enw gerbron y Cenhedloedd.....Dangosaf fi iddo faint sy raid iddo'i ddioddef dros fy enw i.' Dyna'r alwad i Paul fod yn genhadwr i'r cenhedloedd , ac y mae'r alwad honno ymhlyg ym mhrofiad y ffordd i Ddamascus . Yr un 'a'm neilltuodd o groth fy mam,' meddai Paul yn Galatiaid, ac fel Jeremeia (1.5) yr oedd Paul yn credu iddo gael ei alw o groth ei fam; mewn geiriau eraill, iddo gael ei greu i bwrpas. Y mae hanes y dröedigaeth yn Actau 22 yn cael ei ddilyn yn syth gan y comisiwn yn Jerwsalem 'Dos, oherwydd yr wyf fi am dy anfon di ymhell at y Cenhedloedd' (22.21). Mae Actau 26.16-18 yn gwneud y cysylltiad rhwng y dröedigaeth a'r alwad yn fwy eglur fyth, oherwydd mae'r Crist yn dweud yn syth wrth Saul , mewn ateb i'r cwestiwn 'Pwy wyt ti, Arglwydd ?' , ei fod yn ei anfon at y Cenhedloedd - 'oherwydd i hyn yr wyf wedi ymddangos i ti.' Yr oedd Luc felly, wrth ysgrifennu yr hanes, yn ymwybodol iawn ei fod yn ymwneud â holl bwrpas Duw i'w fyd . Llestr dewis yn y bwriad hwnnw yw Paul ac felly yn llythrennol mae Paul wedi ei greu i bwrpas arbennig.

Y mae bwriad tragwyddol Duw bob amser yn gefndir i'n haddoli. Nid yn gymaint cefndir chwaith, ond y Duw tragwyddol a'n creodd ac a'n carodd sydd yn rhoi pwrpas ac ystyr i'n haddoli. Mae Salm 139 yn fynegiant oesol nad Paul yn unig a alwyd o groth ei fam, ond pob un ohonom. Mae addoli yn addoli'r Creawdwr ac yn cydnabod nad damwain ddi-bwrpas yw bywyd, ond ein bod i gyd wedi cael ein creu i bwrpas. ' Diben pennaf dyn yw gogoneddu Duw a'i fwynhau byth ac yn dragywydd', meddai'r Gyffes Fer.

2. Nid y dröedigaeth wnaeth newid Saul i fod yn Paul , yn hytrach y mae'r enw (gw.Actau 13.9, 'Saul, a elwir hefyd yn Paul') yn golygu gadael yr enw Iddewig, Saul, a defnyddio'r ffurf Rufeinig, Paul, wrth iddo ymateb i'r alwad. Mae'n golygu bellach mynd i gyfeiriad Rhufain. Nid arwydd o'r dröedigaeth, felly, yw 'Paul', ond arwydd o genhadaeth i Rufain ac i'r Cenhedloedd.

'Cei hyd iddo yno, yn gweddïo,' meddai Duw wrth Ananias (ad. 11) ac y mae hynny yn ein hatgoffa fod Paul, yn nhridiau ei dywyllwch, wedi bod yn gweddïo a bod eto o'i flaen gyfnod maith o weddïo - fel Crist yn yr anialwch - cyn i'r alwad gael ei chadarnhau a'i chyflawni.

Y mae ein haddoli fel unigolion, a'n haddoli fel eglwys, yn ein hatgoffa fod yna gysylltiad anatod rhwng gweddi a chenhadaeth. Mae Duw yn galw ac yn anfon, ond mae Duw yn ymddiried i'w weision ac i'w bobl i ystyried y dasg ac i ymroi yn llwyr mewn gweddi i gyflawni ei genhadaeth yn y byd. Nid yw'n anodd ymglywed â gweddi Paul: y diolch a'r edifeirwch ; y gweddïo am nerth ac am arweiniad ; yr ymgysegriad ; y frwydyr fewnol a'r ing. Yr oedd i alwad Paul agweddau ymarferol pwysig - y teithio, y cysylltiadau, y dysgu, y pregethu, y sefydlu - ac nid oedd yn mynd i gyflawni'r gwaith heb gynllunio nac heb adnoddau trefniadaol a meddyliol. Ni fentrai hyd yn oed i wneud trefniadau teithio, oherwydd ni ellir gwneud hynny chwaith heb weddi! Nid heb bwrpas chwaith y crewyd Paul i fyw yn nyddiau yr Ymerodraeth Rufeinig a holl oblygiadau diwylliannol a chenhadol hynny.

3. **Actau 9.17-19.** Y mae'r adnodau hyn yn bwysig, yn enwedig o gofio ein bod yn sôn am un a roddodd gymaint o bwyslais ar 'gorff Crist' a 'chymdeithas ei ddioddefiadau Ef'. Yn disgwyl am Saul y mae Ananias a

Barnabas ac eraill - aelodau o'r union eglwys yr oedd Saul wedi ei herlid. Y mae Duw wedi dechrau ar ei waith o flaen Saul. Dyna, yn wir, yw sylfaen pob diwinyddiaeth am yr eglwys : mae Duw wedi dechrau (ac yn wir wedi gorffen) ei waith yng Nghrist. Cael y fraint o dystio i'r gwaith hwnnw a chydweithio ag Ef mae ei eglwys. Cenhadaeth Duw ydyw. Gwaith Duw ydyw. Mae Ananias yn rhoi ei ddwylo arno ac yn dweud (ad.17), 'Y brawd, Saul, yr Arglwydd sydd wedi fy anfon.' Y mae Ananias hefyd wedi ei alw a'i anfon - 'er mwyn iti gael dy olwg yn ôl, a'th lenwi â'r Ysbryd Glân'. Y mae'n honiad mawr i alwad Ananias. Y mae Paul yn cael ei olwg yn ôl ac yna, mewn un cymal swta, - 'fe'i bedyddiwyd'. Ond mae i'r cymal arwyddocâd eithriadol o bwysig ym mhererindod Paul. Ni allwn drafod yma holl arwyddocâd bedydd yn yr eglws fore, ond fe allwn o gofio pwyslais Paul ei hun, gredu fod y bedydd yn fedydd i farwolaeth ac Atgyfodiad Iesu Grist ac yn fedydd i 'gorff Crist'. Nid gweithred unigol ydoedd. Yr oedd yn bersonol oherwydd ei bod yn arwydd bywyd newydd yng Nghrist i bob un oedd yn credu, ond nid gweithred unigol ydoedd. Yr oedd yn fedydd i Gymdeithas yr Ysbryd Glân. Er mor fawr ac ysgytwol oedd y profiad i Paul ; er mor arbennig oedd ei alwad ; eto yr oedd yn rhaid i Paul wrth gymdeithas y saint yn Namascus. Yn wir mae'r eglwys yn Namascus cyn bwysiced â'r ffordd i Ddamascus, mae'r dŵr cyn bwysiced â'r golau llachar, mae'r weddi cyn bwysiced â'r llais o'r nef.

Yn hanes Paul felly yr ydym yn cael ein hatgoffa fod addoli'r eglwys yn gyfrwng i Dduw ddaearu ei alwad i unigolion er mwyn iddynt fod yn rhan o weithgarwch cenhadol Duw ei hun. 'Wedi'n creu i bwrpas' yw teitl y wers, ac y mae'r wers yn atgoffa plant ac ieuenctid fod gan Dduw bwrpas i bob un ohonom. Y mae'r eglwys, ei chymdeithas, ei haddoli, ei chenhadaeth, yn gyfrwng yn nwylo Duw i ni glywed a gwybod am bwrpas Duw i ni. Nid fod Duw yn cyfyngu ei weithgarwch i'r eglwys wrth gwrs, ond ym mhrofiad Paul fel ym mhrofiadau eraill ar hyd y canrifoedd, y mae Duw trwy greu eglwys yn y byd, gam o flaen ei alwad.

Adnodau eraill i'w hystyried

Rhufeiniaid 8.19-21 ; Effesiaid 1.3-4 ; 1 Pedr 2.9-10

Cwestiynau i'w trafod

1. Darllenwch 1 Thesaloniaid 1.11-12; 2.13-17. Sawl gwahanol bwrpas i fywyd y Cristion a restrir yma ? Pa rai sydd anoddaf i'w deall ?

2. A oes gwahaniaeth rhwng cael eich galw a chael eich dewis ?

3. Sut mae ateb rhai pobl sydd yn honni (yn arbennig os ydynt yn hen) nad oes unrhyw bwrpas i'w bywyd bellach?

4. A oes rhai yn y dosbarth sy'n barod i sôn am brofiadau/amgylchiadau a oedd ar y pryd yn ymddangos yn 'ddi-bwrpas' ond yn nes ymlaen a fu'n gyfrwng i'w helpu i weld pwrpas i'w bywyd?

Ar Chwefror 21, 1945 (hanner can mlynedd yn ôl) bu farw Eric Liddell. Yr oedd yn 43 oed. Fe'i portreadwyd fel athletwr yn y ffilm *Chariots of Fire* ac fe ddaeth yn arwr yn yr Alban. Yn 1925 ymunodd â staff y Coleg Cristnogol yn Tientsin, China (lle'i ganwyd). Bu farw yn garcharor gan y Siapaneaid. Fel y dangosodd y ffilm, yr oedd yn ŵr o egwyddorion cadarn, ond yr oedd hefyd yn ŵr a oedd yn argyhoeddedig ei fod wedi 'ei eni i bwrpas'. Bu'n ffyddlon a rhoddodd ei fywyd i'r pwrpas hwnnw (o wasanaethu ei Arglwydd). Diolchwn amdano.

2 Corinthiaid 4.7 -5.11

Efallai ei fod yn ymddangos yn rhyfedd i neidio o dröedigaeth a galwad Paul i'w bwyslais ar y bywyd tragwyddol. Yr ydym fel petaem yn anwybyddu gweddill ei fywyd a'i genhadaeth! Fe fyddwn yn dychwelyd at Paul ym Mehefin, ond y mae rhywbeth pwysicach i'w ddweud ar ddechrau'r wers hon : mae perthynas agos iawn rhwng y dröedigaeth a'r bywyd tragwyddol .

Paul yw Llefarydd y Bywyd Tragwyddol yn y Testament Newydd ac nid oes lythyr na pharagraff, nid oes brofiad nac achlysur, nad yw'r bywyd tragwyddol yn torri trwodd ac yn troi yn destun mawl yn ei fywyd. Nid 'neidio' o'r dröedigaeth i'r diwedd yr ydym, ond sylweddoli mor allweddol yw'r bywyd tragwyddol i'n bywydau, i'n tystiolaeth ac i'n haddoli. Yn Philipiaid (pennod 3) y mae Paul yn gweld ei fywyd i gyd yng ngoleuni 'cyflymu at y nod', sef bywyd tragwyddol. Geiriau gwerslyfr y plant ar gyfer y wers hon yw : 'Llawenhawn am rodd Duw o fywyd a sylweddolwn ei fod yn rhoi bywyd tragwyddol i'w bobl - sef cael byw am byth gydag Ef.'

1. **Llestri Pridd.** (2 Corinthiaid 4.7) Er bod Duw wedi llewyrchu yn ein calonnau i roi i ni'r 'wybodaeth am ogoniant Duw' (ad.6); er bod delw Duw arnom; er ein bod ni wedi cael ein galw i'w wasanaethu Ef; eto, mae'r cyfan mewn llestri pridd. Y mae'r cyfan mewn llestri pridd er mwyn dangos mai eiddo Duw yw'r gallu (ad. 7) a'r nerth a'r gogoniant hefyd. Y rhyfeddod a'r testun diolch yw, er ein bod yn cael ein taro i lawr (ad.9), nid ydym yn cael ein dinistrio; er ein bod yn cael ein traddodi i farwolaeth (erledigaeth), mae bywyd Iesu yn dod i'r amlwg yn ein bywyd ni ; er bod marwolaeth ar waith ynom, y mae bywyd hefyd ; ac er ein bod o ran y dyn allanol yn dadfeilio, o ran y dyn mewnol fe'n hadnewyddir. Mae'r cyfan yn darparu pwysau tragwyddol o ogoniant i ni. Ac y mae'r cyfan oherwydd y bydd i'r hwn a gyfododd Iesu, ein cyfodi ninnau gydag ef. Y mae'r Crist Atgyfodedig ac adnabod y Crist hwnnw yn rhoi dimensiwn tragwyddol i'n bywydau meidrol - dim ond i ni gadw'n golwg ar y pethau nis gwelir.

Mae'r 'dim ond' yn fynegiant syml o ysgytwol i feidrolion deufyd.

Yr ydym yn ymwneud unwaith eto â grym a gogoniant addoli .Mae gan Charles Elliott lyfryn bychan o'r enw 'Praying through Paradox' sydd yn ymwneud â'r adran yma o'r Ysgrythur ac y mae'n pwysleisio mai yn eithaf ein breuder a'n bywyd, yn y gwendid mwyaf, - dyna pryd mae awr anterth gweddi ac addoli. Arwynebol iawn fu'r hen feirniadaeth Farcsaidd am grefydd fel opiwm y bobl, neu'r feirniadaeth fwy arwynebol fyth fod 'Cymru wedi bod yn canu gormod am y nefoedd'. Nid crefydd siwgwraidd, feddal, swcwr oedd i'r werin, yn ei chynni, ganu ' O fryniau Caersalem.':

Cawn edrych ar stormydd ac ofnau
Ac angau dychrynllyd â'r bedd,
A ninnau'n ddihangol o'u cyrraedd.

Geiriau i'r dyrfa yn yr angladd oedd y geiriau - geiriau ffydd i frwydro a dyfalbarhau a chredu. Mynegiant o feidroldeb a mynegiant o ffydd yr ysbryd dynol i wynebu pob math o argyfyngau. Nid crefydd osgoi sydd yn y canu am y nefoedd, ond crefydd i wynebu bywyd, a'i orchfygu.

2. **'tŷ...sydd yn dragwyddol yn y nefoedd'.** (2 Cor.5.1). 'Nid o waith llaw', meddai Paul, y gwneuthurwr pebyll, a hynny mewn gwrthgyferbyniad i'r 'babell ddaearol hon yr ydym yn byw ynddi' (5.1). Fe bwysleisir yn aml mai un gwahaniaeth rhwng y Ffydd Gristnogol a rhai o grefyddau'r dwyrain yw mai cred yn atgyfodiad y corff sydd gan y Cristion ac nid yn anfawroldeb yr enaid. Y mae geiriau Paul yn 1 Corinthiaid 15 yn fynegiant clasurol o'r gred honno ac felly yn cael eu defnyddio yn helaeth i geisio esbonio ac amddiffyn y gred.

Y mae'r adnodau hyn yn dangos nad yw'r gwahaniaeth mor glir a syml â hynny. Y mae yma sôn am atgyfodiad : 'Y bydd i'r hwn a gyfododd Iesu ein cyfodi ninnau hefyd gyda Iesu' (ad.14) a 'Yr ydym yn ochneidio yn ein hiraeth am gael ein harwisgo â'r corff o'r nef sydd i fod yn gartref i ni' (5.2). Ar yr un pryd mae Paul yn awgrymu yma, fel mewn mannau eraill (e.e.'marw a bod gyda Christ' Philipiaid 1) fod yna ddyn 'mewnol' sy'n cael ei adnewyddu ddydd ar ôl dydd (4.16) ac ar ddechrau'r bumed bennod y mae'n dweud y bydd gennym dŷ tragwyddol i fyw ynddo ar ôl i'r babell ddaearol gael ei thynnu i lawr.

Y mae Paul yn ymdrechu'n galed i fynegi'r hyn na ellir ei fynegi. Dyna paham y mae hefyd yn rhoi cymaint o bwyslais ar y dirgelwch a'r perffeithio ac ar yr 'o ran y gwelir.' Ni all Paul, mwy na neb arall, ddisgrifio'r nefoedd heb sôn am fanylu ar ei natur, ond o un peth fe all fod yn siŵr : mae Atgyfodiad Iesu yn ernes, yn sicrwydd ac yn obaith fod i ni fywyd tragwyddol. Y mae'r dirgelwch am ei ffurf yn parhau, ond nid dirgelwch mewn gwagle ydyw. Dirglewch ar sail Atgyfodiad yr Arglwydd Iesu ydyw.

Yn ein haddoli mae'r ffin rhwng nef a daear, amser a thragwyddoldeb, yn cael ei chroesi mewn mawl. Os ydym yn credu fel Ioan mai 'bywyd tragwyddol yw fy adnabod i' a 'bod bywyd tragwyddol yn y Mab' (1 Ioan 5) yna mae addoliad nef a daear yn un. Y mae'r bywyd tragwyddol yn dechrau ar y ddaear ac yn parhau yn y nef. Yn y pendraw iaith addoli yw iaith mwyaf aruchel y Cristion oblegid wrth addoli y mae yn ymwneud â phrofiadau na all y meddwl diwinyddol mwyaf ei dreiddio. Efallai mai dyna pam mae emynau yn golygu mwy na dim arall, yn llefaru mwy na dim arall, mewn angladdau. Fe allwn ddifrïo'r dyrfa yn canu 'O fryniau Caersalem.' ond efallai mai dynion sydd yn llefaru'n fwyaf grymus am y pethau tragwyddol. Neu efallai bod y côr yn canu ' O angau, pa le mae dy golyn....?' yn dystiolaeth ddyfnach ac uwch na phregethwr yn ceisio esbonio'r bennod rhyfeddol honno.

Adnodau eraill i'w trafod

Ioan 11.25-26 ; Rhufeiniaid 6.5-8 ; 1 Corinthiaid 15. 1-58

Cwestiynau i'w trafod

1. ' I mi mae marwolaeth yn golygu.......' ystyriwch y ffyrdd negyddol a'r ffyrdd cadarnhaol i orffen y frawddeg hon.

2. ' Does gen i ddim ofn marwolaeth, ond mae gen i ofn marw.' Trafodwch y sylw cyffredin hwn.

3. *Marwolaeth lawen*

Dyro i mi, O Dduw,
farwolaeth yn olew heb bris;
Dyro i mi, O Dduw,
feddyg fy enaid wrth law;
Dyro i mi, O Dduw,
Farwolaeth llawenydd a hedd.

Dyro i mi, O Dduw,
addef marwolaeth Crist:
Dyro i mi, O Dduw,
fyfyrio ar artaith Crist;
Dyro i mi, O Dduw,
gynhesu cariad Crist.

(o Carmina Gadelica - dyfynir yn
y gyfrol Ar Drothwy Goleuni.)

Cofiwch baratoi ar gyfer gwers 4.

I ba le yr af? Rhyfedd y'n gwnaed! Gwyn fy myd! Gwae fi! Mae addoli yn blygu, yn gydnabod fod i 'minnau le gyda'r Duw byw'. Ac felly o holl weithgarwch fy mywyd, dyma'r mwyaf personol. Mae cael fy nghreu ar lun a delw Duw; mae cael fy nghreu i bwrpas; mae cael fy adnabod a'm caru; mae cael fy ngalw a'm henwi; mae cael fy ngeni a'm hail-eni - mae'r cyfan yn addoli, sef bod o flaen y Duw byw, yn greadur gwan, meidrol. A minnau yn gwybod nad oes i mi yma ddinas barhaus does ryfedd fy mod yn hiraethu am y tragwyddol. Mae addoli yn dathlu y greadigaeth a bywyd newydd.

1. Yn y wers ar ddechrau'r mis yr oedd y plant yn edrych ar ddarlun o'r lindys a'r pili-pala. Beth y mae'r darlun a'r eglureb yn ei ddweud wrthym

   1. Am dröedigaeth ?
   2. Am fywyd tragwyddol ?

   A yw'r pili pala yn ddarlun addas o'r bywyd Cristnogol ?

2. Yn y gwasanaeth teuluol ar gyfer y mis yma y mae'r weddi ganlynol. Gwahoddwn y dosbarth i'w thrafod yn gyntaf ac yna i'w defnyddio fel grŵp.

Arweinydd: Gwisgaf amdanaf gariad yr Arglwydd Iesu Grist.
Pawb: Rwyf eisiau bod yn greadigaeth newydd.
A: Gwisgaf amdanaf y bywyd newydd y mae Iesu yn ei gynnig.
P: Rwyf eisiau bod yn greadigaeth newydd.
A: Gwisgaf amdanaf yr Ysbryd Glân sy'n gwarantu na chaiff neb fy nwyn oddi wrth yr Arglwydd.
P: Rwyf eisiau bod yn greadigaeth newydd.
A: Trwy gariad y Gwaredwr, a dywalltir arnaf yn barhaus
P: Rwyf eisiau bod yn greadigaeth newydd.
A: Trwy rym y Groes y bu i Grist farw arni drosof fi.
P: Rwyf eisiau bod yn greadigaeth newydd.
A: Trwy ras ei faddeuant, a gadarnhawyd am fod Crist yn ymbil trosof ym mhresenoldeb y Duw Hollalluog.

P:	Rwyf eisiau bod yn greadigaeth newydd.
A:	Yn un ag Ef am fod y carwr wedi dod o hyd i'r un a gerir.
P:	Rwyf eisiau bod yn greadigaeth newydd.
A:	Yn anfarwol gydag Ef am fy mod i hefyd wedi dod yn blentyn i Dduw.
P:	Rwyf am fod yn greadigaeth newydd.
A:	Yn byw gydag Ef am fy mod eisiau gwasanaethu Duw a'i fwynhau am byth.
P:	Rwyf eisiau bod yn greadigaeth newydd.
A:	Rwyn diosg yr hen ac yn gwisgo'r newydd.
P:	Rwyf eisiau bod yn greadigaeth newydd.

3. Meddyliwch am bobl mewn amgylchiadau tebyg i'r amgylchiadau isod (wedi ei sylfaenu ar 2 Corinthiad 4.7-10) a gweddïwch trostynt ac yna ystyriwch sut y medrwch eu helpu yn ymarferol:

1. Wedi'n gorthrymu, ond heb ein llethu.
2. Mewn ansicrwydd, ond heb anobeithio.
3. Yn cael ein herlid, ond ddim heb ffrind.
4. Wedi ein brifo, ond heb ein dinistrio.

4. Y mae gwerslyfr y plant yn gofyn i ni ystyried dillad newydd: mae Paul yn dweud y bydd mynd i'r nefoedd fel cael dillad newydd (2 Corinthiaid 5.2-5). Cawn daflu'r hen rai - yr holl bethau sy'n feichus: tristwch, anufudd-dod a phoen - a bydd Duw yn rhoi dillad newydd i ni: llawenydd, perffeithrwydd, sicrwydd tragwyddol. Nid yw'n syndod fod Paul yn dweud fod byw i wasanaethu Duw yn wych, ond bod marw a bod gyda Duw am byth yn well (Philipiaid 1.21).

5. Darllenwch emyn David Charles 'O fryniau Caersalem' (sef yr emyn 'Mae ffrydiau ngorfoledd yn tarddu....') ac emyn Francis Lyte 'Abide with me..'. Dyma'r ddau emyn mwyaf poblogaidd mewn angladdau o hyd. Beth sydd yn debyg neu yn annhebyg yn y ddau emyn ?

6. Mewn ychydig ddyddiau fe fydd yn Ŵyl Ddewi. A oes neges arbennig i ni fel Cymry yn thema'r mis hwn? Mae gennym ddau emyn

‘cenedlaethol’ bellach. Emyn Elfed ‘Cofia’n gwlad Benllywydd tirion’ ac emyn Lewis Valentine ‘Dros Gymru’n gwlad’ Yng ngoleuni gwersi mis Ebrill , trafodwch a defnyddiwch yr emynau yn arweiniad gweddigar i baratoi ar gyfer yr Ŵyl.

A oes arwyddocâd fod Gŵyl Ddewi a Gŵyl Sant Padrig yn digwydd yng nghyfnod y Grawys? Gan gofio ei bod hi’n Ddydd Mercher y Lludw ddydd Mercher nesaf a ydyw ein crefydd ni yn fwy lleddf na llon?

Addoli: pob peth yn newydd!

1. Creadigaeth newydd! (Actau 9)

2. Pwrpas newydd! (Actau 9)

3. Bywyd newydd! (2 Corinthiaid 4)

O'r fath newid rhyfeddol a wnaed ynof fi,
Daeth Iesu i'm calon i fyw;
Torrodd gwawr ar fy enaid, atebwyd fy nghri,
Daeth Iesu i'm calon i fyw,
Daeth Iesu i'm calon i fyw,
Daeth Iesu i'm calon i fyw;
Cwyd llawenydd fy mron megis ton ar ôl ton,
Daeth Iesu i'm calon i fyw.

(R H MacDaniel
cyf. Nantlais)

I ni, Arglwydd, sydd yn troi ymhlith yr un hen bethau -
yr un hen eiriau, yr un hen adeilad,
yr un hen wynebau, yr un hen arferion, -
Tyrd atom yn dy Fab Iesu
i'n dallu â'i oleuni,
i'n syfrdanu â'i bresenoldeb,
i'n llorio â'i gariad,
Ac i'n gwneud i gyd yn newydd!
Amen ac Amen.

Y mae'r Sul cyntaf o Fawrth yn Sul cyntaf y Grawys, ac fe fyddwn bellach yn troi ein golwg i gyfeiriad y Groglith a'r Pasg. Y mae'r Grawys yn gyfnod o baratoi. I'r Cristion y mae'r Hen Destament i gyd, ar un golwg, yn gyfrwng paratoi ac edrych ymlaen. Nid dyna yn unig ydyw, wrth gwrs, a cham mawr â chyfoeth y Ffydd Iddewig fuasai honni nad yw'r Hen Destament i'r Cristion yn ddim ond llyfr i baratoi. Ond, i'r Cristion,dyna ydyw yn bennaf. Y mae yn hynny oherwydd fod yna yn yr Hen Destament ddyfnder o ysbrydolrwydd a chyfoeth o ddatguddiad sydd yn ein harwain ni i Fethlehem a Chalfaria. Ac nid oes neb gwell i brofi hynny na'r proffwyd Jeremeia. O'r holl broffwydi y mae Jeremeia yn mynd â ni yn nes at Iesu o ran profiad ac amgylchiadau na'r un proffwyd arall - ac y mae gennym dystiolaeth lenyddol i brofi hynny. Y mae gennym fwy o wybodaeth am Jeremeia na'r un proffwyd arall. Yn ôl Mathew (16.14) yr oedd y bobl yn dweud mai 'Jeremeia, neu un o'r proffwydi' oedd Iesu. Y mae'r gŵr o Anathoth yn debyg i'r gŵr o Nasareth.

Yn ystod y mis hwn, wrth i ni fynd ar bererindod y Grawys, fe fyddwn yn dod i sylweddoli bod Jeremeia yn dod â dimensiwn i'n haddoli nad ydym wedi ei ystyried hyd yma. Y mae'r hyn a ddywedodd C.H.Dodd flynyddoedd yn ôl wrth sôn am y Beibl yn rhywbeth i ni i'w ystyried o ddifrif. Dweud a wnaeth Dodd mai calon y gair yw'r proffwydi ac mai'r gyfrinach i ddeall y proffwydi a'u neges yw mynd yn ôl i'r profiad ysgytwol a gafodd pob un ohonynt wrth gael eu galw gan y Duw byw. Profiad addoli ydoedd - a'r profiad hwn yw calon a chanol y Gair. Oherwydd y profiad hwn, a thrwy'r profiad hwn, y mae'r Gair yn ein harwain i ofyn 'Beth yw proffwyd ?' ac felly, i ni, 'Beth yw addoli proffwydol?'

1. Un a alwyd oedd Jeremeia, - 'Daeth gair yr Arglwydd ataf' (1.4) - ac nid yw byth yn anghofio hynny. Y mae'r ymdeimlad o alwad mor gryf a grymus fel bod Jeremeia yn ymwybodol fod Duw wedi ei alw cyn ei eni, 'cyn i mi dy lunio yn y groth'. Y mae'n alwad mor fawr â hynny - nid o'r

groth, ond **cyn** ei lunio yn y groth . Y mae ei fywyd felly yn cael ei roi ar gefndir tragwyddol ac y mae hynny yn gwneud ei alwad yn ddi-droi'n-ôl. Er nad yw disgrifiad Jeremeia o'i alwad mor fanwl â disgrifiad Eseia, yr un yw'r profiad a'r un yn ei hanfod yw'r alwad.

Nid galwad mewn gwagle ydyw. Fe ddigwyddodd yn y drydedd flwyddyn ar ddeg o deyrnasiad Joseia, brenin Jwda (sef 627), pan oedd Jeremeia yn fachgen ifanc prin ugain mlwydd oed. Yn yr un flwyddyn bu farw Ashurbanipal, yr olaf o frenhinoedd mawr Asyria, ac o hynny ymlaen dadfeilio a wnaeth grym Asyria a chael ei ddisodli gan rym ac awdurdod yr Aifft, a Babilon yn arbennig. Blwyddyn ei alwad oedd blwyddyn dechrau'r diwedd i'w wlad a'i bobl. Bu Jeremeia fyw a marw felly drwy newidiadau syfrdanol a arweiniodd at ddinistr Jerwsalem a chaethglud ei bobl. Dyna pryd y galwodd Duw Jeremia. Dyna pryd y bu cyflawnder yr amser yn ei brofiad ysbrydol. Mae Duw yn galw mewn cyfnod arbennig i bwrpas arbennig : y mae mor benodol a manwl â hynny, oherwydd Duw hanes ydyw.

Mae'n bwysig cofio hynny yng nghysylltiadau addoli bob amser. Os na ellir dyddio addoli yna nid yw'n wir addoli. Ond os yw addoli yn dyddio, yna nid gwir addoli mohono. Dyna yw paradocs rhyfedd addoli : mae'n rhaid iddo fod yn drwyadl gyfoes ac yn gwbl oesol ar yr un pryd. Y mae cefndir i addoli pobl Dduw pob amser, oherwydd nid yw Duw yn llefaru (ac felly nid yw'n gwrando) mewn gwagle. Y mae hynny yn golygu na fedrwn dynnu Jeremeia, na ninnau, o 'gaethiwed' ein hamgylchiadau ac y mae'r amgylchiadau hynny yn medru bod yn anwadal a bregus iawn.

Ond rhaid dweud mwy na hynny. Hawdd iawn yw cael ein camarwain i gredu bod 'proffwydol' yn golygu 'cyfoes' neu 'amserol' neu i gredu, fel y dywed Bleddyn Jones Roberts yn ei esboniad pwysig 'Proffwyd Gofidiau', mai bod yn broffwydol yw condemnio beiau'r oes. Y mae'n hawdd deall camargraff o'r fath wrth ddarllen geiriau'r proffwydi. Gair cyntaf Duw i Jeremeia oedd 'cyn i i mi dy lunio yn y groth, fe'th adnabûm' (ad. 5). Fel yr awgrymwyd yn barod y mae'r geiriau yn fynegiant grymus bod bywyd Jeremia yn wrthrych cariad a phwrpas Duw - 'cyn ei fod'. Ond y mae'r geiriau a'r gwirionedd wedi dod yn rhan hefyd o fywyd y Cristion. Dyna un rhan allweddol o sacrament Bedydd Babanod : ein bod wedi ein caru, cyn ein creu; wedi ein dewis, cyn ein galw; wedi ein galw, cyn i ni ateb. Mae'r sacrament yn arwydd o wirionedd tragwyddol. Y mae hefyd yn gyfrwng gras ac yn gyhoeddiad o'r Newyddion Da. Y mae yn weithred fawr o addoli ac yn rhoi bywyd brau , di-amddiffyn ar gefndir tragwyddol. Y mae'r addolwr yn gweld ei hun fel plentyn ar fynwes ei fam (yn ôl Salm 131) - yn fychan, yn wan ac eto yn ddiogel am fod cariad Duw yn ei gofleidio.

'Cyn dy eni, fe'th gysegrais'. Cysegru yw ei osod o'r neilltu a'i ddewis i waith a chenhadaeth arbennig. Nid yr un yw'r cysegru i bawb, wrth gwrs. Nid i fod yn broffwydi y'n galwyd oll , ond i fyw ein bywyd, i gysegru ein bywyd, i roi ein bywyd - fel Jeremeia - mewn addoliad i Dduw. Addoli yw bod ym meddiant Duw.

2. Proffwyd anfodlon oedd Jeremeia. Y mae ei ymateb ef yn wahanol iawn, ar un olwg, i ymateb Eseia ('Dyma fi, anfon fi'), er i Eseia gael rhybudd cynnar mai ychydig o lwyddiant a gai. Ond o'r dechrau ymwrthod â'r alwad a wna Jeremeia, neu o leiaf gweld digon o resymau i wrthod 'bachgen wyf fi' (ad.6).Yr oedd eraill wedi ymateb yr un fath o'i flaen. Nam ar ei leferydd oedd rheswm Moses dros wrthod (Ecsodus 4.10). Y mae'n ymateb naturiol ac yn ymateb i'w feithrin. Wyneb yn wyneb â Duw, ymdeimlad o annigonolrwydd sydd yn gweddu. **Ar ôl** dweud 'dyn a'i wefusau'n aflan ydwyf ' ac **ar ôl** i'r marwor gyffwrdd â'i enau a glanhau ei bechodau y dywedodd Eseia 'Wele fi, anfon fi'. Ond yn wahanol i Eseia nid yw Jeremeia yn peidio â dweud - a hynny am gyfnod o ddeugain mlynedd - nad oes ganddo ddim i'w ddweud na dim i'w gyfrannu ! 'Po fwyaf y deuwn i wybod am Jeremeia, ' meddai Bleddyn Jones Roberts 'lleiaf yn y byd y gwelwn ei fod yn addas i arwain ei gyd-genedl....' (tud. 47). Nid yn gymaint yr ymdeimlad Eseiaidd 'dyn pechadurus wyf fi' sydd yna - er bod hwnnw yn amlwg ym mywyd Jeremia - ond ymdeimlad gwirioneddol o fod yn anghymwys oherwydd ei fod **yn** rhy ifanc ac felly yn ddi-brofiad i waith a thasg mor fawr. Wedi'r cyfan, pwy sydd am wrando ar lais ieuenctid **a** chymryd sylw.

Nid yw Duw yn feirniadol o ymateb Jeremeia. Mae Duw yn croesawu gonestrwydd ac mae Jeremeia yn gignoeth o onest. Y mae'n ddigon gonest i ddweud ac i ddangos nad yw credu a chyffes, nad yw galwad ac ufudd-dod yn dod yn hawdd iddo. Mae llyfr Jeremia yn lyfr rhy anghyfforddus i addoli trefnus, diogel a thraddodiadol. Y mae hefyd yn ein hatgoffa bod gwir addoli yn rhoi lle i gwestiynau a gwrthdaro, i brotestio ac i dyndra. Dyna yw addoli proffwydol; nid ail -adrodd di-deimlad, di-angerdd, ond addoli sy'n creu ing a chyffro a chwyldro yn nwfn yr enaid.

Y mae Duw yn dweud dau beth wrth Jeremeia.

1) Fe fyddi di'n llefaru yr hyn y byddaf fi yn ei orchymyn. Nid wyf yn disgwyl i ti gael meddyliau dwfn, syniadau gwreiddiol a neges amserol: Fi fydd yn llefaru, Fi fydd yn rhoi neges i ti. 'Fel hyn y dywed yr Arglwydd...' yw neges y proffwydi.

2) Yr wyf fi gyda thi i'th waredu.Wrth alw y mae Duw yn rhoi addewid. Po anoddaf yr amgylchiadau, po fwyaf yn annheilyngdod, yna pwysicach yr addewid. Y mae'n addewid sydd wedi cynnal addoli pobl Dduw ar hyd y canrifoedd ac ym mhob amgylchiad. Yn wir , dyna yw addoli - cydnabod, adnabod presenoldeb Duw. Nid siarad am Dduw, nid meddwl am Dduw yw addoli, ond plygu o flaen Duw ac ymhyfrydu yn ei gwmni.

Y mae profiad Jeremeia felly yn datgelu rhywfaint ar natur addoli pob un ohonom. Fel i Jeremeia, y mae'r bywyd Cristnogol yn medru bod yn ymdrech ac yn frwydr ('the long haul of the Christian life ' chwedl Ronald Rolheiser) ond fel Jeremeia hefyd y mae'n gadarnhad o addewid ' fe fyddaf gyda thi'. Y mae yna brofiadau ac adegau, ac y mae'r Grawys yn ein hatgoffa pob amser o'r rheiny, mai'r addewid yna yw'r unig beth sydd gennym. Ar adegau felly y mae addoli yn ddirdynol. Ar hyd ei fywyd anfodlon, unig a llawn tyndra **fe gafodd** Jeremeia neges. Fe gafodd Air gan Dduw i'w lefaru a hyd yn oed pan nad oedd Gair, dim ond gwewyr ei fywyd, yr oedd y distawrwydd yn ddigon.

3) 'Rhoddais di'n broffwyd i'r cenhedloedd' (1.5). Er ein bod yn cysylltu Jeremeia â'r neges ac â'r profiad personol, y mae yn ei alwad neges i'r cenhedloedd hefyd. Nid neges i'w chyhoeddi yn unig ydyw oherwydd 'fe'th osodais di heddiw **dros** y cenhedloedd' (ad.10) h.y. i fod yn wyliwr ac yn ofalwr ar fwriad Duw i'w bobl. Mae hynny yn golygu bod yn offeryn yn llaw Duw'r Creawdwr yn ogystal â Duw'r Achubydd.Mae adnod 10 yn baratoad i holl fywyd Jeremeia, er na ŵyr ef hynny; y mae'n grynodeb o holl neges y proffwydi, er na ŵyr ef hynny chwaith ; y mae hefyd yn broffwydoliaeth o'r hyn sy'n mynd i ddigwydd , nid yn unig i Jwda, ond i'r holl genhedloedd.

Bod yn broffwydol yw ymwneud â holl gyngor Duw. Does dim Beiblaidd, ac felly does dim o gwbl, yn ddieithr i addoli. Y mae digwyddiadau cenedlaethol a rhyngwladol yn rhan hanfodol o fywyd Jeremeia : Jiwda wedi ei gwasgu rhwng Babilon a'r Aifft a Jeremeia, gyda'i bobl, yn byw trwy chwalfa ac argyfwng bod. Y mae'r proffwyd yn galw ei bobl i wrando ar lais yr Arglwydd yn nigwyddiadau dirdynnol ei gyfnod - profiadau o dynnu i lawr a dadwreiddio, o ddifetha a dymchwel (ad.10). Nid perorasiwn pregethwrol mo'r geiriau, ond addoli Duw yng nghanol yr amserau a phobl Dduw yn cael eu dwyn i mewn i weithgarwch Duw yn ei fyd. Mae'r proffwyd yn dehongli, yn tynnu sylw, yn agor llygaid, yn herio. Mae'n gweld ei fywyd ei hun a bywyd ei bobl yn nhermau strategaeth Duw ar gyfer ei fyd. Dyna, gyda llaw, yw 'bod yn feiblaidd' - term sydd yn aml yn cael ei gam-ddehongli. Ar y naill law fe geir pwyslais gan ffwndamentalwyr a llythrenolwyr Beiblaidd mai 'credu yn y Beibl' yw 'bod yn Feiblaidd' : pob gair, pob llythyren. Ar y llaw arall fe geir rhai sydd am bwysleisio mai 'bod yn Feiblaidd' yw dyfynnu adnodau, pregethu testunau, tri phen, tair llythyren, cyflythrennu, gwybod y geiriau. Ond 'bod yn Feiblaidd' yw bod yn ufudd i alwad Duw, bod yn barod i gael ein defnyddio yng ngwaith a chenhadaeth y Duw hwnnw. Cael golwg gyfan ar holl gyngor Duw. A 'bod yn Feiblaidd' yw gwybod bod y Duw hwnnw wedi datguddio ei holl gyngor a'i holl Gariad yn derfynol yn ei fab Iesu Grist - y Gair a wnaethpwyd yn gnawd. Mae Iesu yn ymgnawdoli bywyd a gwaith a neges Jeremeia - a mwy. A dyna paham fod addoli Crist-ganolog hefyd yn broffwydol.

Adnodau pellach i'w hystyried

Jeremeia 24.1-10 ; 32.36-44.

Cwestiynau i'w trafod

1. A oes neges arbennig yn y wers heddiw ar gyfer y Sul cyntaf yn y Grawys ?

2. A ydym fel Cristnogion yn rhoi gormod o bwyslais ar aeddfedrwydd a phrofiad, ac oherwydd hynny a ydym, fel eglwys, o hyd yn anfodlon rhoi lle a chyfrifoldeb i'r ifanc?

3. Yr ydym wedi oedi gyda Jeremeia eto, fel gyda Paul, a hynny am resymau tebyg. Yn Jeremeia fe welwn gyfuno profiadau personol a phrofiadau cymdeithasol a chenedlaethol, mewn addoliad. Ni fuasai'r rhwyg a welir heddiw rhwng 'y profiad personol' a'r 'grefydd gymdeithasol' yn gwneud unrhyw synnwyr i Jeremeia.

Jeremeia 38.1-13

Yn ystod tymor y Grawys , ac yn arbennig yn ystod yr Wythnos Fawr, yr ydym yn medru dilyn yn fanwl yr hyn a ddigwyddodd i Iesu. Fe ddaw manylion ei ddioddefaint yn amlwg. Y mae'r un peth yn wir am Jeremeia. Oherwydd iddo gael cyfnod maith o broffwydo, oherwydd i Baruch gofnodi yn fanwl, a bod Jeremia ei hun wedi rhannu ei brofiadau ag eraill, y mae gennym ddigon o dystiolaeth iddo ddioddef yn fawr fel proffwyd.Y mae penodau 36-45 yn ddigon o brawf o hynny. 'Yn dioddef, ond yn dal ati' yw'r pennawd yng ngwerslyfr y plant ar gyfer y wers heddiw. 'Dyfalbarhad' yw'r gair Beiblaidd neu ' dal yn ddi-wyro' (Hebreaid 10.23). Mae'n werth i ni oedi gyda'r elfen hon ym mywyd Jeremeia, oherwydd y mae i'r pwyslais oblygiadau mawr o safbwynt addoli. Os yw 'addoli proffwydol' yn addoli yng nghyd-destun Gair cyfan Duw, yna y mae'n addoli sydd yn ein harwain at y Groes.

1. **Mae yma wrthdaro.** Y mae Jeremia yn mynegi rhywbeth sydd yn gwbl groes i'r farn gyhoeddus ac i bolisiau ei wlad a'i harweinwyr.Y mae yn annog y bobl i adael y ddinas , i fynd at y Caldeaid ac i roi rhwydd hynt i Fabilon ddod i mewn a'u goresgyn. Y mae yn cael ei gyhuddo o fod yn fradwr ac o fygwth diogelwch ei wlad a'i bobl : 'Nid yw'r dyn yn meddwl am les y bobl hyn' (ad.4). Yr oedd wedi cael ei gyhuddo o'r blaen o droi at y Caldeaid (37.13). Ar fwy nag un achlysur felly (gw. hefyd 39.19,26; 37.15-16) yr oedd gair yr Arglwydd wedi ei yrru i wrthdaro â'r awdurdodau. Yr oedd yntau, er bod hynny yn groes i'w natur, wedi dyfalbarhau ac wedi sefyll - er y buasai wedi bod yn well ganddo ildio a chilio. Yr oedd hyn yn gofyn am ddewrder mawr oherwydd bod yn boblogaidd a derbyniol yw gobaith y rhai cyhoeddus - cael derbyniad i'w neges a chytundeb â'u safbwynt. Ond nid yn unig yr oedd yn gofyn am ddewrder, yr oedd hefyd yn gofyn am ufudd-dod llwyr i Dduw ac nid i ddynion.

Yn y twf a'r adfywiad crefyddol sydd yn digwydd ledled byd bellach aeth y pwyslais canolog ar y profiad personol ac unigol, gan wneud y profiad hwnnw yn ddechrau a diwedd y profiad Cristnogol. Aeth hefyd yn bwyslais sylfaenol yn yr addoli llawen a brwdfrydig sy'n nodweddiadol o'r twf hwnnw. Y mae'n rhaid i bob addoliad gynnwys apêl uniongyrchol, bersonol, efengylaidd i edifarahau a chredu yn yr Arglwydd Iesu Grist. Un canlyniad i hyn, er gwaethaf y canu 'cyfoes' a'r llawenydd a'r brwdfrydedd a'r honiadau o bethau mawr yn digwydd, yw bod yr addoli yn aml yn ddiflas, undonog a dof.

Y mae i addoli yn nhraddodiad Jeremeia, er ei fod yn bersonol iawn, ddimensiwn grymus o wrthdaro ac o ing. Dyma'r addoli a offrymwyd ar ddydd Gwener y Groglith gan grŵp o ymgyrchwyr a oedd wedi torri i mewn i Faslane yn yr Alban, lle mae'r ail Trident yn cael ei hadeiladu. Gweddïo yn yr union fan lle mae gallu i ddinistrio a lladd yn cael ei ddatblygu yn gyfreithiol. Dyma'r addoli sydd wedi bod mor nodweddiadol o ymgyrchu rhai fel Desmond Tutu yn Ne Affrica : addoli ar strydoedd Soweto ac ar lwyfan gwleidyddol nes dymchwel teyrnas apartheid. Dyma'r addoli ar Smokey Mountain ym Manila lle mae 20,000 yn byw ar domen sbwriel a'u harweinwyr crefyddol yn addoli mewn gwrthdrawiad â chyfundrefn sy'n elwa ar y tlawd. Dyma'r addoli y mae Charles Elliott wedi ei alw yn addoli 'on the cutting edge'. A dyma'r math o addoli sydd o hyd, fel yn nyddiau Jeremia, yn golygu bod Cristnogion yn cael eu cyhuddo o ymyrryd mewn gwleidyddiaeth eto fyth! Mae'r Ffydd Gristnogol, a'r Ffydd honno yn cael ei mynegi a'i chyhoeddi drwy ei haddoli, yn golygu gwrthdaro.

2. **Mae yna sarhau a gwawdio.** Mae Jeremeia yn y llaid - '....a suddodd Jeremeia yn y llaid' (ad.6). Mae poenydio a chywilyddio yn boen enaid ac ysbryd.Un peth yw dyfalbarhau trwy boen corfforol, peth arall yw dal ati drwy bob gwatwar a sarhad. Dyna, wrth gwrs yw nod pob poenydio: lladd yr ysbryd. Mae Sheila Cassidy (yn *Audacity to Believe*) yn sôn am y cyfnod yn Chile pan gafodd hi, pan oedd yn feddyg ifanc, ei charcharu a'i phoenydio am ymgeleddu terfysgwr yn erbyn y Llywyodraeth filitaraidd. Ond y peth gwaethaf, meddai, oedd 'y cywilyddio a'r sarhad'. Ond yn ei hanes hithau, fel yn hanes Jeremeia, fe fu dyfalbarhau a dyfnhau mewn gweddi ac addoli. Y mae'r profiadau dyfnaf a'r profiadau mwyaf erchyll yn dod â dyn wyneb yn wyneb â Duw. Mewn profiadau felly does dim

fformiwla na threfn na thraddodiad yn ddigon cryf na chyfan i gostrelu'r profiad yn hwylus. Nid ydym ym mhell - ac eto ymhell iawn - o addoli dirdynnol 'Fy Nuw, fy Nuw, paham y'm gadewaist.'

Fe gafodd Paul brofiadau tebyg ac y mae ef yn cymharu'r profiad â bod yn 'ffŵl i Grist' ('yn sioe i'r cyfanfyd, yn ffyliaid er mwyn Crist' 1 Cor. 4.9,10). Yn yr un llythyr y mae yn mynd ymlaen i sôn am fod 'yn wan....heb ddim parch...y mae arnom newyn a syched....yn noeth....yn cael ein cernodio.....fe'n gwnaethpwyd yn garthion y byd, yn olchion pawb'. Y maent yn eiriau cryf ac eithafol, ond gwaetha'r modd aeth geiriau o'r fath yn rhan o'n geirfa grefyddol ni ac fe aethom i gyfarwyddo â'r geiriau heb lawn amgyffred y profiad. Nid yw'r profiad yn gweddu i addoli tawel, diogel, hawdd. Dim ond wrth edrych yn ôl y daeth yr Iddewon a'r Cristnogion i werthfawrogi y dyfnder o ysbrydolrwydd a'r cyfoeth o weddi sydd yn y cywilydd a'r gwawd. Y mae yna addoli mewn mannau na all addoli Tŷ Dduw mo'i amgyffred. Yn wir y mae pob lle i gredu mai oddi allan i addoli pobl Dduw y mae'r addoli mwyaf yn digwydd.

3. **Mae cwymp Jerwsalem ac ing Jeremeia yn annatod.** Y mae penodau 37-45 yn sôn am erlid y proffwyd ac am gwymp Jerwsalem. Fel y mae'r naill yn dwysau, y mae'r llall yn dod yn nes. Mae hanes dioddefaint Jeremeia fel hanes cwymp Jerwsalem , yn stori hir.Mae Sedeceia, ar ôl apêl Ebedmelech yr Ethiopiad, yn cytuno i Jeremeia gael ei godi o'r pydew oherwydd y mae ar fin marw. Yr oedd Sedeceia eisioes (pen.37) wedi rhyddhau Jeremeia o'r carchar, ond nid wedi ei ryddhau yn llwyr oherwydd dyn gwan ac ofnus oedd Sedeceia. Y mae Jeremeia yn ysglyfaeth i anwadalwch Sedeceia, i argyfwng ei bobl ac felly y mae'n 'cario baich ei fyd'. Mewn geiriau eraill y mae'n dioddef, nid yn unig am ei fod yn barod i sefyll, ond am ei fod hefyd yn blentyn ei oes ac yn eistedd lle mae ei bobl yn eistedd - ac yn achos Jeremeia, 'dan faich gofidiau'r byd'. Nid protest yn erbyn y byd yw dioddefiant Jeremeia, ond canlyniad anorfod byw gofidiau'r byd. Nid unigolyn yn sefyll ar ei ben ei hun ydyw, ond Iddew, yn sefyll gyda gweddillion ei bobl o flaen Duw.

Y mae Baruch, sydd wedi cofnodi'r hanes, yn dangos yn berffaith glir mai'r digwyddiadau **yw'r** neges. Nid fframwaith i ddweud rhywbeth am Dduw, nid stori foeswers, yw'r hanes, ond y digwyddiadau ynddynt eu hunain sy'n bwysig. 'Nid oes yma', meddai Bleddyn Jones Roberts eto 'air yr Arglwydd' nac unrhyw addewid dwyfol y gallai'r proffwyd gael cysgod o obaith drwyddo. Heb unrhyw fath o amddiffyniad, na dim arfogaeth o fath yn y byd, rhoddir y proffwyd yng ngafael ei erlidwyr. Ni all adael unrhyw argraff arnynt mewn gair na gweithred. A phan edrychwn tua diwedd yr hanes (pennod 45) nid oes awgrym o gwbl o ddiwedd hapus. Marw a wnaeth Jeremeia, heb obaith a heb gysur' (tud. 188).

Dyna eiriau cryf ac ysgytwol - ond dyna yw dyfnder dioddefaint.Y mae artistiaid, cerddorion, llenorion, a beirdd wedi ceisio rhoi mynegiant i'r profiad dyfnaf hwn ym mhrofiad dynion a merched. Dyna paham y maent mor aml yn medru bod yn gyfryngau mor effeithiol mewn addoliad a dyna paham fod cysylltiad mor agos wedi bod rhwng y Ffydd a Chelfyddyd. Mae pob traddodiad crefyddol, mewn gwahanol ffyrdd, wedi ysbrydoli y ddawn greadigol.Ond hyd yn oed gyda Bach a Michelangelo, Shakespeare, Dostoyevsky a Blodeugerdd o Farddoniaeth Grefyddol Gymraeg nid oes neb a all fynegi'n llawn ddyfnder profiadau Jeremeia. O'i roi mewn ffordd arall: er mor rymus y gerddoriaeth, yr eicon, y gair a'r emyn y mae'r Eglwys Gristnogol wedi credu ar hyd y canrifoedd mai'r Bara a'r Gwin - a thawelwch - yw'r unig ffordd i addoli o gwmpas y dioddefaint.

Mae addoli 'yr holl ffordd', fel 'dal ati yr holl ffordd' yn golygu dilyn y ffordd sydd yn arwain i dawelwch a thywyllwch ac unigrwydd Gethsemane. Gerald Priestland a oedd yn arfer dweud (ac fe wyddai yntau am nos dywyll yr enaid) fod y tawelwch hwnnw, tawelwch o flaen Duw, fel ' cymryd eich gwynt cyn plymio i'r dyfnder'.

Adnodau pellach i'w hystyried

Salm 119.157-160 ; Mathew 5.11-12 ; Luc 21. 10-19.

Cwestiynau i'w trafod

1. A ydym yn addoli digon mewn mannau eraill heblaw yr eglwys?

2. 'Nid bod yn ystrydebol ond bod yn arwynebol yw bai mwyaf ein haddoli'.` Trafodwch.

3. Myfyriwch ar y geiriau yma gan Sant Padrig (Mae'n Ŵyl Sant Padrig ar Fawrth 17.)

Crist gyda mi, Crist o'm blaen i;
Crist tu ôl i mi; Crist ynof fi;
Crist o danaf i; Crist uwch fy mhen i;
Crist ar y dde i mi; Crist ar y chwith i mi;
Crist wrth i mi orwedd, eistedd a chodi;
Crist yng nghalon pawb a feddwl amdanaf;
Crist ar wefusau pawb a fydd yn siarad â mi;
Crist ym mhob llygaid â'm gwêl i;
Crist ym mhob clust â'm clyw i.

Y Cyfamod newydd
Jeremeia 31.31-34.

Y mae'r hyn sydd wedi ei ddweud eisioes am Jeremia yn awgrymu ein bod am ei roi yn y man y mae wedi arfer bod - yn 'broffwyd gofidiau a gwae'! Wedi'r cyfan y mae yn cerdded ffordd y groes ac yn mae yn ŵr gofidus a chynefin â dolur. Ond cam mawr â Jeremeia fuasai ei adael yn y fan yna. Cam a chelwydd! Fe fuasai hefyd yn peryglu ein hagwedd at addoli ac fe fuasai addoli proffwydol yn dirywio i fod yn ddim ond dadansoddi tristwch ein sefyllfa a datgan gwae ar ein cyflwr ! Y gwir yw - a dyma wirionedd sylfaenol ein cred - fod y Grawys â'r Groglith a'r Pasg yn un stori. Felly y mae addoli, o angenrhaid, yn ddathlu ac yn newyddion da. Os nad ydyw, nid yw'n addoli. Dyna paham fod pennod 31 yn un eithriadol o bwysig, nid yn unig mewn perthynas â bywyd a neges Jeremeia, ond hefyd mewn perthynas â'r Gair cyfan, â'r Gair cyfan hwnnw fel swm a sylwedd ein haddoli. Mewn un ystyr pennod i'w chanu ydyw. Y mae'n bennod am y 'cariad diderfyn' (ad.3), am y gân â'r moli (ad.7), y casglu â'r achub (ad.10,11), am y ddawns â'r diddanu (ad.13,16). Y fwy na dim, dyma bennod y Cyfamod Newydd - y cyfamod sydd yn trawsnewid addoli Pobl Dduw.

1. **Yr Hen Gyfamod.** Proffwydi'r hen gyfamod oedd y proffwydi a dyma'r cyfamod a fu'n ysbrydoliaeth ac yn ysgogiad iddynt lefaru 'Fel hyn y dywed yr Arglwydd...' Y mae Jeremeia yn mynegi'r berthynas rhwng Duw â'i bobl mewn mwy nag un ffordd e.e. perthynas wedi ei sylfaenu ar drugaredd Duw neu grefydd fel disgyblaeth. Yn y diwygio a ddigwyddodd yng nghyfnod y brenin Joseia y mae Jeremeia, am ychydig, yn gweld gobaith dychwelyd i burdeb a pherthynas yr hen gyfamod: 'Gwneuthum gyfamod â'ch tadau, y dydd y dygais hwy o wlad yr Aifft' (Jer. 34.13). Cyfamod â Moses oedd y cyfamod hwnnw, a'r gyfraith a oedd i osod sylfeini a chyfeiriad i'r Iddewon yn eu perthynas â Duw. Dyma'r cyfamod a sefydlodd gyfundrefn o ddefodau, aberthau, rheolau a chyfreithiau a oedd i wireddu ac i gynnal y berthynas. Camgymeriad mawr fuasai rhoi'r pwyslais i gyd ' ar y proffwydi yn erbyn y gyfraith' neu'r 'proffwydi yn erbyn y gyfundrefn offeiriadol'. Mae digon o ysgolheigion

(gan gynnwys nifer o Gymry) wedi cywiro'r camgymeriad hwnnw . Gofid Jeremeia, fel y proffwydi eraill, oedd fod y cyfamod wedi ei dorri, yr Iddewon wedi methu, crefydd wedi colli ei grym a'r deml wedi ei dinistrio. Doedd dim ar ôl bellach - ac yr oedd amgylchiadau yn profi hynny. Er iddo obeithio gweld crefydd gyflawn Deuteronomium yn cael ei hadfer (a dyna oedd y tu ôl i'r diwygio yn nyddiau Joseia - ail-ddarganfod Llyfr Deuteronomium), nid oedd yn ddim ond llygedyn bach o haul cyn y storm â'r chwalfa derfynol.

Y mae'r cynnydd aruthrol mewn astudiaethau a llyfrau am berthynas Cristnogaeth ac Iddewiaeth a'r ddealltwriaeth well o natur Iddewiaeth ei hun drwy waith rhai fel y Cymro W.D.Davies ac, yn fwy diweddar Hans Küng, yn tystio , nid fod y grefydd Iddewig wedi methu oherwydd mai crefydd defodau a chyfreithiau ydoedd, ond yn hytrach ei bod wedi goroesi chwalfa'r gaethglud yn ogystal â chanrifoedd o erledigaeth oherwydd bod ganddi ddefod Sabath a chyfraith a Jiwbili. Yn wir y mae'r defodau hyn yn ein cydio â dechrau'r Testament Newydd lle mae Mathew a Luc yn arbennig yn ein cyflwyno i'r grefydd Iddewig sydd wedi glynu i'r Torah. Nid disodli'r hen a wnaeth y newydd ond o'r hen y daeth y newydd. Heb yr hen, ni cheir y newydd.

Y mae'r Hen Gyfamod yn bwysig i'r Cristion oherwydd y mae yn ein hatgoffa bod addoli **yn** ddefod **.** Y mae'n rhaid i'r addoli mwyaf personol, rhydd a charismataidd - y math o addoli sydd yn rhan o dwf fyd-eang y Ffydd Gristnogol - fod yn Iddewig: mae'n rhaid adrodd yr hanes, parhau traddodiad ac adnewyddu perthynas drwy ddefod ac ufudd-dod. Nid yw hynny, wrth gwrs, yn ddigon, ond y mae hynny yn angenrheidiol. Hebddo y mae addoli yn troi'n sioe os nad yn syrcas yn nwylo cowbois charismataidd Americanaidd sy'n llenwi llwyfannau eang neu yn cyflawni gwyrthiau drwy loeren deledu : masnacheiddiwyd y sanctaidd. Llygrwyd yr Hen Gyfamod.

2. **Y Cyfamod Newydd.** Efallai nad yw Jeremeia ar un olwg yn rhoi pwyslais newydd yn ei ddiwinyddiaeth fel y gwna Amos gyda'i bwyslais ar gyfiawnder Duw, Hosea ar gariad Duw ac Eseia ar sancteiddrwydd

Duw, ond gyda'i bwyslais ar y Cyfamod Newydd y mae yn mynd yn nes i **brofiad personol** y Grawys â'r Groglith na'r un ohonynt. Yr oedd amgylchiadau ei fywyd yn ei baratoi ar gyfer amgyffred ewyllys Duw ar gyfer ei bobl. Er gwaethaf popeth a oedd yn ei erbyn, neu, oherwydd popeth a oedd yn ei erbyn yr oedd Jeremeia yn cael ei dynnu yn anorfod tuag at y 'gobaith oedd ymhlyg yn ei alwad' - a galwad i 'adeiladu ac i blannu' (1.10) oedd honno, ac i wneud hynny o'r chwalfa a'r adfeilion a oedd o'i gwmpas. Jeremeia yw'r un y mae Duw yn ei alw i wneud y 'peth newydd' ac i fod yn lestr pridd yn Ei law i ddod â gobaith i'w bobl. Oherwydd hynny, 'cyfraith o'u mewn' (ad.33) fydd y cyfamod newydd. Nid cwestiwn o 'gadw' neu 'ddeall' neu 'ufuddhau' fydd hi mwyach, ond cwestiwn o 'adnabod' (ad. 34 'Adnebydd yr Arglwydd...'). Perthynas fewnol yw calon perthynas felly, nid cyfundrefn allanol . Go brin fod y berthnas rhwng dyn a Duw wedi ei fynegi mor bersonol ac mor newydd yn unman arall. A go brin fod gwell arwydd o obaith yn unman yn yr Hen Destament . Y mae'n fynegiant mor rymus ac oesol fel ei fod yn ganolog i'r Testament Newydd hefyd.

Y mae'r Cyfamod Newydd felly, nid yn doriad â'r Hen, ond yn mynd â ni yn ôl i ail-ddarganfod gwir sylfeini yr Hen: y berth yn llosgi, Duw'n llefaru, dyn yn ufuddhau. O'r canol, lle mae dyn meidrol yn dod wyneb yn wyneb â Duw sanctaidd, y mae gweld yr Hen fel patrwm bywiol i'r bywyd ysbrydol. O'r canol tuag allan y mae deall y bywyd Cristnogol - o Dduw, trwy ras. Neu, o'i roi mewn ffordd arall, o'r galon, nid o gyfundrefn nac o gyfraith.

Yma mae addoli yn cyrraedd dyfnder y profiad personol ac fe fuasai yn hawdd ychwanegu y profiad 'protestanaidd, efengylaidd' hefyd oni bai fod hynny eto yn gam â'r tradddoiad Catholig sydd, er yn gyfundrefn gaeth fel yr hen Gyfamod, yn rhoi pwyslais mawr ar gyfrifoldeb yr unigolyn mewn perthynas â'i Dduw. Wedi'r cyfan mae emyn Sant Bernard 'Pêr fydd Dy gofio...' :

Dymunaf fil o weithiau Di,
Pa bryd y deui ataf fi ?

mor bersonol â Phantycelyn

Dwed dy fod yn eiddo imi
Mewn llythrennau eglur clir....

3. **'Oherwydd maddeuaf iddynt eu hanwiredd ac ni chofiaf eu pechodau byth mwy'** (ad. 35). Y mae'r geiriau yn fynegiant pellach o ddyfnder a phwysigrwydd y bywyd personol mewn addoliad sy'n broffwydol ei bwyslais. Efallai bod mynegiant Eseia o'i gyflwr yn fwy dramatig ac uniongyrchol - 'Gwae fi...dyn a'i wefusau'n aflan ydwyf fi (Eseia 6.4) - ond yr un yw'r awyrgylch a'r ymwybyddiaeth yn Jeremeia, oherwydd wyneb yn wyneb â mawredd a sancteiddrwydd Duw y mae yna ymdeimlad o bechod ac annheilyngdod. Efallai bod y mynegiant yn Jeremia yn rhoi gwell darlun i ni nad rhywbeth sy'n digwydd un waith ac am byth mewn dull dramatig yw edifeirwch, ond cyflwr parhaus a chyson y mae rhywun ynddo os yw'n byw ym mhresenoldeb y Duw byw, ac yr oedd hynny yn wir am Jeremeia. Nid cwestiwn o eiriau iawn ydyw chwaith, nac o ystum, ond agwedd, ysbryd a chyflwr parahaol, gwylaidd a gonest y mae person ynddo.

Y mae Bleddyn Jones Roberts, yn y cyswllt hwn, yn sôn am rhywbeth pwysig a pherthnasol i'r bywyd crefyddol cyfoes.Gyda thwf a llwyddiant y pwyslais 'efengylaidd' y mae 'ymwybyddiaeth o bechod' yn brofiad sy'n cael ei ystyried yn gwbl angenrheidiol yn y profiad o dröedigaeth. Nid peth dieithr bellach yw clywed hyd yn oed plant yn tystio i'r profiad o adnabod eu hunain fel pechaduriaid cyn adnabod y Gwaredwr a'i faddeuant. Nid oes gan neb hawl i amau nac i wrthod tystiolaeth o'r fath oherwydd y mae mewn traddodiad gogoneddus o ymostwng yn edifeiriol o flaen Duw a chyffesu nad ydym yn deilwng. Ond y mae'n werth ystyried sylw Bleddyn Jones Roberts:'canlyniad achubiaeth, yn hytrach na'i hamod yw edifeirwch' (tud. 163) ac y mae'n rhoi amryw o resymau dros ddweud hyn.

1. Mae rhesymeg yn cadarnhau hynny. Os daw edifeirwch yn gyntaf, yna dyn ei hun sydd yn teilyngu cael ei adfer. Adfer hen gyfamod yw hynny.

2. Gwaith gras yw achubiaeth oherwydd Duw yw awdur y Cyfamod Newydd. 'Drwy ras ' meddai Paul ; 'Gras yn unig' meddai Calfin. Fe all edifeirwch felly gael ei ystyried yn rhinwedd i ymffrosio ynddi (ac y mae hynny yn digwydd yn gyson heb i'r un sy'n tystio sylweddoli hynny - dyna beryglon cyffes gyhoeddus) - ac fe all hynny atal gras.

3. Dyma bwyslais cyson y Gair - Duw sy'n dod gyntaf, nid dyn. Duw sy'n cymryd y cam cyntaf. Bleddyn Jones Roberts eto : ' Y mae'r cyfamod newydd yn dod inni drwy rinwedd yr Iawn. Pan fu Crist farw, fe ddug ein pechodau gydag Ef i'r bedd. Ni allwn bellach edifarhau am ein pechod er mwyn i ni werthfawrogi aberth Crist. Ond pan werthfawrogwn, a chymeryd ein hachub, yna byddwn mewn cyflwr i edrych dros ein gorffennol a chywilyddio o'i herwydd. Efallai y dywedwch nad yw hyn yn wir edifeirwch, ond yr hyn a wn i yw ei fod yn Efengyl'.

Mae gwir angen cofio hyn yn ein dyddiau ni. Y mae angen apêl ar ran y rhai na allent yn onest ddefnyddio yr un fformiwla, yr un geiriau a'r un drefn yn nhrefn y cadw. Y mae hynny yn cyfyngu ac yn caethiwo y Duw mawr ei hun. Fe all pwyslais undonog ar bechod ac edifeirwch, bellhau y pechadur rhag clywed a dod i gyffyrddiad â gras Duw. Ac y mae hynny yn groes i ysbryd Crist - yr un a aeth at bobl o bob math ac mewn gwahanol amgylchiadau heb fynnu cyffes o bechod, ond drwy ennyn ymateb o ddiolchgarwch a rhyfeddod ac ymgysegriad.

Y mae'r Grawys, ac i ni eleni y mae Jeremeia, yn ein harwain at y Duw yng Nghrist sydd wedi gwneud popeth, wedi cyflawni popeth, heb i ni wneud dim.Y mae'n rhaid i addoli fynegi'r diolch a'r rhyfeddod o gael clywed Efengyl sydd yn Newyddion Da. Y mae Jeremeia ymysg y llu o gwmwl tystion sydd yn ein paratoi i glywed, i dderbyn ac i gredu y Newyddion Da.

Adnodau i'w hystyried ym mhellach.

Hebreaid 10.11-18; Rhufeiniaid 5.1-11.

Cwestiynau i'w trafod.

1. Trafodwch rhai o'r emynau sydd yn dechrau gyda'r gair 'Pechadur'. Ystyriwch yn arbennig emyn Morgan Rhys

'Pechadur wyf, O Arglwydd,
Sy'n curo wrth dy ddôr...'

2. Beth yw'r gwahaniaeth rhwng 'defod' ac 'arferiad'? Beth sydd yn angenrheidiol i sicrhau nad yw'r Cymun yn ddim ond defod?

3. A oes perygl i ni fyw o hyd yn ôl 'yr Hen Gyfamod'?

Cofiwch ddechrau paratoi ar gyfer gwers 4.

Ymdawelu ar Ffordd y Grawys

Yr ydym erbyn hyn ar bererindod er mwyn i ni gael addoli - nid mewn eglwys gadeiriol, nid mewn man cysegredig - ond wrth y Groes. Mae taith y Grawys yn daith oesol ac y mae'n rhaid i bob cenhedlaeth a phob Cristion ei cherdded. Mae addoli yn ein harwain i Galfaria - bob amser. 'Y Groes yw'r man lle mae un ffordd faith yn gorffen a ffordd faith arall yn dechrau'. Yr ydym wedi bod ar y daith gyda Jeremeia - yn ufuddhau, yn dioddef, yn dal ati - ac y mae ei fywyd ef yn ragflas o beth yw gwir addoli. Nid yw'n feddal na sentimental. Ond mae'n frwydr, yn safiad, yn wrthdaro; mae'n unigrwydd, yn ddewrder, yn ing. Mae'n digwydd lle mae Teyrnas Dduw yn gwrthdaro â theyrnasoedd daear. Mae yng nghanol byd ac yn nwfn yr enaid.

1. Y mae'r ymgom/myfyrdod isod rhwng tri pherson yn rhan o Wasanaeth y Teulu yng ngwerslyfr y plant. Defnyddiwch ef yn y wers heddiw neu/a chyflwynwch ef yn y gwasanaeth .

A: Yn yr Hen Destament ceir llawer o gyfeiriadau at broffwydi.......sy'n dod yn ymwybodol iawn o'r hyn y mae Duw am ddweud wrth ei bobl. Maent wedyn yn cyhoeddi'r neges mewn ffordd y gall pawb ei deall.

B: Fe wnaeth Jeremeia ei broffwydoliaeth yn hysbys trwy i'w ysgrifennydd Baruch ei hysgrifennu mewn llyfr. Yn y proffwydoliaethau fe rybuddiodd Israel beth fyddai'n digwydd yn y dyfodol pan fyddai'r wlad yn cael ei goresgyn gan y Babiloniaid.Gwnaeth hyn ef yn amhoblogaidd iawn am fod pobl yn meddwl ei fod yn besimistaidd. Ond fe ddywedodd hefyd am y llawenydd a'r llwyddiant a fwriadai Duw ar gyfer y genedl wedi iddo ei chosbi.

C: Darllen Jeremeia 32.36,28-41.

A: Gan mlynedd cyn amser Jeremeia defnyddiodd Duw broffwyd arall o'r enw Eseia.

B: Fe broffwydodd ef mewn amrywiaeth o ffyrdd - weithiau wyneb yn wyneb â'r brenin, weithiau yn bloeddio yn y strydoedd, weithiau yn disgrifio ei weledigaethau, dro arall gydag arwyddion a baneri. Roedd y neges yn glir - byddai gwrthod gwrando ar Dduw a gwrthod byw mewn ffordd gyfiawn yn dod â dinistr. Mae Eseia hefyd yn disgrifio'r brenin delfrydol a ddeuai i fod yn was i'r Arglwydd yn Israel.

C: Darllen Eseia 9.2,6

Diolchwch yn dawel mewn gweddi am y proffwydi ac am eu neges i'w dydd - y neges sydd o hyd yn gyfoes.

2. Mewn pythefnos (ar Ebrill 9) fe fydd yn hanner can mlwyddiant merthyrdod Dietrich Bonhoeffer. Y mae yn un o broffwydi a merthyron yr ugeinfed ganrif. Fe ddylai'r dosbarth fod yn paratoi cyfraniad i'r gwasanaeth ar y Sul Ebrill 9, sef Sul y Blodau. Ar gyfer paratoi dylai rhywun o'r dosabrth fod wedi darllen rhywfaint o waith Bonhoeffer ei hun: *Letters and Papers from Prison* neu *The Cost of Discipleship* yw'r rhai enwocaf. Yn Gymraeg mae cyfrol Harri Williams am Bonhoeffer yn y gyfres *Y Meddwl Modern* neu bennod gan yr un awdur yn ei gyfrol *Y Crist Cyfoes*

Paratowch gyfraniad o ddiolchgarwch am un a gerddodd ffordd y Groes ac sydd yn olyniaeth Jeremeia hefyd.

Heddiw, y mae'n werth myfyrio yn dawel ar y geiriau enwog yma gan Bonhoeffer am 'ras costus'.

'Y mae'r fath ras yn gostus am ei fod yn galw arnom i ddilyn ac y mae'n ras am ei fod yn galw arnom i ddilyn Iesu Grist. Y mae'n gostus am ei fod yn costio i ddyn ei fywyd ac y mae'n ras am ei fod yn rhoi i ddyn yr unig wir fywyd..... Yn bennaf oll y mae'n gostus am iddo gostio i Dduw fywyd ei Fab... Yn bennaf oll y mae'n ras am na chyfrifodd Duw ei Fab yn ormod o bris i'w dalu am ein bywyd'.

(Gw. Bonhoeffer, Harri Williams. Tud. 80)

3. Trafodwch y geiriau yma gan George Mcdonald yng ngoleuni bywyd

Jeremeia a thaith y Grawys : *Some men's failures are eternities beyond other men's successes.*

4. Yn llyfr Jeremeia y mae cyfres o'r hyn sy'n cael ei alw yn 'Gyffesion Jeremeia' lle mae Jeremeia yn rhannu ei feddyliau dyfnaf. Awgrymwn fod y darnau hyn yn cael eu darllen yn y dosbarth neu/a mewn gwasanaeth. Ni ddylid eu trafod, dim ond gwrando'n dawel a myfyrio arnynt.

Jeremeia 15.10-18; 15.19-21 ; 17.9,10 ;17.14-18 18.18-23 ; 20.7-1220.14-18.

5. Y mae Jeremeia yn medru bod yn hallt ar addoli'r deml. Beth yw ei feirniadaeth yn 26.4-6 a 7.3-15 ac i ba raddau y mae'r geiriau yn berthnasol i'n haddoli ni ?

6. Dechreuwch gasglu cyfeiriadau rhai sydd yn dioddef am eu ffydd heddiw. Os nad ydych wedi derbyn y wybodaeth ddiweddaraf gan **'Cristnogion yn erbyn Poenydio'** neu **Amnest** yna anfonwch atynt mewn pryd i dderbyn gwybodaeth cyn y Groglith er mwyn i chwi fedru eu cyflwyno mewn gweddi ac ysgrifennu llythyrau atynt fel rhan o weithgareddau'r Wythnos Fawr.

Addoli: Proffwydol.

1. Galw - i lefaru. (Jeremeia 1:18)

2. Cysegru - i wasanaethu. (Jeremeia 38)

3. Cyfamod - â'i bobl. (Jeremeia 31)

Duw lefarodd wrth ei bobl, Haleliwia,
A doethineb yw ei eiriau, Haleliwia.

Pobl Dduw, rhowch glust i wrando,
Rhowch glust i glywed newydd da:
Chwi yw'r offeiriaid a'r brenhinoedd,
Duw a ddaeth i'ch plith.
Duw a ddaeth i'ch plith.

Gwna dy eglwys, O Dduw,
Yn broffwydol yn dy fyd -
I ddehongli arwyddion yr amserau gyda llygaid treiddgar,
I gyhoeddi'n glir heb ddisgwyl am ffafr neb,
I weithredu'n gadarn o blaid Dy deyrnas,
I wrando yn astud,
i blygu'n wylaidd,
ac i fod yn ufudd i'th ewyllys Di
ac i gadw'r cyfamod.
Amen.

ADDOLI: CRIST Y BRENIN
Y Brenin a fyddai'n dioddef
Luc 18.31-34

Y mae Jeremeia wedi ein harwain at Iesu ac felly yn ôl at ganolbwynt addoli'r Cristion. Mewn un ystyr fe ellid dweud i Jeremeia ddioddef mwy na Iesu oherwydd i'w ddioddefaint fod dros gyfnod maith o amser. Ond mewn ystyr ddyfnach, oherwydd yr hyn ydoedd a'r hyn ydyw Iesu ac oherwydd erchylltra ac anghyfiawnder ei groeshoeliad, ein cyfeirio tuag at y Groglith y mae Jeremeia. Bod yn lef, bod yn lais. Nid yw'n deg nac yn gywir i ddweud nad oes neb wedi dioddef cymaint ag y gwnaeth Iesu, ond oherwydd bod Iesu yn ymwybodol o'i alwad ac oherwydd hynny yn ymwybodol o'r hyn yr oedd yn rhaid ei gyflawni yr oedd y ffordd a gerddodd yn ddirdynnol, yn faith ac yn galed. Dyna yw'r pwyslais sydd yng ngwerslyfr y plant ar gyfer heddiw : ei fod yn gwybod beth oedd o'i flaen. Gan gysylltu penodau 22 a 23 ag adnodau 18.31-34 y mae gwerslyfr y plant yn rhestru'r pethau y gwyddai Iesu eu bod o'i flaen ; ei arestio, ei fradychu, ei ing (22.39-53) ; ei wawdio a'i sarhau (22.63 - 23.11) ; ei fflangellu (Mathew 27.26).

Y mae'r adnodau ar gyfer y wers heddiw wedi eu dewis fel enghraifft (ac y mae nifer ohonynt) o adnodau sy'n sôn am Iesu yn rhagfynegi ei farwolaeth ac yn ceisio paratoi ei ddisgyblion ar gyfer hynny. Fe edrychwn yn fwy manwl ar yr adnodau a cheisio gweld eu pwysigrwydd i addoli'r Groglith a'r Pasg.

1. Mae'r efengylau yn rhoi pwyslais mawr ar y ffaith fod Iesu wedi **troi ei wyneb** i gyfeiriad **Jerwsalem** a bod y daith yno **yn bererindod i fyny i'r ddinas.** Dyma'r trydydd tro y mae Luc yn rhoi'r un pwyslais. Yr oedd y bererindod i Jerwsalem yn rhan o batrwm cyson bywyd yr Iddew ac yr oedd Iesu wedi gwneud y daith lawer gwaith o'r blaen. Yr oedd Luc yn awyddus i ddweud wrth ei ddarllenwyr am hynny wrth gofnodi ymweliad Iesu â'r ddinas yn blentyn deuddeg oed (Luc 2.41-52). Yr oedd holl gyfeiriad bywyd ysbrydol ei bobl - ac yr oedd ef yn rhan o'r bywyd ysbrydol hwnnw - tuag at 'esgyn', 'mynd i fyny' i Jerwsalem, 'troi ei wyneb'. Y

mae hyn yn mynegi gwirionedd pwysig am addoli hefyd. Ers y saithdegau o'r ganrif hon y mae bri wedi bod ar 'eglwys yn dy dŷ di' *(The House Church Movement)* ac y mae yn agwedd ar waith yr Efengyl sydd wedi dangos twf. Ar yr un pryd y mae bron pob enwad ac eglwys wedi ail-afael yn yr egwyddor o grwpau llai yn cyfarfod mewn cartrefi ac y mae addoli, mewn llawer ffordd, wedi dod yn llai ffurfiol. Y mae rhain i gyd yn ddatblygiadau i'w croesawu. Nid datblygiadau chwaith, mewn gwirionedd, ond ymdrech i geisio adfer pwyslais yr eglwys fore, cyn y cyfundrefnu a'r adeiladu. Profiad llawer o bobl yw bod cael cymun yn y cartref wedi golygu mwy iddynt nag unrhyw gymun arall. Nid oes amheuaeth na fydd mwy o bwyslais ar hyn eto yn y dyfodol wrth i gymunedau Cristnogol a ffurfiau newydd ar y koinonia ddatblygu.

Ond y mae taith y Grawys i fyny i Jerwsalem yn ein hatgoffa ni fod y deml hefyd yn gwbl hanfodol i'r bywyd ysbrydol. Y mae dringo a chyrchu at fan addoli wedi bod yn rhan o'r bywyd crefyddol erioed. Efallai y byddwn ni, sydd bellach yn llythrennol ar gyrion gwledydd cred, yn edrych yn syn ar adegau ar y rhai hynny sydd yn nes i'r canol wrth eu gweld yn gwisgo ac yn gorymdeithio ac yn troi i gyfeiriad eglwysi mawr y Dwyrain fel gorymdaith frenhinol i balas brenin. Ond y mae hyn hefyd yn holl-bwysig mewn addoli Cristnogol, ac yn nhymor y Grawys yr ydym yn cael ein hatgoffa o'r bererindod a'r dringo a'r cyrchu sydd yn dod â lliw a symud a drama a chelfyddyd a charnifal i'n bywyd ysbrydol.

Yr oedd Iesu yn gwybod, nid yn unig ei fod yn dilyn arferiad a thraddodiad cenedlaethau wrth fynd i Jerwisalem ar gyfer y Pasg, ond yr oedd hyd yn oed yn fwy ymwybodol ei fod yn cael ei yrru, ei alw, ei arwain i fyny ac yr oedd yr hyn yr oedd wedi ei ddarllen yn y proffwydi (Jeremeia ac Eseia yn arbennig) yn sôn am ddioddefaint. Wrth sôn am yr hyn oedd o'i flaen y mae Iesu yn ddieithriad yn sôn amdano'i hun fel 'Mab y Dyn' (ad. 31). Ni allwn fynd i drafodaeth fanwl ar arwyddocâd yr enw neu'r teitl yma, ond fe ddylai'r ysgol Sul wybod ar ôl darllen Efengyl Luc y llynedd mai dyma'r teitl mwyaf cyffredin y mae Iesu yn ei ddefnyddio wrth gyfeirio ato'i hun a bod sôn am Fab y Dyn pob amser yng nghyd-destun dioddef. Dyna paham, efallai, y mae'r emyn 'O Fab y Dyn' mor effeithiol a grymus - am ei fod yn cysylltu Mab y Dyn â'r daith i Jerwsalem

'ymlaen y cerddaist........cans llosgi wnaeth dy gariad pur pob cam......cyrhaeddaist ddiben...'

Ond rhaid bod yn ofalus rhag gwneud gwybodaeth Iesu am yr hyn oedd i ddigwydd iddo yn fecanyddol . Yr oedd yntau yn mentro ymlaen mewn ufudd-dod ac ymddiriedaeth; yr oedd yn gwneud dewisiadau a phenderfyniadau ; yr oedd yn mynd gyda'r dyrfa i gadw gŵyl ac eto yr oedd ganddo ei gynlluniau â'i drefniadau ei hun. Yr oedd yn gwybod y buasai gwrthdaro yn y ddinas ac nid oedd angen proffwyd i ddehongli yr awyrgylch a'r peryglon a'r bygythiadau. Ond yr oedd y cyfan yn anorfod. Yr oedd **yn** daith anorfod.

2. **'....y trydydd dydd fe atgyfoda'** (ad. 33) Flynyddoedd wedi'r Atgyfodiad y lluniwyd yr Efengylau yn eu ffurf derfynol, a hen gwestiwn mewn astudiaethau Beiblaidd yw 'A oedd Iesu yn gwybod ei fod yn mynd i atgyfodi?' ynteu ai datguddiad diweddarach o'r Crist Atgyfodedig sydd yn gwneud hynny? Os oedd yn gwybod, a oedd hynny yn newid ei agwedd tuag at ei ddioddefaint? A oedd dioddefaint Jeremeia yn waeth oherwydd nad oedd ganddo'r fath sicrwydd ? Ac os oedd Iesu wedi dweud, pam yr oedd y disgyblion mor amharod i gredu yn yr Atgyfodiad? Maent yn gwestiynau gonest a dilys sydd yn mynd a ni yn ôl i'r Testament Newydd ei hun ac yn dod â ni wyneb yn wyneb a her yr Efengyl.

Unwaith eto rhaid osgoi rhoi'r argraff mai gwybodaeth fecanyddol oedd gan Iesu, neu, fel y dywedai y dramodydd John Gwilym Jones, a oedd yn methu credu, 'Os oedd O yn fab Duw, yna doedd ganddo ddim problem yn nag oedd?' I un a oedd wedi ei drwytho yng nghaniadau'r Gwas Dioddefus ac wedi deall cyfrinach a dyfnder y geiriau a'r broffwydoliaeth; i un a oedd wedi ei baratoi, wedi ei alw, wedi ei eneinio, wedi ei anfon; i un a oedd wedi derbyn gweledigaeth glir a grymus o Deyrnas Duw; i un a oedd yn gyfrwng ac yn ddatguddiad o ewyllys Duw ar gyfer ei bobl ac ar gyfer y byd; i un a wyddai faint ei feidroldeb a'i angen a'i ymddiriedaeth lwyr yn Nuw. I un felly, a sôn yr ydym am Fab y Dyn, yr oedd hefyd yn gwbl siŵr 'y llwydda ewyllys yr Arglwydd yn ei law ef' (Eseia 53.10) ac mai 'wedi helbulon ei fywyd fe wêl oleuni' (Eseia 53.11). Gwadu ei neges fuasai credu y gallasai'r cyfan ddarfod ar y Groes. Yr oedd yr Atgyfodiad hefyd yn anorfod. Nid yw hynny, wrth gwrs, yn gwneud Gethsemane, y gri ar y Groes, y dioddef corfforol, y marw, ddim mymryn llai. I'r gwrthwyneb - fe allasai fod wedi troi yn ôl ac osgoi'r cyfan. Gwyrth yr Ymgnawdoliad yw fod Duw drwy bob peth meidrol wedi ddatguddio ei hun. Y mae 'bob peth meidrol' yn golygu nid yn unig y dyn Iesu a'i feidroldeb, ond hefyd amgylchiadau a digwyddiadau Galilea a Jerwsalem yn nyddiau Herod a Philat. Fe ellir ceisio mynegi'r dirgelwch hwn mewn ffordd arall. Ar un olwg fe ellir dweud ein bod yn gweld y meidrol a'r materol, yn ogystal â'r boen a'r cywilydd a'r sgandal - ar y Groes. Ar y llaw arall y mae'r wyrth a'r tragwyddol, yr anweledig a'r ymyrraeth ddwyfol - yn yr Atgyfodiad. Ond yn Iesu , ni ellir eu gwahanu. Nid yw'r naill yn bod heb y llall. Yr oedd 'rhagweld' un yn golygu, o angenrheidrwydd, rhagweld y llall.

Yn addoli'r Grawys, y mae'n bwysig fod y Cristion yn cofio hyn ym mhob amgylchiad. Mae dagrau a gorfoledd ym mhob addoliad. Mae gwasanaethau lleddf, beichus a digalon lawn mor arwynebol a gwasanaethau sydd yn ddim ond gwên a gorfoledd o'r dechrau i'r diwedd. John Donne sydd yn dweud yn un o'i gerddi:

> *And death doth touch the Ressurrection.*
> *I shall be made Thy musique...*

Mae gwir addoli yn golygu dathlu'r Groes a'r Atgyfodiad ar yr un pryd, heb eu gwahanu, drwy Fab y Dyn a Mab Duw.

3. Unwaith eto y mae Luc yn pwysleisio **nad yw'r disgyblion wedi deall hyn** (ad.33b) a bod ei eiriau **tu hwnt i'w hamgyffred** (ad.34).

Y mae Luc wedi pwysleisio hyn fwy nag unwaith o'r blaen - dair gwaith i fod yn fanwl, a'i efengyl ef yw'r unig un sy'n pwysleisio hyn. Er eu bod eisioes wedi bod yn ei gwmni am bron i dair blynedd, mae'n syndod ar un olwg eu bod mor ddi-ddeall. Ond nid yw'n syndod o gwbl mewn gwirionedd. Mater o weld yw deall yn aml, ac nid mater o wybod. Ac nid mater o amser yw'r gweld hwnnw chwaith, ond mater o ddatguddiad . Y mae rhywbeth ynghudd rhag y disgyblion ar hyn o bryd, ond fe ddatguddir pethau cudd. Wedi'r cyfan, nid oeddynt eto wedi mynd drwy'r profiadau mwyaf oll. Un peth oedd dilyn a dysgu a charu. Peth arall oedd bod gydag Ef yn Jerwsalem a'r deml a'r swper olaf . Neu methu a bod gydag Ef - yn Gethsemane neu ar y Groes.Neu i fod gydag ef eto, heb wybod hynny - ar ben y mynydd neu mewn ystafell dan glo. Eto rhain oedd y profiadau mwyaf a gafodd y disgyblion, ac yn raddol y mae eu llygaid yn cael eu hagor ac y maent yn dod i weld (Luc 23.49). Nid, efallai, yn llwyr ac yn derfynol, ond y maent yn dod i ddeall ac i wybod.

Mae'r hyn a ddigwyddodd i'r disgyblion yn ein rhybuddio rhag disgwyl i bawb gredu pob peth ar unwaith a rhag i hynny rwystro rhai i ddilyn. Nid yw Iesu yn gwrthod y disgyblion am nad ydynt yn deall. Mae'n aml yn synnu ac yn cael ei siomi, ond y mae hefyd yn cydymdeimlo ac yn cysuro ac y mae ei berthynas â hwy yn dyfnhau hyd yn oed pan maent yn 'ddiddeall'. Dyna yw natur y daith i Jerwsalem : y mae yna ddringo, ac y mae yna ddringo i ddeall ac i wybod ac i weld. Yn y dringo, yn y 'mynd i fyny' y mae Iesu yn rhannu mwy a mwy o'i gyfrinachau mewn ymddiriedaeth a chariad.

Y mae Ioan (ym mhenodau 14-17 o'i Efengyl) yn mynegi hyn mewn ffordd wahanol i bwyslais yr Efengylau cyfolwg ar fynd i Jerwsalem, oherwydd y mae ef yn canolbwyntio ar Iesu yn rhannu ei gyfrinachau mewn gweddi a myfyrdod a seiadu. Y mae hyn hyd yn oed yn lle y Swper Olaf - fel petai Ioan yn awyddus i bwysleisio bod Iesu wedi rhoi llawer iawn o amser i helpu'r disgyblion i weld ac i ddeall. Mae angen amser. Mae angen llawer **iawn** o amser.

Mewn amgylchiadau felly y mae'r Efengylau i gyd yn creu naws o addoli ac yn yr addoli hwnnw y mae'r disgyblion yn dod yn nes ac yn nes at Iesu ac yn y nesu hwnnw y mae yna wybod ac adnabod.

Adnodau pellach i'w darllen

Eseia 52.7-10,13-15 ; Luc 22.7-23

Cwestiynau i'w trafod

1. Beth sydd yn apelio atoch mewn addoli rhyw draddodiad neu enwad arall ?

2. Yr oedd ddoe yn ddydd Ffŵl Ebrill. Sut y gellir cymharu Iesu'r Gwas Dioddefus â'r clown neu'r ffŵl yn nhraddodiad y theatr?

3. Fe fydd yn Sul y Pasg mewn bythefnos.

a) Trefnwch, fel dosbarth, i wneud baner arbennig ar gyfer y Pasg neu gyflwyno ŵy Pasg neu dusw bychan o flodau i bawb yn y gynulleidfa.

b) Trefnwch hefyd i ddarllen hanes digwyddiadau Sul y Blodau mewn dull dramatig ar gyfer y Sul nesaf gan ddefnyddio unigolion a'r gynulleidfa i gyflwyno'r hanes.

Y Brenin ar Sul y Blodau
Luc 19.28-44

Er bod yr ysgol Sul wedi myfyrio ar y digwyddiad yma y llynedd yr ydym yn gwneud hynny eleni ar Sul y Blodau ac yn gwneud hynny er mwyn cael addoli'r Brenin gyda'n gilydd. Gyda phwyslais y Maes Llafur eleni ac am flynyddoedd i ddod ar ddysgu ac addoli 'gyda'n gilydd' fe all pob aelod o'r eglwys a'r rhai tu allan i'r eglwys uniaethu eu hunain â'r digwyddiad hwn : y mae'r disgyblion yma, y mae'r plant yma, y mae'r dyrfa o bob oed yma. A thrwy arweiniad yr Ysbryd y mae'r digwyddiad cyffrous hwn yn troi'n weithred o addoli. 'Cenwch Haleliwia ar y strydoedd' yw enw un or caneuon yn yr opera roc 'Jiwdas'. Dyma'n hollol sydd yn digwydd yma. Os oes arweiniad yn rhywle i symud ein haddoli o gyfyngder ein hadeiladau a'u hallorau, yna , dyma'r arweiniad. Mwy nag arweinaid - dyma'r gorchymyn!

Unwaith eto y mae'n ymddangos fod Iesu, er bod pwysau mawr arno yn ysbrydol ac yn gorfforol, yn rheoli'r digwyddiadau, oherwydd y mae yn trefnu ac yn cynllunio. Y mae'n gwybod yn union beth yw ei anghenion ac y mae ôl cynllunio manwl ar Sul y Blodau. O du'r dyrfa, y mae pethau yn llithro i anrhefn, ond o du'r Iesu, y mae trefn amlwg iawn. Ac felly, cyn iddo weithredu yn uniongyrchol mewn protest yn erbyn y Sefydliad sydd wedi peidio â gwasanaethu ei bobl a'i Dduw, y mae Iesu yn cyflawni gweithred broffwydol yn nhraddodiad gorau'r proffwydi.

1. **Gweithred o lawenhau a moli Duw ydyw.** Moli Duw yn eu llawenydd y mae 'holl dyrfa ei ddisgyblion' (ad.37), am yr holl wyrthiau yr oeddynt wedi eu gweld. Nid gweld, ac wedyn mynd i'r deml i ddiolch; nid gweld a chofio diolch nes ymlaen. Ond diolch ar y pryd ac yn yr union le mewn rhyfeddod a diolchgarwch. Addoli felly sydd yn llenwi'r Gair. Addoli yng nghanol bywyd. Yr ydym ni yn tueddu i sôn am symud 'o'r eglwys allan i'r stryd' ac y mae angen hynny. Ond y mae angen hefyd yr addoli 'sy'n symud o'r stryd i gyfeiriad yr eglwys'. George Macleod sy'n sôn am ffenestr liw mewn eglwys yn Glasgow a rhywun wedi taflu carreg drwyddi a newid gair yn yr adnod ar y ffenestr o 'highest' i 'high st.' a

bellach - 'Glory to God in the high st.' oedd yr adnod.

Y mae'r 'llawenydd moli' a'r 'llais uchel' yn y digwyddiad hwn yn croesawu, nid brenin rhyfelgar, buddugoliaethus ar geffyl, ond, yn ôl traddodiad proffwydol, brenin yn dod mewn heddwch ar ebol asyn. Sechareia 9.9-10 yw'r cyfeiriad, wrth gwrs, 'Wele dy frenin yn dod atat â buddugoliaeth a gwaredigaeth, yn ostyngedig.....Bydd yn siarad heddwch â'r cenhedloedd'. Roedd Iesu felly yn barod i gydnabod yn gyhoeddus mai ef oedd y Meseia. Yr oedd yn dystiolaeth ddewr i'r bobl.I newid y ddelwedd - dyma'r digwyddiad sy'n gollwng y golomen i ganol y milwyr, yn coroni brenin tlawd o heddychwr yn frenin.Y Meseia yw'r Gwas Dioddefus. Mae'r neges yn glir a chadarn ac yn gwbl groes i'r disgwyliadau. Y mae'n adleisio cân yr angylion yn ymyl preseb tlawd 'brenin yr Iddewon' ac mewn gwrthgyferbyniad llwyr nid yn unig i ddisgwyliadau'r Iddewon a oedd am weld dymchwel teyrnas Cesar ond hefyd i'r awyrgylch yn ninas Jerwsalem.Brenin di-gledd ydyw. Ac mewn termau gwleidyddol, di-awdurdod a di-rym hefyd. Os mai dyrchafu Iesu yw addoli - ac yr ydym wedi dweud digon i brofi mai dyna yw - yna y mae'n rhaid ei ddyrchafu ym mhob man.

2. **'Os bydd y rhain yn tewi, bydd y cerrig yn gweiddi'** (ad.39). Luc yn unig sydd yn rhoi sylw i'r geiriau hyn. Y mae'r geiriau yn ymateb i gais y Phariseaid i geryddu ei ddisgyblion am eu bod yn moli â llais uchel. Pobl a oedd yn addoli mewn dull a lle ac amser arbennig oedd y Phariseaid a go brin fod yr amgylchiad yma yn deilwng o addoliad ! Mae'n ateb pryfoclyd a syfrdanol. Â'r Iesu yn ymwybodol o'r hyn a oedd o'i flaen y mae'n dweud wrthynt na fydd tewi mwyach ! Fe all addoli'r deml fynd yn fud ac yn rhanedig, ond ni fydd atal bellach ar fawl y disgyblion. Yr oedd Iesu yn gwybod na fyddai cerrig byth yn gweiddi, heb sôn am foli.Yr ydym bellach ar ddechrau yr Wythnos Fawr ac os yw'r wythnos hon yn mynd i brofi rhywbeth y mae yn mynd i brofi bod Iesu yn iawn. Ni pheidiodd addoli'r disgyblion. Yn wir, y mae wedi cynyddu ac mae'n dal i gynyddu, a bellach y mae bron i ugain canrif o fawl yn golygu ei fod yn fwy hyglyw a gorfoleddus nag erioed.

Nid yw Luc yn rhoi cymaint o sylw i'r dyrfa ag y mae Mathew a Marc ar Sul y Blodau. Y mae ef fel petai'n fwy awyddus i bwysleisio cyfraniad y disgyblion ('holl dyrfa ei ddisgyblion' yw ei gyfeiriad yn adnod 37). Yr ydym yn barod iawn yn ystod yr wythnos hon i sôn am y disgyblion yn ffoi ac yn gwadu, ond yr ydym yn angofio weithiau bod Iesu yn y fan yma, fel mewn mannau eraill, wedi dangos ffydd ac ymddiriedaeth lwyr ynddynt: ni fydd y rhain yn fud!

Efallai y bydd ein haddoli ni ar adegau yn wan ac yn ddi-fywyd, ond nid yw hynny yn reswm iddo beidio! Dyna paham na wnaeth Iesu erioed roi pwyslais ar y dyrfa a'r gynulleidfa fawr, ond ni pheidiodd â sôn am barhau mewn gweddi a mawl pob amser.A hyd yn oed pan fo addoli yn tewi mewn ambell fan (ac y mae hynny yn digwydd yn gyson) y mae'n dechrau yn rhywle arall ac yn parhau yn ddi-baid.

3. ' **A phan ddaeth yn agos a gweld y ddinas, wylodd trosti'** (ad.41). Wylo tros Jerwsalem y mae, nid wylo trosto'i hun.Yn nes ymlaen (23.28) fe ddywedodd wrth ferched Jerwsalem am wylo drosynt eu hunain ac nid drosto ef. Er mai dinas i gadw'r weledigaeth o dangnefedd a diogelwch yng nghof ac ym mhrofiad y genedl oedd Jerwsalem (dyna yw ystyr yr enw), wylodd Iesu trosti, fel Jeremeia o'i flaen (Jer. 8.18-21) oherwydd yr hyn oedd wedi digwydd ac ar fin digwydd iddi. Yn y flwyddyn 70 yr oedd y deml a'r ddinas i gael ei dinistrio eto.Mae'n werth oedi gyda'r dagrau, ac er ei bod yn hawdd mynd yn sentimental iawn ynglŷn â'r dagrau, y maent yn brawf pellach o ddynoliaeth lawn ac o ofidiau dwfn Iesu o Nasareth.

Y maent yn *ddagrau Iddew* sydd yn wylo tros ei bobl. Fe wyddai Iesu am gyfoeth ac am werth hanes a ffydd ei bobl. Dinas Dafydd ydoedd, dinas y deml, dinas y pererinion , ond bellach yr oedd unwaith eto yn Sarajevo o ddinas a hynny oherwydd methiant yr Iddewon eu hunain i fod yn ffyddlon i'w hetifeddiaeth.

Y maent yn *ddagrau gŵr a garodd wareiddiad* ac a werthfawrogai harddwch a hyfrydwch dinas a'i diogelwch a'i diwylliant. Y mae'r ddinas wedi bod erioed yn arwydd o'r hyn y gall dynion ei gyflawni - ac o'r hyn y gall dynion ei ddinistrio.

Y maent *yn ddagrau Mab y Dyn* a dosturiai wrth ddynion a oedd yn rhy ddall i weld ac yn rhy galed i gredu. Mewn un ystyr fe allwn ddweud bod Iesu yn edifarhau trosom ni ac y mae ei ddagrau ef yn mynd yn ddagrau i ni. Maent yn ddagrau tosturi a barn, cydymdeimlad a chondemniad.

Nid Crist yr Andes na Christ Rhufain na Christ Genefa, sydd yna ond Iesu yn wylo'n dawel - o'n plegid ac er ein mwyn.Dyna pam na all addoli fyth fod yn droi cefn ar y byd, oherwydd y mae'n rhaid i addoli hefyd fod yn weithred o wylo gyda Iesu. Y mae hynny yn golygu edrych a gweld a gwybod. Nid pobl ddrwg oedd yn Jerwsalem, oherwydd nid Sodom o ddinas oedd hi. Nid pobl ddrwg oedd yr Iddewon chwaith a Chroes Iesu yn unig a all faddau i'w ddilynwyr dall am bob casineb gwrth-Iddewig sydd wedi anghofio ei ddagrau. Mae'n rhaid i'w bobl fynd i mewn i ddinasoedd a thristwch a methiant pobloedd a rhannu eu gofid a'u gwae, gan wybod ein bod yn rhannu eisioes yn eu pechod. Wylo a wnaeth Duw yng Nghrist, nid bygwth a dial.

Y mae digwyddiadau Sul y Blodau yn ein harwain i'r Wythnos Fawr, ac mewn ysbryd gwylaidd ac edifeirol y gallwn ddilyn a dehongli digwyddiadau'r wythnos trwy ddagrau Iesu. Dagrau cyfiawn ei ddigofaint a welodd dŷ gweddi ei dad wedi mynd yn ogof lladron (19.45-48) ; dagrau oedd yn ei stori am y tenantiaid yn y winllan yn lladd mab y perchennog ac yntau wedi disgwyl iddynt barchu ei fab, yr anwylyd (20.9-19) ; dagrau oedd yn unigrwydd ac ing Gethsemane (22.39-46) ; dagrau oedd yn y weddi 'O Dad, maddau iddynt....' ar y Groes (23.34).

Adnodau eraill i'w hystyried

Fe ddylid darllen am rai o ddigwyddiadau eraill yr wythnos hon, fel y cyfeiriwyd atynt yn barod:

Dydd Llun : Glanhau'r deml (Luc 19.45-48)
Dydd Mawrth : Yn wynebu cwestiynau ynglŷn â'i awdurdod . (Luc 20.1-8)
Dydd Mercher : Yr eneinio ym Methania. (Mathew 26.6-13)
Y cynllwyn i ladd Iesu (Luc 22.3-6)
Dydd Iau : Y Swper Olaf (Luc 22.14-23)
Gethsemane (Luc 22.39-46)
Dydd Gwener y Groglith : O flaen Pilat, y dedfrydu, y Croeshoelio. (Pennod 23)

Cwestiynau i'w trafod

1.Trafodwch y paragraff hwn o'r 'Grŵp Trafod Oedolion' yn y Gwerslyfr ieuenctid.

'Pan farchogodd Iesu i Jerwsalem ar Sul y Palmwydd, gan ddangos yn eglur ei fod yn cyflawni proffwydoliaeth am y Meseia, roedd y bobl yn disgwyl iddo ddangos ei awdurdod ac ymddwyn fel Brenin yn fuan. Fe wnaeth ddangos ei awdurdod. Darllenwch Luc 19.45-48. Roedd rhai o'r bobl yn ffyrnig o blaid Iesu, tra roedd eraill yn ffyrnig yn ei erbyn. Beth allasai fod wedi achosi i bobl a oedd heb benderfynu y naill ffordd na'r llall i weiddi o'i blaid wrth iddo farchogaeth i'r ddinas (ad.36-40)? Pam yr oedd y prif-offeiriad, yr ysgrifenyddion a'r arweinwyr crefyddol eraill gymaint yn ei erbyn? Pa resymau fyddai ganddynt dros fod eisiau ei ladd? (ad.47)'

2. Dyma Sul hanner can mlwyddiant merthyrdod Bonhoeffer. Trafodwch y geiriau hyn o'i eiddo :

' Gwyn eu byd y tangnefeddwyr....y maent yn dioddef yn dawel yn wyneb casineb ac anghyfiawnder...wrth wneud hynny y maent yn gorchfygu drygioni â daioni...ac yn dod â heddwch Duw i fyd yn llawn rhyfel a chasineb....ond nid yw'r heddwch hwn yn fwy amlwg yn unman na phan y maent yn barod i wynebu y rhai drwg mewn heddwch ac y maent yn barod i ddioddef eu drygioni....Fe fydd y tangnefeddwyr yn cario'r groes gyda'u Harglwydd, oherwydd ar y groes y gwnaethpwyd heddwch...'

(The Cost of Discipleship tud. 102)

Darllenwch a dehonglwch y geiriau yng ngoleuni Sul y Blodau.

3. Can mlynedd i ddydd Gwener y Groglith (sef **Ebrill 14,1895**) y ganwyd **Cynan.** Awgrymwch eich bod fel dosbarth yn cyflwyno'r gerdd hon mewn gwasanaeth Groglith.

O Iesu Calfaria.
(Dressing Station, 86th Field Ambulance)

O! Iesu Calfaria, Waredwr y Groes,
Fe yfaist un amser o gwpan ein loes;
Fe brofaist ein dolur, adwaenit ein cur,
A erys yr ôl wnaeth yr hoelion dur ?

O! Iesu Calfaria, Waredwr y Groes,
A weli Di'r difrod a wnaed ar ein hoes ?
A glywi Di gri clwyfedigion y glyn?
Neu ai uwch ydyw cân dy angylion gwyn ?

O! Iesu Calfaria, Waredwr y Groes,
Os cymerth yr Arglwydd, yr Arglwydd a roes;
Tosturia, 'r oedd ochain Twm bach yn fy nghlyw
Pan lefais ' Paham y'm gadewaist fy Nuw ?'

Fe ellid hefyd drefnu i rywun/rai ganu cyfieithiad Cynan o gerdd Katherine Tynan *All in the April evening*, sef 'Defaid ac Ŵyn' ' Hwyrddydd o Ebrill ydoedd' (Cerddi Cynan tud. 77).

Sul i ddathlu yw Sul y Pasg ac er bod cyfrolau lawer wedi eu hysgrifennu am yr Atgyfodiad yn y pendraw nid pwnc i'w drafod na maes i'w astudio ydyw, ond gŵyl i'w dathlu. Fe fydd amrywiaeth aruthrol o addoli ledled y byd heddiw ac ynghlwn â'r addoli hwnnw fe fydd amrywiaeth o arferion a thraddodiadau i ddathlu'r Pasg. Y mae'r Pasg yn ein hatgoffa mai yn ei hanfod *dathlu* yw pob *addoli* ac y mae yn ein hatgoffa hefyd bod addoli Pobl Dduw yn cael ei wisgo ag arferion a diwylliannau sydd yn gwneud y tragwyddol yn lleol ac yn gyffredin. Mae addoli'r Pasg yn wahanol iawn ym Mhen Llŷn i'r hyn ydyw yng ngwlad Groeg, ond yr un yw'r dathlu. Wrth gwrs y mae angen rhoi lle, ac nid oes rhaid osgoi, trafodaeth a chwestiynau am yr atgyfodiad, ac fe fydd rhai wedi gwneud hynny yn y wasg eto eleni. Nid oes rhaid ofni amheuon ac anghrediniaeth oherwydd y mae yn rhan o'r dystiolaeth Feiblaidd hefyd. Mae angen ac fe ddylai fod lle oddi fewn i'r eglwys i bob Thomas. Ond heddiw, dydd o lawenydd ac addoli yw hi ac yn yr ysbryd hwnnw yr edrychwn ar Ioan 20.1-18.

1. Mae gwerslyfr y plant yn pwysleisio bod Mair '**mewn dryswch'** . Mae dryswch yn wahanol i amheuon. Y gwir yw nad Mair yn unig oedd mewn dryswch, ond y disgyblion i gyd, oherwydd mae dryswch yn rhan allweddol o'r Pasg. Nid bore tawel mo'r Pasg ; nid bore 'Duw yn ei nefoedd a phopeth yn dda'. Y mae'n fore cyffro a rhedeg - ac ofn. Efallai mai dyma'r gair lleiaf tebygol i'w gysylltu â'r Pasg, ond y mae Marc yn gorffen ei efengyl gyda'r union air - ofn (Marc 16.8). 'Penbleth' yw gair Luc (24.41) ac yn ôl Mathew, mae'r merched 'yn eu dychryn'.(28.4). Y mae dryswch a dychryn yn rhan o'n bywydau ac y mae'n rhaid rhoi lle iddynt yn ein haddoliad. Nid yn unig y mae digwyddiadau personol yn creu dryswch i ni, ond y mae digwyddiadau cymdeithasol a byd-eang o ddydd i ddydd yn creu ofn a phenbleth. Y mae'n gyflwr i'w gydnabod yn onest a dyna paham y mae'r salmau wedi bod yn bwysig yn addoli pobl Dduw ar hyd y canrifoedd. Does dim tebyg iddynt yn y Testament Newydd. Y maent yn llawn dryswch ac ofn eneidiau aflonydd sydd yn dod o flaen Duw mewn addoliad. Yn y dryswch â'r penbleth y mae'r Salmydd yn taflu, neu, yn

hytrach, yn gweiddi ei gwestiynau i Dduw. Ein perygl ni, wrth ddarllen hanes yr Atgyfodiad yw darllen yr hanner cyntaf yn gyflym er mwyn cyrraedd at y 'llawenydd' a'r 'adnabod'.Ond nid dyna'r ffordd i ddarllen y Gair ac nid dyna'r ffordd i ddod at yr Atgyfodiad. Yr oedd y dryswch a'r penbleth yn anorfod i fodau meidrol a dyna paham nad yw Duw byth yn rhoi atebion syml, sydyn i gwestiynau mawr.Fel yr ydym wedi pwysleisio o'r blaen wrth drafod y disgyblion yn methu deall, mae profiadau'r Groes yn rhan o brofiad yr Atgyfodiad hefyd. 'Heb yn wybod iddynt' - a dyna bwyslais gwerslyfr y plant - heb yn wybod iddynt, yr oedd yr Iesu yn fyw. Yr anwybod sy'n ddryswch ac yn ddychryn.

Yn ein haddoli heddiw fe allwn fod yn berffaith siŵr fod llawer o'r addolwyr yn gwybod am y profiad o fod mewn dryswch - yn methu meddwl yn glir, yn methu rhesymu'n hamddenol, yn methu canolbwyntio ar ddim ac yn methu derbyn y sefyllfa. Profedigaeth a galar sydd yn dod â theimladau felly yn fwy na dim arall.Nid yw'n anodd i bobl mewn profedigaeth fynd at y bedd gydag ofn. Wyneb yn wyneb â gwyrth yr Atgyfodiad, mor fychan yw meddwl a dychymyg dyn, chwedl Saunders Lewis. Does ryfedd fod bore'r Pasg wedi llenwi ei ddilynwyr gyda pharchedig ofn a dychryn mwy na dychryn y bugeiliaid pan welsant yr angylion. Mor hawdd y gall addoli tawel, cyfforddus, cyfarwydd a chyffredin fod ymhell, bell o fore'r Pasg.

2. Mae yma **fanylion** na ddylid oedi gyda hwy. Mae'r manylion (ad.6-8) am y llieiniau a'r cadach wedi ei blygu, ond ar wahân, yn arbennig i Ioan, er bod Luc hefyd yn cyfeirio at y lliain (24.12). Mae manylion eraill hefyd sydd wedi bod yn destun cywreinrwydd pob un sydd wedi myfyrio ar y testunau Beiblaidd. Pwy, neu beth, er enghraifft oedd yn y bedd ? Ai dau ŵr (Luc), neu un gŵr ifanc (Marc) neu angel (Mathew)? A phwy oedd y disgyblion cyntaf at y bedd ? Yna ceir manylion am wahanol ymddangosiadau Crist i'w ddisgyblion yn Galilea ac yn Jerwsalem. Y mae'r manylion hyn yn bwysig, wrth gwrs. Yn un peth y maent yn dystiolaeth i onestrwydd a diffuantrwydd yr Efengylau. Bron nad ydynt yn brawf o'u dilysrwydd am nad oes ymdrech wedi bod i gysoni manylion. Y maent hefyd yn dystiolaeth i natur rhyfeddol a dirgel a manwl y

digwyddiad. Ond, yn y pendraw, rhywbeth i'w gadael yw'r manylion. Nid ydynt yn brawf o'r Atgyfodiad, ond y maent yn arwyddion o'r dirgelwch - fel y bedd gwag ei hun.

Mae perygl i'n haddoli ninnau gael ei lethu gan fanylion a gwybodaeth a hyd yn oed gan ddysgeidiaeth i'r fath raddau nes y byddwn yn colli'r cyffro a'r dychryn a'r rhyfeddod. Fe allwn sefyll yn syllu i'r bedd a gweld dim, er gwaethaf y gair 'Nid yw Efe yma ' (Mathew, Marc a Luc). Nid yw pererindod i Ardd y bedd neu i eglwys yr Atgyfodiad yn sicrhau cred. Nid dyna yw ystyr 'gwelodd ac fe gredodd'(ad.8b). Ni ddaeth Pedr i gredu yn y Crist Atgyfodedig ar ôl bod yn y bedd, ond fe ddaeth i gredu nad oedd yno - yr oedd yn rhaid iddo! Nid y manylion sydd yn argyhoeddi oherwydd y mae'r adnod nesaf (adnod 9) yn dweud ' oherwydd nid oeddynt eto wedi deall'.

3. Y mae yna **dristwch** yn y digwyddiad na fedrwn ei osgoi a dyma ddychwelyd at y pwyslais a wnaethpwyd yn rhif 1. Nid yw'r Atgyfodiad yn dileu galar oherwydd y mae Sul y Pasg yn cymryd galar o ddifrif. Yn eu galar, a galar Mair yn arbennig yn Ioan, y daeth Iesu atynt. Nid nad yw pobl mewn amgylchiadau eraill yn ei adnabod, wrth gwrs, ac y mae tystiolaeth yr oesau yn dweud hynny. Ond Gŵyl y Pasg, gŵyl galar a gorfoledd ydyw, oherwydd fe fu farw Iesu ac fe'i rhoddwyd mewn bedd, ac y mae'r profiad wedi llorio meidrolion fel y merched a'r disgyblion. Yr oedd yn drychineb fawr ac y mae canlyniadau trychineb o'r fath ar fywydau meidrol yn rhan o hanes yr Atgyfodiad.

Er cael yr argyhoeddiad mwyaf fod Iesu wedi gorchfygu angau a'r bedd, ac er cael pob anogaeth i beidio â bod yn drist mewn angladd Cristion, ychydig iawn all wynebu colli anwyliaid gyda gwên a moliant. Cael eu llorio gan y golled yw'r profiad cyffredin a galaru o golli. Yn raddol, yn dawel y daw y sicrwydd fod Iesu yn sefyll yn eu hymyl .Nid ymddangos yn sydyn er mwyn profi iddo atgyfodi a wnaeth Iesu i Mair, ond rhoi lle i'w galar a'i dagrau a dynesu yn dawel. Y mae felly o hyd. Nid cyfle i bregethu'r Efengyl i gynulleidfa nad yw byth yn clywed yr Efengyl yw angladdau- a chynulleidfa felly ydyw yn aml. Yn hytrach cyfle ydyw, a chyfle nad oes ei debyg, i greu'r lle a'r cyfle i Iesu ddod atynt yn dawel yn eu galar. Y mae hynny, mewn gwirionedd yn bwysicach na cheisio pregethu a dehongli'r Atgyfodiad. Nid ceisio perswadio pobl nad ydynt yn siŵr o beth y maent yn ei gredu , i gredu yn yr Atgyfodiad, ond rhoi lle i'r Iesu byw ddod atynt.

4. Y mae yma **lawenydd** i'w rannu. Y mae'r hyn a ddigwyddodd i Mair yn rhyfeddol ac y mae'n rhaid i ni gydnabod yn onest fod yma gwestiynau sylfaenol i'w codi. Un o'r cwestiynau hynny yw sut gorff oedd corff y Crist Atgyfodedig? Nid yw'r Efengylau eu hunain yn rhoi esboniad nac eglurhad o natur y corff. Mae Ioan, er enghraifft, yn cofnodi geiriau Iesu, 'Paid â glynu wrthyf, oherwydd nid wyf eto wedi esgyn at y Tad. Ond dos at fy mrodyr a dywed wrthynt, 'Yr wyf yn esgyn at fy Nhad i a'ch Tad chwi.' Ond nid yw Ioan yn cofnodi'r Esgyniad fel y gwna Luc. Mae Ioan hefyd yn sôn fod Iesu wedi dod, er bod y drysau wedi eu cloi (ad.26) ac er iddo ddweud wrth Mair am beidio glynu wrtho y mae yn gwahodd Thomas i roi ei fys yn ôl yr hoelion. Ac yng nghyd-destun yr hanes yn y wers heddiw y mae yn syndod na fuasai Mair wedi adnabod Iesu.Y gwir yw nad oes eglurhad ac er bod arwyddocâd a neges yr Esgyniad yn glir a grymus (fel y cawn weld yn nes ymlaen) nid yw yn esbonio dim ar natur y corff Atgyfodedig. Y mae Paul, wrth gwrs, yn gwneud ymdrech fawr i geisio egluro : atgyfodiad ysbrydol ydyw - corff ysbrydol neu gorff nefol (Gw. 1 Cor.15). Ond fe erys y dirgelwch ' Clywch ! Yr wyf yn mynegi dirgelwch ichwi...' (1 Cor. 15.51).

Fe allwn fod yn siŵr o un peth: fod yna berthynas wedi ei hadfer a bod yna adnabod eto, ac y mae'r adnabod hwnnw yn cael ei gofnodi pan mae Iesu yn dweud 'Mair'. Er bod Ioan yn sôn am 'weld' ('Yr wyf wedi gweld yr Arglwydd' ad.18) ac am 'edrych', ar yr 'adnabod' y mae'r pwyslais gyda Phedr, gyda'r disgyblion ar y traeth yn ogystal a chyda Thomas - 'Fy Arglwydd a'm Duw'.

Pan mae'r Cristion yn dathlu'r Pasg - ac oherwydd hynny pan mae'n dathlu pob Sul - y mae'n diolch ac yn dathlu perthynas na all hyd yn oed marw a galar, croes na bedd, ei chwalu. 'Am fod fy Iesu'n fyw - byw hefyd fydd ei saint...' Dyna'n cyffes. Nid cyflwyno damcaniaeth arall o fywyd tragwyddol y mae'r Cristion, ond cyhoeddi fod Iesu wedi Atgyfodi. Ymateb Mair yw mynd i ddweud wrth y disgyblion oherwydd rhywbeth i'w rannu yw'r Newyddion Da. A dyma bellach yw'r sylfaen â'r sail : 'Os nad yw Crist wedi ei gyfodi, gwagedd yw ein pregethu ni, a gwagedd hefyd yw eich ffydd chwi...' (1 Cor.15.14)

Ac felly, gyda Mair mewn dryswch, mewn tristwch ac mewn llawenydd yr un yw addoli yr eglwys ledled y byd heddiw - **CODODD IESU - HALELIWIA !**

Adnodau pellach i'w hystyried

Ioan 20. 19 - 29 ; 1 Corinthiaid 15

Cwestiynau i'w trafod

1. Beth y mae digwyddiadau'r Pasg yn ei ychwanegu at y syniad o Iesu fel brenin ?

2. A ydych yn hapus ar y ffordd yr ydych fel eglwys yn dathlu'r Pasg ? Gan ystyried y ffordd yr ydych wedi gwneud hynny eleni, ystyriwch beth yr hoffech ei weld flwyddyn nesaf.

3. Rhannwch brofiadau o wybod fod Iesu yn fyw.

Cofiwch baratoi ar gyfer gwers 4.

'....yn dweud fod yr Arglwydd yn wir wedi ei gyfodi....'

Addoli a chenhadu wedi'r Pasg

Mae'r Gair yn oedi ac yn manylu wrth geisio cyfleu gwyrth a buddugoliaeth y Groes a'r Atgyfodiad. Dyna yr ydym wedi bod yn ei wneud yn ystod mis Ebrill. Yr ydym wedi aros gyda'r angylion a'r cwmwl tystion, gyda'r saint a'r merthyron, i dystio ac i gyhoeddi fod Duw wedi cyflawni ei waith. 'Amen' fawr ei bobl yw addoli. Edrych mewn rhyfeddod, dathlu mewn rhyfeddod fod yr Iesu hwn yn rhy fawr i ni ei fynegi yn iawn. Mae iaith orau ein haddoli, mae delweddau mwyaf ein ffydd, mae traddodiadau cyfoethocaf yr eglwys, mae bywydau gorau y saint - yn ddim ond cyfryngau i'n harwain i Jerwsalem y Groglith a'r Pasg - ac at Iesu. Yr ydym wedi cyrraedd pen pellaf ein haddoliad a fedrwn ni fynd ddim nes na dim uwch.

1. Darllenwch **Ioan 21.15-19.**

Y mae'n amlwg fod Efengyl Ioan wedi gorffen yn wreiddiol ar ddiwedd pennod 20. Ond yr oedd gan Ioan fwy i'w gofnodi am yr Atgyfodiad, ac y mae'r digwyddiad hwn yn gomisiwn gan y Crist Atgyfodedig i Pedr.

Edrychwch yn weddigar ar fywyd eich eglwys yng ngoleuni'r adnodau. I ba raddau y mae'r eglwys - a'ch eglwys chwi - yn ufudd i'r comisiwn?

Cymharwch y comisiwn hwn â'r un a geir ar ddiwedd Efengyl Mathew (Mathew 28.16-20).

2. Yn ystod Ebrill y mae'r ysgol Sul wedi bod yn meddwl am **Grist y Brenin** ac yn ceisio darganfod 'Sut frenin ?' Y mae'r darlun arferol o frenin yn wahanol iawn iawn i'r darlun a geir yn y Testament Newydd. Y mae'r un gwahaniaeth i'w weld yn y Beibl, wrth gymharu'r Brenin â'r Gwas Dioddefus.

Yn y dosbarth, neu mewn gwasanaeth, darllenwch Salm 72 (sydd fel arfer yn cael ei darllen ar drothwy'r Nadolig) ac Eseia 53 **- ond eu darllen bob yn ail adnod,** er mwyn cael ymdeimlo yn weddigar â'r gwrthgyferbyniad.

3. Yng ngwerslyfr y plant a'r ieuenctid ar gyfer y mis yma y maent yn cael eu gwahodd i lunio slogan neu gyfarchiad gwahanol i'r rhai a gysylltir yn arferol â'r Pasg e.e. 'Cododd Iesu', 'Haleliwia'.

Ceisiwch lunio neges 4-5 gair i bulpud 'min y ffordd' ar gyfer mis Mai a'i roi yn rhywle o flaen y capel.

4. Yr ydym eisioes wedi sôn fod Ebrill yn ganmlwyddiant geni Cynan. Myfyriwch yn weddigar ar y gerdd hon gan Cynan.

Eirlysiau

Ni chlywais lais un utgorn
Uwch bedd y gaeaf du,
Na sŵn fel neb yn treiglo
Beddfeini, wrth ddrws fy nhŷ.
Mi gysgwn mor ddidaro
Â Pheilat wedi'r brad;
Ond Grym yr Atgyfodiad
A gerddai hyd y wlad.

Oblegid pan ddeffroais
Ac agor heddiw'r drws
Fel ganwaith yn fy hiraeth,
Wele'r eirlysiau tlws
'Oll yn eu gynnau gwynion
Ac ar eu newydd wedd
Yn debig idd eu Harglwydd
Yn dod i'r lan o'r bedd.'

5. Os nad yw'r eglwys yn gyfarwydd eisioes â'r emyn-gân 'Y Brenin Tlawd' yna cyflwynwch yr emyn mewn gwasanaeth yn fuan. Mae'r emyn i'w weld yn Grym Mawl (Cyhoeddiad y Gyngrair Efengylaidd rhif 37 Cyfieithiad Siôn Aled o gân Graham Kendrick). Dyma'r pennill cyntaf a'r cytgan:

O'r nef y daeth, Fab di-nam,
I'r byd yn dlawd heb feddu dim,
I weini'n fwyn ar y gwan;
Ei fywyd roes i ni gael byw.

Hwn yw ein Duw,
Y Brenin Tlawd,
Fe'n geilw oll
I'w ddilyn Ef;
I fyw bob dydd
Fel pe'n anrheg wiw o'i law.
Fe roddwn fawl
I'r Brenin tlawd.

Trafodwch a myfyriwch ar y 'Brenin Tlawd'.

6. Tri chan mlynedd union yn ôl **(Ebrill 23, 1695)** bu farw'r bardd enwog o Gymro, Henry Vaughan. Ganwyd ef yn Nhrenewydd (Newton) ger Aberhonddu yn 1621 ac y mae wedi ei gladdu yn Llansantffraid. Bu'n gwasanaethu fel meddyg teulu. Y mae ei farddoniaeth a'i ryddiaeth yn dangos Cristion o argyhoeddiad dwfn a bywyd defosiynol cyfoethog. Ystyriwch y geiriau yma ganddo am weddi :

Prayer is
The world in tune,
A spirit voice,
And vocal joys
Whose echo is heaven's bliss.

Ef hefyd yw awdur Emyn y Cymun ,' Welcome sweet and sacred feast'. Eglwyswr ydoedd Vaughan a hynny yn y cyfnod pan oedd Anglicaniaid ar adegau, yng nghyfnod Cromwell, yn gorfod cymuno yn gyfrinachol. Dyma'r emyn sydd yn gorffen gyda'r cwpled enwog

Then kneel my soul and body; kneel and bow
If saints and angels fall down, much more thou.

Yr oedd Henry Vaughan yn aml yn treulio tri diwrnod yn paratoi i dderbyn y Sacrament ac yn gwneud hynny trwy ddarllen y Testament Newydd. Ar ôl derbyn y cymun ,meddai, yr oedd wedyn, drwy ras Duw, yn dymuno ac yn dyheu am fod *' instant in prayer, meditations, thanksgiving and good works'.*

Trafodwch y dyfyniadau hyn o'i waith ac ystyriwch hwy mewn perthynas a'r dyddiau wedi dathlu'r Pasg a'r cynulleidfaoedd mawr.

7. Tair Weddi Basg gan Janet Morley (*O'r gyfrol Cyfoeth o'i Drysor* Gol. Enid Morgan)

Y mae'r gweddïau hyn yn addas i ddilyn gwers mis Ebrill. Trafodwch gynnwys y gweddïau ac yna eu gweddïo fel dosbarth.

O Dduw anghyfarwydd,
chwiliwn amdanat Ti yn y mannau'r
wyt ti eisioes wedi eu gadael,
a methwn dy weld
hyd yn oed pan wyt yn sefyll o'n blaen.
Rho i ni felly adanabod dy ddieithrwch
fel na bo angen i ni lynu wrth ein galar cyfarwydd
ond cael ein rhyddhau i gyhoeddi'r Atgyfodiad
yn enw Crist, Amen.

O Dduw, grym y rhai heb rym,
dewisaist yn dystion
rai na chlywir eu lleisiau.
Caniatâ, fel y bu i'r gwragedd gyhoeddi'n gyntaf
yr atgyfodiad

er na chredwyd mohonynt,
y cawn ninnau hefyd y dewrder i ddal ati i gyhoeddi dy Air
yng ngrym Iesu Grist, Amen.

O Grist Atgyfodedig
y mae dy absenoldeb yn ein gadael wedi ein parlysu,
ond y mae dy bresenoldeb yn ein gorlethu,
anadla arnom ni
â'th fywyd helaeth,
fel yn y man lle methwn weld
y cawn y dewrder i gredu
y cawn ein hatgyfodi gyda Thi, Amen.

8. Rhan o Emyn y Groglith , yr Eglwys Uniongred *(Gw.Oxford Book of Prayer tud. 201)*

Heddiw, y mae'r Un a gododd y ddaear uwchlaw'r dyfroedd, yn hongian ar Groes;
Yr Un sy'n Frenin yr Angylion, yn gwisgo coron o ddrain;
Yr Un sy'n gorchuddio'r nen â chymylau, wedi ei orchuddio â phorffor gwawd;
Yr Un a ryddhaodd Adda yn yr Iorddonen, yn cael ergyd yn ei wyneb;
Y Priodfab yn cael ei groeshoelio;
Mab y Wyryf yn cael ei drywanu a phicell ;
Mawrygwn dy ddioddefaint, o Grist.
Dangos i ni hefyd Dy Atgyfodiad bendigedig.

Hosanna! Hosanna!

1. Y Brenin sy'n dioddef. (Luc 18)

2. Y Brenin sy'n dyfod. (Luc 19)

3. Y Brenin sy'n fyw. (Ioan 20)

Crist a orchfygodd fore'r trydydd dydd.
Cododd ein Gwaredwr, daeth o'r rhwymau'n rhydd.
Gwisgoedd ei ogoniant sydd yn ddisglair iawn,
Wedi gweld ei harddwch ninnau lawenhawn.
Crist a orchfygodd fore'r trydydd dydd,
Cododd ein Gwaredwr, daeth o'r rhwymau'n rhydd.

(Edmond Budry.
Efel. O M Lloyd)

O Arglwydd ein Duw,
Diolchwn yn orfoleddus
am y Brenin dioddefus,
am y Brenin tlawd,
am y Brenin a orchfygodd,
am Frenin y brenhinoedd
am Frenin y goron ddrain
am Frenin Nef -
ac am ein Brenin ni:
Iesu.
Amen.

Gwers 1 **Actau 1.1-5**
Luc24.36-43

Yn ystod mis Mai fe fyddwn yn paratoi ar gyfer y Pentecost. Ac y **mae** paratoi i'w wneud. Mae addoli yr eglwys bob amser yn ddiolch, yn ddathliad ac yn baratoad : yn ddiolch am ddoe, yn ddathliad o heddiw ac yn baratoi at yfory. A chyfnod y disgwyl yw'r cyfnod rhwng Pasg a Phentecost. Yr ydym yn tueddu i feddwl am y disgwyl mewn termau o'r hyn sydd i ddod yn unig, sef Pentecost, ond y mae i'r disgwyl ystyr arall, sef y disgwyl sy'n golygu ymdawelu a llonyddu ym mhresenoldeb Duw - 'Disgwyliaf wrth yr Iôr...Disgwyl fy enaid....'(Salm 130). Dyna, yn wir yw gweddi a dyna paham bod pwyslais canolog a chwbl angenrheidiol ar ymdawelu o flaen Duw mewn addoliad. Y mae'r disgwyl hwn yn ymestyn o Lyfr y Salmau drwy Gethsemane i'r traddodiad mynachaidd o ymneilltuo ac ymdawelu, ac mor bell â phendraw Llŷn yn ein dyddiau ni lle roedd y bardd R.S.Thomas yn medru dweud 'The meaning is in the waiting.' Mae'r pwyslais yma ar weddi yn amlwg iawn yn Luc.

1. **' Wedi iddynt ei addoli ar eu gliniau....'** (Luc 24.52). A'i geiriau'r Pasg ynteu geiriau'r Pentecost yw'r rhain ? Yr ateb, wrth gwrs, yw - y ddau. Ar ddiwedd Efengyl Luc y mae pwyslais ar dangnefedd, bendithio, agor yr Ysgrythyrau a phlygu. Dyna'r awyrgylch sydd yn amlwg iawn ar ddiwedd yr Efengyl, ar ôl i'r disgyblion ddechrau sylweddoli yn iawn rym ac arwyddocâd digwyddiadau'r Pasg. A dyna yw awyrgylch addoli hefyd: awyrgylch diolchgar a disgwylgar ydyw. Yn yr awyrgylch yna y mae'r Iesu Atgyfodedig yn ein plith, - Ef, yn wir sydd yn creu yr awyrgylch, oherwydd awyrgylch yw rhoi lle iddo Ef. Nid yw Ef yn mynnu nac yn gwthio ei ffordd; nid yw'n ceisio dychryn neb i gredu ynddo nac yn hawlio sylw.Un o'r pethau rhyfeddaf am yr Atgyfodiad yw fod yna swildod sylfaenol am y cyfan, oherwydd yn ei fudduogliaeth rymus y mae gwyleidd-dra yr Iesu yn amlwg. Beth bynnag, y mae Efengyl Luc, fel Efengyl Ioan, yn gorffen mewn awyrgylch o dangnefedd a llonyddwch.

Dyna'r awyrgylch sydd yn dod â'r Pentecost yn nes. Nid gweddïo am ddiwygiad y mae'r disgyblion (ac y mae'n bwysig pwysleisio hynny) ond 'disgwyl am yr hyn a addawodd y Tad' (Actau 1.4b). Go brin mai eistedd i ddisgwyl yr oeddynt, ond plygu, yn hytrach, yn ôl yr arfer Iddewig a'r eglwys fore wrth weddïo, sefyll , i ddisgwyl. Ar ei gliniau y maent, yn ôl Luc, ac y mae'r traddodiad i Iago, brawd Iesu , gael ei alw yn 'Iago penliniau camel', am ei fod yn plygu i weddïo mor aml, yn ein hatgoffa o naws weddïgar y cyfnod cynnar. Nid oes cyfle i ni yn y llawlyfr hwn i ymdrin yn llawn â gweddi, yn enwedig o sylweddoli fod yna gymaint o lyfrau, cynadleddau a chyrsiau bellach i'w cael sydd yn ymdrin â'r bywyd defosiynol ac â gweddïo yn arbennig. Fe ellir dweud, yn wir, mai 'ysbrydolrwydd' fu pwyslais arbennig diwinyddiaeth a bywyd crefyddol yn yr wythdegau. Er bod y dosbarthiad clasurol o weddi fel Cydnabod, Clod a Diolch, Cyffes ac Eiriolaeth (gyda pheth amrywiad geiriol) o hyd yn sylfaen pob gweddi, nid yw dosbarthu o'r fath yn adlewyrchu yr amrywiaeth sydd yn y bywyd defosiynol. Fe fydd cyfle, ar ddiwedd y mis, i edrych ar rai ymdrechion i ddiffinio gweddi.

Y mae'r pwyslais disgwylgar yn Luc yn ein rhybuddio rhag tuedd arall sydd wedi bod yn amlwg iawn yn ystod y ddegawd a mwy sydd wedi mynd heibio. Y mae'n duedd sydd gysylltiedig â thwf eglwysig a'r lle i iacháu sydd yn rhan o'r twf hwnnw. Y mae hefyd yn bwyslais poblogaidd yn yr 'eglwys electroneg' neu, yn well bellach, yr 'efengylu cyfryngol' a ddaw drwy rwydwaith lloeren. Os gweddïwn yn ddigon taer , os wnawn ni weddïo a gweddïo a gweddïo, yna fe ddaw iachâd - neu ddiwygiad . Os down yn filoedd ac yn filynau i weddïo, yna , ac yna'n unig, fe fydd Duw yn gweithredu. Mor wahanol yw disgwyl yn dawel ac yn amyneddgar i Dduw gyflawni ei addewid, gan gredu fod Duw yn Dduw sydd yn cadw ei air ! Ac mor wahanol yw 'dyfalbarhau yn unfryd mewn gweddi', i'r enwog 'The Hour of Power' Robert Schuller sy'n cael ei darlledu o'r Crystal Cathedral yn L.A. Wedi digwyddiadau ysgytwol y Groglith a chyffro syfrdanol y Pasg, yr oedd yn rhaid wrth gyfnod o ddisgwyl tawel. Dyna pam fod 'Tangnefedd i chwi' yn eiriau sy'n perthyn yn agos iawn i'r cyfnod hwn - dyna'r unig le y mae'r Efengylau Cyfolwg yn cofnodi i Iesu ddefnyddio'r cyfarchiad. Nid ffordd sy'n peri i rywbeth ddigwydd yw gweddi - ond cyfrwng i ganiatâu i rywbeth ddigwydd.

2. **'....disgwyl am yr hyn a addawodd y Tad.'** (Actau 1.4). Ond beth a addawodd y Tad ? Mae'r ateb yn Actau 1.8, 'Ond fe dderbyniwch nerth wedi i'r Ysbryd Glân ddod arnoch, a byddwch yn dystion i mi.' Yn gyntaf felly, addewid o nerth - nerth a ddaw drwy'r Ysbryd, nerth i fod yn dystion. Ond sut nerth ? Nerth mewnol ydoedd i wynebu'r dasg amhosibl a oedd yn eu hwynebu. A nerth i ddyfalbarhau ac i sefyll yn gadarn mewn erledigaeth, er mwyn tystio.Dyma yw 'nerth gweddi' - a dyma yw disgwyl am yr hyn a addawodd y Tad.

Yn y cyfnod hwn temtiwyd y disgyblion - fel eu Harglwydd yn yr anialwch - ddewis llwybyr arall. Un posibilrwydd amlwg iawn iddynt oedd credu nad oedd gobaith cyflawni'r dasg - a throi yn ôl, neu aros yn yr unfan. Yr oedd digon o resymau dros wneud y dewis hwnnw - eu diffyg profiad, eu hanwybodaeth, eu tlodi ac, yn fwy na dim efallai, yr ymdeimlad dwfn o fod yn ddi-arweinydd. Ond wedi'r Pasg fe wyddai'r disgyblion nad di-sail oedd addewid y Tad. Yr oedd Iesu **yn** un i'w gymryd ar ei air. O gredu hynny y mae'r disgwyl yn troi'n obaith a dyna pryd y mae gweddi a gobaith yn dod yn un. Nid gweddïo, nid disgwyl er mwyn gobeithio yr oeddynt. Nid gweddïo sy'n creu gobaith chwaith. Ond disgwyl mewn gobaith - a hynny yn ystyr lythrennol y geiriau. Nid, fel y dehongir yr idiom yn gyffredin, disgwyl gan obeithio y gwnaiff rhywbeth ddigwydd, ond disgwyl gan wybod y bydd rhywbeth yn digwydd. Nid cyflwr amwys, ansicr, yw byw mewn gobaith, ond cyflwr cadarnhaol a chreadigol.

Y mae'r disgyblion felly eisioes yn agored i ddylanwad yr Ysbryd, ac y mae'r Ysbryd eisioes ar waith. Nid rhywbeth a ddaeth yn annisgwyl ar ddydd y Pentecost oedd yr Ysbryd , oherwydd yr un Ysbryd oedd yn arwain, yn nerthu ac yn paratoi y disgyblion ar gyfer y dyfodol. Y mae Saunders Davies yn dyfynnu G.B.Caird sy'n dweud nad athrawiaeth i'w chredu oedd yr Ysbryd Glân yn y cyfnod cynnar ond 'ffynhonnell grym a dderbynid' (tud. 297).

3. **' ....ac fel yr oeddynt wedi ei adnabod ef ar doriad y bara'** (24.35). Oherwydd y lle arbennig y mae Luc yn ei roi i'r hanes am Emaus y mae'n amhosibl gwahanu torri'r bara a'r paratoi ar gyfer y Pentecost. Y mae i

'dorri bara' le pwysig yn hanes y Pentecost, ac fe ellid dweud for y torri yn Emaus yn arwydd o'r hyn oedd i ddod.Yn ôl Saunders Davies eto (tud. 290-291) nid oedd geiriau yn ddigon i'r ddau ar y ffordd i Emaus ac 'wrth y bwrdd gwelwyd gweithredu'r cymundeb rhwng Duw â dyn.' Mynegiant o'r cymundeb hwnnw oedd wrth y bwrdd yn Emaus a mynegiant o'r un cymuneb sydd i'w weld drwy lyfr yr Actau lle maent yn torri bara yn eu tai, ar fwrdd llong neu mewn carchar.

Yn y traddodiad Catholig fe ystyrir y Cymun yn uchafbwynt addoli ac nid yw'r Sul yn ddydd o addoli oni bai fod y sacrament yn cael ei gweinyddu.Fe ymunodd Saunders Lewis â'r Eglwys Gatholig Rufeinig am ei fod, yn ei eiriau ei hun, yn credu 'mai yn yr Offeren y mae Duw yn cael ei addoli fel y dylai gael ei addoli'. Y mae'r Cymun yn ganolog yn y traddodiad Protestannaidd hefyd ac er bod amrywiaeth mawr mewn pwyslais o fewn y traddodiad hwnnw, y mae'r cymun yn 'arwydd gweledig o wirionedd anweledig' , sef o gyfamod newydd, o berthynas newydd, drwy farwolaeth ac atgyfodiad Iesu Grist. Hyd yn oed os nad oedd Anghydffurfwyr yn medru sôn am y Cymun fel 'uchafbwynt addoli' yr oeddynt yn ei ystyried y weithred mwyaf dwys, difirifol a chysegredig yr oedd aelod eglwysig yn cael y fraint o rannu ynddi. Mae defosiwn dyfnaf, atgofion mwyaf cysegredig a theimladau mwyaf dwys a diolchgar y Cristion yn ymwneud â iaith a phrofiad sacrament. Y mae yma - a dyma'r pwyslais pwysicaf - gymuno; mae yma berthynas â Duw yng Nghrist; mae yma adnabod. Dyna paham fod y torri bara yn Emaus mor bwysig, oherwydd ei fod yn arwain at, ac yn paratoi ar gyfer y Pentecost. Cyn y Pentecost yr oedd y disgyblion wedi cael y profiad cyfoethocaf i gyd - 'ei adnabod Ef'.

Trwy addoli felly y mae'r Cristion yn paratoi ar gyfer y Pentecost ac y mae'r disgwyl gweddigar yn golygu diolch a gostyngeiddrwydd ac edifeirwch wrth fwrdd y Cymun ac ni allwn ni yng Nghymru anghofio am gysylltiadau arbennig y Cymun yn Eglwys Talgarth ym mhrofiad Hywel Harris .Ar Sul y Pasg yn 1735 yr oedd hynny. Fe gymunodd wedyn y Sul ar ôl y Pasg. Ond ar fore'r Sulgwyn, eto wrth y Bwrdd

"... cedwid Crist yn gwaedu ar y Groes yn gyson o flaen fy llygaid; a rhoddwyd i mi nerth i gredu fy mod yn derbyn maddeuant ar gyfrif y gwaed hwnnw. Collais fy maich;euthum tuag adref gan lamu o lawenydd; a dywedwn wrth gymydog a oedd yn drist, 'Paham yr ydych yn drist? Mi a wn fod fy meiau wedi eu maddau.......' O ddiwrnod bendigedig, na allwn ei gofio ond yn ddiolchus dros byth ."

Er nad yw Luc yn dweud cymaint, er bod ei eiriau ef i ddisgrifio profiad Emaus yn fwy syml ac yn fwy cynnil ac yn fwy tawel, yr un yw'r llawenydd a'r diolch a'r sicrwydd sydd yn arwain y disgyblion yn obeithiol tua'r Pentecost.

Adnodau i'w hystyried ym mhellach

Ioan 6.1-15 ; Luc 4.16-21.

Cwestiynau i'w trafod

1. Ymhen wythnos fe fydd yn Wythnos Cymorth Cristnogol . Ni allwn feddwl am 'fara' heb feddwl hefyd am fara fel arwydd o 'fywyd' a 'bywoliaeth' : 'Dyro i ni heddiw ein bara beunyddiol' . Yr oedd yr Iddewon yn cysylltu'r bara hefyd â'r anialwch a'r bara o'r nef, ac yr oedd pwyslais Iesu ar borthi'r newynog yn golygu fod 'torri'r bara' hefyd yn 'rannu bara'. Yn y wers nesaf fe fyddwn yn sylwi ar y pwyslais ar agor a darllen y Gair yn y cyfnod cyn y Pentecost, ac y mae hynny hefyd yn golygu sylweddoli fod yr Ysbryd yn ysbryd sydd yn creu yn ogystal â bod yn ysbryd cyfiawnder a gwirionedd, rhyddid a bywyd.Mae adnodau fel Eseia 61.1-3 a Hosea 6.1-7 yn ein hatgoffa na ellir cyfyngu gweddïo am yr Ysbryd i weddïo am 'ddiwygiad' yn unig : y mae'n weddïo am adferiad bywyd, am adnewyddiad i'r cread cyfan. Ysbryd Duw ydyw - yr Ysbryd oedd yn symud ar wyneb y dyfroedd yn y creu a'r Ysbryd sy'n creu cymdeithas a chyfiawnder, sy'n pery i'r ddaear dyfu ac sy'n adnewyddu'r cread a theulu dyn. Trafodwch ac yna gweddïwch y weddi sy'n dilyn o'r gyfrol 'All the glorious names' (Stephen Orchard 1989) a gyhoeddwyd hefyd gan Gymorth

Cristnogol ar gyfer 1993.

Tyrd Ysbryd Glân, dangos i ni beth sy'n wir
tyrd Ysbryd Glân a dangos i ni beth sy'n wir.
Mewn byd o gyfoeth mawr
lle mae llawer yn newynog
a lle mae ffortiwn yn cael ei cholli neu ei hennill
trwy fasnachu mewn arian.
Tyrd Ysbryd Glân a dangos i ni beth sydd yn wir.
Mewn byd o wybodaeth mawr
lle mae llawer yn marw o anwybodaeth
a lle y telir pris am bob darn o wybodaeth
yn y farchnadfa,
Tyrd Ysbryd Glân a dangos i ni beth sydd yn wir.
Mewn byd o gyfathrebu rhwydd
lle mae geiriau yn neidio o gyfandir i gyfandir
ac y disgwyliwn gael llun
ar gyfer pob eitem ar y newyddion.
Tyrd Ysbryd Glân a dangos i ni beth sy'n wir.
Mewn eglwys y cyffyrddodd fflam y Pentecost â hi
gan wneud ei haberth yn hael a'i chariad yn gostus
a'i helpu i ddehongli ewyllys Duw mewn ffordd newydd,
Tyrd Ysbryd Glân a dangos i ni beth sydd yn wir.

2. Trafodwch thema Wythnos Cymorth Cristnogol eleni yng ngoleuni'r wers heddiw.

Gwers 2 **Tua'r Pentecost: Y Gair**

Luc 24. 44-47

Actau1. 15-22

Yn yr addoliad sydd yn arwain at y Pentecost y mae'r Gair ar waith. Yn wir, yn y cyfnod hwn, y mae'r Gair , fel yr ydym ni yn ei adnabod , yn cael ei ffurfio a'i greu oherwydd dyna gyfnod agor yr Hen Ysgrythyrau a geni yr Ysgrythyrau Newydd. Yr oedd marwolaeth ac Atgyfodiad Iesu yn golygu, yn llythrennol, Destament Newydd. Ni chafodd ei ysgrifennu dros nos wrth gwrs ond yr oedd yn golygu bod bywyd a thysiolaeth ac addoli pobl Dduw yn mynnu ac yn rhoi Ysgrythur. Gor-symleiddio a chamddeall yw gofyn : ai yr Eglwys ynteu'r Gair a ddaeth yn gyntaf ? Yr Iesu ddaeth gyntaf ac yr oedd ganddo Ysgrythyrau oherwydd Iddew ydoedd.

Efallai ein bod wedi bod yn araf yn dod at berthynas y Gair â'n haddoli, ond y mae a wnelo'r Maes Llafur i gyd â'r berthynas hon.Dyma'r Gair sydd yn y canol. Nid 'testun trafod' yw'r Gair ac nid 'Maes Llafur' chwaith mewn gwirionedd , ond yr hyn sydd yn ein gwneud yn eglwys; yn gyfrwng ac yn gynnwys i'n haddoli; yn gyfeiriad ac yn alwad i genhadaeth ; yn awdurdod ac yn sylfaen i'n bywyd. A hynny oherwydd ei fod yn ddatguddiad o feddwl ac o ewyllys Duw trwy ei bobl, ac yn bennaf ac yn derfynol, trwy ei Fab Iesu Grist. Wrth i ni wynebu'r Pentecost fe allwn ddweud hyn gyda sicrwydd: heb y Gair, nid oes eglwys; heb y Gair, nid oes addoliad; heb y Gair ni fydd Pentecost.

Pan gofiwn mai rhan o weinidogaeth yr Ysbryd Glân yw goleuo'r Gair neu , yng ngeiriau Ioan, 'cymryd o'r hyn sy'n eiddo i mi ac yn ei fynegi i chwi' (Ioan 16.14), yna fe sylweddolwn nad gweithredu yn amwys mewn gwagle mae'r Ysbryd, ond drwy'r Gair y mae yn datguddio ac yn arwain Pobl Dduw i addewidion y Pentecost. Beth yw lle a phwysigrwydd y Gair wrth i ni baratoi ar gyfer y Pentecost?

1. **Y Gair i'w gofio.** Ar ddiwedd Efengyl Luc y mae'r geiriau 'cyfraith Moses a'r proffwydi a'r salmau' (Luc 24.44) yn ein hatgoffa fod yr Ysgrythyrau yn gyfarwydd i'r disgyblion ac yn fyw yn eu meddyliau. Y

maent wedi eu trwytho yn yr Ysgrythyr, nid yn unig fel yr oedd wedi cael ei ddarllen a'i ddehongli gan y Phariseaid a'r offeiriaid ond hefyd fel yr oedd wedi cael ei dysgu ar lafar iddynt yn eu cartrefi. Yr oeddynt wedi clywed ac wedi dysgu stori eu Ffydd ac yr oedd dweud y stori yn rhan o barhad addoli di-dor eu pobl. Nid oedd na chyfnod na chenhedlaeth nac achlysur nad oedd y stori wedi cael ei hadrodd ac yr oedd yn rhan ganolog o'r addoli Iddewig - yr oedd yn 'cadw'r chwedlau'n fyw'. Yr oedd yn stori a oedd yn creu arwyr a gobeithion a breuddwydion a hynny yn ei dro yn gwneud addoli yn rhywbeth byw, teuluol, cenedlaethol a oedd yn uno'r bobl.

Y mae anghofio, neu beidio â dweud y stori, yn gwanhau grym addoliad. Y mae'n ddiddorol sylwi bod yna bwyslais newydd yn cael ei roi bellach - ac fe ddaw'r pwylais o eglwysi bywiog sydd tu allan i'r hen 'wledydd cred' - ar ddiwinyddiaeth fel 'dweud stori' neu 'adrodd yr hanes' a'r stori honno unwaith eto yn tanio'r dychymyg ac yn creu ffydd a gobaith. Yng ngwledydd De a Chanolbarth America ac yn Affrica mae merched a mamau, yn ogystal ag offeiriaid neu athrawon diwinyddiaeth, yn eistedd gyda'u plant neu eu plwyfolion neu eu myfyrwyr, i ddweud y stori am y Duw sydd yn arwain i ryddid ac yn dymchwel y cedyrn. Does ryfedd fod Mair yn cael sylw arbennig : mae ganddi hi stori ac y mae hi yn stori ynddi hi ei hun. Mor fuan y gall addoli ddirywio i fod yn fwy o syniadau na stori, yn fwy o siarad am Dduw na dweud y stori am Dduw, yn fwy o ddiwinyddiaeth nac anturiaeth !

Nid toriad rhwng yr Hen a'r Newydd sydd yn y cyfnod yma ar ddiwedd yr Efengylau - efallai yn wir na ddylid fod wedi defnyddio 'Hen' a 'Newydd' o gwbl ; nid toriad sydd yma chwaith rhwng 'cyn' yr atgyfodiad ac 'ar ôl' yr atgyfodiad. Yn hytrach parhad yr un stori ydyw, yr un hanes ydyw oherwydd yr un Duw ydyw. Nid yw y disgyblion yn peidio ag addoli 'Duw Israel' er mwyn addoli 'Duw a Thad ein Harglwydd Iesu Grist'. Yr oeddynt yn paratoi ar gyfer y Pentecost fel yr oeddynt wedi paratoi ar gyfer y Pasg , oherwydd bod ganddynt stori i'w hadrodd ac yr oeddynt hwythau yn rhan o'r stori honno. Efallai fod y Gair wedi dioddef llawer dros y canrifoedd (fel yn sicr y mae tystiolaeth yr eglwys wedi dioddef) oherwydd gor-awydd i ddiwinydda a chyfundrefnu a gor-ddehongli yn hytrach na gadael i'r Gair ddweud y stori. Dyna, gyda llaw, yw calon pregeth Pedr ar ddydd y Pentecost - dweud yr hanes, unwaith eto! Ond mwy am hynny yn nes ymlaen.

2. **Y Gair i'w ddehongli.** Er mai ein gwaith cyntaf wrth addoli yw dweud yr hanes, y mae angen gwneud mwy na hynny. Oherwydd bod y Gair wedi dod yn gnawd, neu oherwydd bod Duw wedi ymyrryd mewn ffordd cwbl arbennig yn ei Fab yng nghyflawnder Ei amser, y mae'r stori bellach yn mynd i gyfeiriad newydd. Y mae hynny yn golygu darllen a dweud y stori mewn ffordd wahanol. Rhaid dweud dau beth am hyn.

a) **'Agorodd eu meddyliau, iddynt ddeall yr Ysgrythyrau'** meddai Luc am y Crist Atgyfodedig (24.45). Nid yw Iesu yn peidio â bod yn Athro wedi'r Atgyfodiad. Y gwir yw y gall dysgu'r geiriau a gwybod y stori , heb i ni dyfu ac aeddfedu gyda'r stori, fod yn rhwystr i werthfawrogi ac ymateb i'r stori. 'Sut y gallwn i ddeall heb i rywun fy nghyfarwyddo?' oedd cwestiwn y gŵr o Ethiopia i Philip (Actau 8.30) Yr un yw'r cwestiwn ym meddyliau'r disgyblion wedi'r Pasg - a dyna paham y mae Iesu yn dod atynt oherwydd mae ei angen Ef arnynt bellach i ddarllen ac i ddeall yr Ysgrythyrau. Nid yw hyn, wrth gwrs, yn dileu'r angen i ddarllen ac i ddysgu yn ofalus a deallus, oherwydd y mae i bob stori ei chefndir a'i phwrpas, ond bellach y mae goleuni newydd ar gael i'n helpu, a Christ ei hun yw hwnnw.

Mae addoli yn golygu darllen yr Ysgrythur yn enw Iesu ac yn golygu dehongli'r Ysgrythur honno yng ngoleuni Iesu. Y mae hynny yn ei dro yn golygu darllen a derbyn a pharchu yr Hen Destament fel Ysgrythur Iddewig, oherwydd inni ei dderbyn yn etifediaeth gan Iesu. Y mae'n golygu hefyd fod yr Ysgrythur yn dod yn gyfrwg (yn 'grud' chwedl Martin Luther) i'n cyflwyno i'r Gwaredwr. Mewn geiriau eraill y mae'r Gair i'w ddehongli nid ar sail damcaniaeth o 'lythrenoldeb' ond ar sail y datguddiad o Dduw yng Nghrist. Dewis ymgnawdoli wnaeth Duw yng Nghrist, derbyn holl oblygiadau hynny, ac nid dewis iaith i fod yn gyfrwng llythrennol i wirioneddau tragwyddol. Dyna yw un beirniadaeth y Mwslim ar y Ffydd

Gristnogol - na wnaeth Crist ysgrifennu Ysgrythyrau terfynol, anffaeledig ei hun . Ni all y Cristion edrych ar y Beibl fel y mae'r Mwslim yn edrych ar y Koran, oherwydd cyfrwng yw'r Ysgrythyr i'n harwain at Iesu. A dyna paham bod angen Crist ei hun arnom i ddehongli'r Ysgrythur inni.

b) Yn **Actau 1.15-26** mae Luc yn adrodd pam a sut y dewisiwyd olynydd i Jwdas ac er mwyn cyfiawnhau dewis olynydd y mae Pedr yn gwneud hynny ar sail **'cyflawni'r Ysgrythur'** (1.16). Yn gynnar iawn felly yr ydym yn gweld tuedd ymysg y Cristnogion cynnar, nid yn gymaint i ddehongli'r Ysgrythur yng ngoleuni Crist, ond i ddehongli holl fanylion bywyd Crist yng ngoleuni'r Ysgrythur. Y mae'r digwyddiad hwn yn enghraifft dda o hynny . Yn ôl Mathew (27.5) crogi ei hun a wnaeth Jwdas ond y mae Luc yn dilyn hanes Aceldama (Maes y Gwaed) am i Jwdas syrthio yno ar ei wyneb, rhwygo ei ganol 'a thywalltwyd ei berfedd i gyd allan' (Actau 1.18). Yn Salm 69 y mae Pedr yn gweld proffwydoliaeth o'r drychineb , ond nid yw'r dyfyniad o'r Salm yn gywir : yn ôl y BCN 'bydded **eu** gwersyll yn anghyfannedd' yw adnod 25, ond 'aed **ei** gartrefle yn angyhyfannedd' sydd yn yr Actau. Yn y lluosog y mae'r salmydd yn cyfeirio at y gelyn. Y mae'r dyfyniad o Salm 109 hefyd yn tueddu i anwybyddu bod yna nifer o bethau yn y Salm honno nad yw'n bosibl eu defnyddio i ddehongli, neu i broffwydo, marwolaeth Jwdas. Mae sôn er enghraifft am 'ddrygioni ei dadau' (ad.14) a 'phechodau ei fam'. Y mae peryglon cam-ddehongli yn yr enghraifft hon, ac yn sgîl hynny peryglon gwneud cam â'r Ysgrythyr Iddewig heb sôn am beryglon agweddau gwrth-Iddewig.

Y mae'n dystiolaeth i arweiniad yr Ysbryd Glân ac i ddehongliad ac arweiniad y Crist Atgyfodedig fod y Testament Newydd wedi gweld peryglon o'r fath. Y gwir yw fod yna elfennau a pheryglon o'r fath yn y cyfnod cynnar a bod digon o dystiolaeth o ymwrthod yn llwyr neu o gam-ddehongli peryglus - ond bod yr eglwys wedi cael ei harwain gan Dduw ei hun i wrthsefyll tueddiadau o'r fath ac, yn y diwedd, i ffurfio canon y Testament Newydd.

3. **Y Gair i'w gyhoeddi.** Y mae pregeth Pedr yn gymaint rhan o ddydd

y Pentecost â'r digwyddiadau eraill. Fel y pwysleisiwyd eisioes, yn y bregeth hon y mae'r hanes yn cael ei adrodd â'r stori yn cael ei dweud ac y mae yma ddehongli'r Ysgrythyr yng ngoleuni y Groes a'r Atgyfodiad.Ond y mae yma rhywbeth cwbl newydd hefyd oherwydd y mae yma dystiolaeth bersonol, feiddgar i'r Atgyfodiad , 'peth yr ydym ni oll yn dystion ohono' (2.32). A mwy beiddgar hyd yn oed na'r dystiolaeth yw yr alwad i edifarhau, i fedyddio ac i dderbyn.(2.38). Y mae'n amlwg felly fod y Gair bellach yn torri yn rhydd o gylch addoli a gweddi Pobl Dduw ac yn dod yn gyfrwng grymus yng nghenhadaeth yr eglwys. Yn llythrennol y mae'n cael ei gyhoeddi yn y byd ac i'r byd.

Yr oedd pregeth Pedr yn bregeth arbennig iawn ar amser arbennig iawn ac i gynulleidfa arbennig iawn. Yr oedd yn bregeth a newidiodd y byd. Neu, yn fwy cywir, yr oedd yn neges a newidiodd y byd. Barn ysgolheigion y Testament Newydd yw fod y 'bregeth' hon yn cynnwys y kerygma a ddaeth yn hanfod y Newyddion Da a'i bod bellach yn cael ei chyhoeddi i'r rhai nad oedd wedi ei chlywed o'r blaen. Aeth y cyhoeddi yn genhadaeth; yr eglwys yn lledaenu'r newyddion da.

Yn y cyfnod rhwng y Pasg a'r Pentecost felly y mae'r Gair yn dod yn air bywiol i'r disgyblion wrth iddynt, mewn gweddi a myfyrdod ac ysbryd disgwylgar, glywed Iesu yn llefaru ac yn dehongli yr Ysgrythyrau ; y maent yn cael eu paratoi yn dawel i fod yn dystion ac yn llysgenhadon i'r Newyddion Da - hyd nes y maent yn barod i gyhoeddi'r Gair yn huawdl ac yn ddewr i'r holl fyd. Addoli'r saint yn troi'n dystiolaeth ac yn genhadaeth i'r rhai na chredodd - dyna yw'r Gair sy'n cael ei gyhoeddi.

Adnodau eraill i'w hystyried

2 Timotheus 2. 8-13; 4.1-5; Actau 18.24-28.

Cwestiynau i'w trafod

1. I ba raddau y mae'r Gair wedi peidio bod yn 'awdurdod' i ni?

2. Myfyriwch ar rai o'r emynau sydd yn sôn yn arbennig am y Gair. Mae emyn Gwilym Tilsley 'Mawl i Dduw am Air y Bywyd' yn emyn gwerth i'w drafod yn fanwl - a'i weddïo'n daer.

3. Y mae pwyslais mawr yn yr Actau ar 'bregethu' a 'dysgu'. I ba raddau mae'r naill yn dilyn y llall yn ein haddoli ni? A ddylem fod yn ymateb i bregethu, nid yn unig wrth wrando ond hefyd drwy adeiladu mewn dosbarth a chylch trafod a seiat? Ai un o wendidau addoli yr eglwys heddiw yw mai rhywbeth prin iawn yw 'adeiladu ar bregeth'?

Luc 24. 50-53
Actau 1. 12-14

Fe soniwn yn aml am y Pentecost fel pen-blwydd yr Eglwys ac y mae gwerslyfr y plant yn gwneud hynny eleni wrth gyfeirio at 'barti pen-blwydd' - 'cawsant eu llenwi â'r Ysbryd Glân a ganwyd yr Eglwys Gristnogol', meddai'r gwerslyfr. Y mae gosodiadau o'r fath yn gymorth i ni geisio rhoi trefn a phatrwm i'n bywyd Cristnogol ac i fywyd yr eglwys yn arbennig. Ond nid yw'n wir.

Y gwir, wrth gwrs, yw fod yr eglwys wedi cael ei geni pan alwodd Iesu ddisgyblion i'w ddilyn. Fe allwn fynd ymhellach na hynny hyd yn oed a dweud fod yr eglwys wedi cael ei geni pan ddaeth y bugeiliad a'r doethion i Fethlehem. Fe alwodd Iesu ddisgyblion, nid yn unig i'w ddilyn, ond, yn ôl Marc 'er mwyn iddynt fod gydag Ef' (Marc 3.14). Efallai, yn wir, mai dyma'r disgrifiad gorau o'r eglwys ac er bod yna ddelweddau eraill grymus ac ystyrlon o'r eglwys yn y Testament Newydd, nid oes yr un mor syml a sylfaenol â hwn - Iesu yn galw disgyblion i fod gydag Ef. Os oes rhywbeth y gellir ei ddweud am y cyfnod rhwng Pasg a Phentecost fe ellir dweud ei fod yn gyfnod o adfer ac arddel cymdeithas, neu o ddod yn ôl i gwmni'r Iesu ar ôl y chwalfa fawr.

1. **Cymdeithas yn y deml** (Luc 24.53). Fel Iddewon yr oedd y disgyblion yn gyfarwydd â chrefydd nid fel rhywbeth preifat a phersonol, ond fel cymdeithas. Llyfr **Pobl** Dduw yw'r Hen Destament a'r Newydd. Gwyliau cymdeithasol iawn oedd y Pasg a'r Pentecost a gwyliau'r genedl oedd gwyliau mawr yr Iddewon : y genedl â'r cartref, dyna sylfeini bywyd. Y mae ysgolheigion yr Hen Destament yn rhoi sylw arbennig i bwyslais yr Iddew ar 'bersonoliaeth gyfun' h.y. fod y 'fi' yn 'ni' a'r 'ni' yn 'fi' - rhyw 'royal we' y werin ! Mae'r Salmydd yn medru symud o alar personol i alar cynulleidfa yn gwbl naturiol. Yr oedd cymdeithas y deml yn gwbl gyfarwydd i'r disgyblion felly ac er iddynt gael profiadau personol mawr a phrofiadau ysgytwol fel criw, yr oedd yn gwbl naturiol iddynt barhau i fynd i'r deml yn ôl eu harfer.

Mewn un ystyr y mae'n rhyfedd meddwl am y disgyblion yn paratoi ar gyfer y Pentecost yn y deml, o bob man. Wedi'r cyfan yr oedd Crist wedi proffwydo dinistr y deml ac fe wyddom fod y Pentecost wedi chwalu muriau ac wedi ei wneud yn amlwg nad oes na theml na chyfundrefn a all gaethiwo'r Ysbryd. Fe wyddom hefyd fod y disgyblion wedi cael eu siomi a'u dadrithio a'u brifo gan y gyfundrefn grefyddol ac arwydd o'r gyfundrefn honno oedd y deml. Yr oedd ganddynt fwy nag un rheswm dros gadw draw throi cefn.

Efallai eu bod yn ein rhybuddio rhag gor-symleiddio ac ymwrthod â rhywbeth nad oedd Duw ei Hun am ei wrthod. Mae'n wir bod yr awdurdodau wedi erlid a bod y dyrfa wedi gweiddi 'Croeshoelier Ef' , ond nid oedd pawb wedi gwneud hyn. Wedi'r cyfan pobl Dduw oedd y rhain : wedi bod yn ffyddlon ac wedi methu ; wedi deall ac wedi methu deall ; wedi gobeithio ac wedi cael eu siomi.Ac yn eu plith roedd pobl fel Sechareias ac Elisabeth, Anna a Simeon gynt, ac yr oedd llawer o rai tebyg iddynt o hyd wedi cael eu drysu a'u tristáu gan ddigwyddiadau'r Pasg. Nid oedd Duw wedi troi cefn arnynt mewn argyfyngau o'r blaen a'u gobaith a'u gweddi oedd na fuasai yn gwneud hynny eto chwaith, er bod y dyddiau yn ddu a gobaith yn wan.

Does ryfedd fod y disgyblion am fod gyda hwy. Mae'n sefyllfa y gellir yn hawdd ei chymharu â'n sefyllfa ni. Er gwaned yr eglwys, ac er ei bod yn ymddangos mai gweddillion ac nid gweddill sydd ar ôl, mae'n gymdeithas a all ddal i ddisgwyl Pentecost. Mae'n gymdeithas nad yw Duw yn mynd i droi cefn arni gan mai o'r hen gymdeithas hon, rhywsut, y daw y newydd. Efallai ein bod yn credu mai profiadau unigolion, eneidiau mawr, sydd wedi bod yn gyfrwng adfywiad a diwygiad a chyffro, ond mae'r unigolion hynny, o Paul drwy Martin Luther i Bantycelyn, wedi cael cymdeithas pobl Dduw yn ffynhonnell ysbrydoliaeth a nerth.

2. **Cymdeithas yr Oruwchystafell** (Actau 1.13). Nid yw'n hawdd tynnu llinell bendant rhwng addoli a seiadu, gweddïo a rhannu a dyna paham y medrwn ddweud fod cymdeithas yr oruwchystafell (yn gytûn yn yr un lle) yn gymdeithas a oedd yn disgwyl ym mhob ffordd am Bentecost.

Nid yw'n anodd dychmygu mai yma yr oedd geiriau Iesu yn cael eu trafod a'u cofio; gweithredoedd Iesu yn cael eu hail-fyw ac addewidion Iesu yn cael eu dwyn i gof. Nid yw'n anodd dychmygu chwaith, o wybod am y disgyblion, eu bod o hyd yn gymysgwch o ofn a thristwch, o lawenydd a gobaith. Ond nid oes sôn amdanynt ar wahân yn y cyfnod hwn. Yr oedd angen ei gilydd arnynt yn fwy nag erioed.Yn y cyfnod yma yr oedd 'gyda'i gilydd ' yn golygu mwy iddynt nag erioed o'r blaen. Yr oeddynt wedi rhannu llawenydd,tristwch, braint a methiant yn barod ac yn awr yr oeddynt yn byw drwy gyfnod hollol wahanol a chyffrous eto: *koinonia* yn wir. Yr oeddynt eisioes yn dechrau rhannu popeth. **Mae** yna gymdeithas yn y fan yma na all cynulleidfa fawr fyth fod yn rhan ohono. Yn wir mae'r oruchystafell yn dweud yn glir wrthym mai **cymdeithas** yw'r eglwys ac **nid** cynulleidfa.

Sefyllfa ryfedd i'r eglwys fod ynddi yng Nghymru yw bod yr eglwysi mwyaf yn creu grwpiau llai a bod yr eglwysi lleiaf yn dyheu am gynulleidfa fwy! Nid mor rhyfedd chwaith, oherwydd mae'r ddwy sefyllfa (yr eglwys fechan a'r eglwys fwy) yn ein hatgoffa nad nifer ond cymdeithas sydd yn mesur gwerth a chyfoeth addoli. Y mae'r oruwchystafell, neu yn hytrach, y gymdeithas yn yr oruwchystafell, mor bwysig ar drothwy'r Pentecost ag ydoedd y nos Iau cyn Dydd Gwener y Groglith.

3.**Y gymdeithas sydd mewn gweddi** ('...yn unfryd mewn gweddi' Actau 1.14) Y mae'r 'unfryd' unwaith eto yn allweddol. Y mae'n arwyddocaol cymharu Efengyl Ioan â'r efengylau eraill yn y cyswllt hwn. Nid yw Ioan yn sôn am y Swper Olaf , ond 'yn lle' y swper y mae Ioan yn oedi mwy gyda pherthynas Iesu â'i ddisgyblion , â'r weddi Archoffeiriadol (Ioan 17) sydd yn selio ac yn cynnal ac yn bywhau'r berthynas honno. Ac fel y mae 'cymun Emaus' yn Luc yn cydio yn y 'swper olaf' felly yn Ioan mae'r cyfnod rhwng y Pasg a'r Pentecost yn siŵr o fod yn cydio yn y weddi hon. Y weddi hon, ac felly eu gweddïo hwythau, oedd yn cydio'r gymdeithas gynt, â'r gymdeithas i ddod. Y mae geiriau fel y geiriau sy'n dilyn o'r Weddi Fawr yn fynegiant o weddi'r disgyblion eu hunain wrth iddynt gofio, ac yn weddi hefyd sydd yn esbonio yn rhannol sut y bu iddynt gael eu cadw a'u cynnal ar ôl cael eu gadael yn ddi-arweinydd â dyfodol newydd o'u blaen :

'Nid wyf yn gweddïo ar i ti eu cymryd o'r byd, ond ar i ti eu cadw'n ddiogel rhag yr Un drwg' (Ioan 17.13).

'Fel yr anfoniast fi i'r byd, yr wyf fi'n eu hanfon hwy i'r byd' (ad.18).

'Rwyf yn gweddïo ar iddynt oll fod yn un.......iddynt hwythau hefyd fod ynom ni, er mwyn i'r byd gredu mai tydi a'm hanfonodd i.'(ad.21)

Felly pan mae Luc yn sôn amdanynt yn dyfalbarhau yn unfryd mewn gweddi yr oedd geiriau a gweddïau Iesu ei hun yn siŵr o fod yn llenwi eu meddyliau. Fel y bu Iesu yn gweddïo yn fwy ac yn fwy dyfal yn ystod ei wythnos olaf ar y ddaear, felly yr oedd y disgyblion yn gweddïo fwy a mwy yn y cyfnod pan oedd grym ei atgyfodiad yn adfer cymdeithas ei ddisgyblion. Mae Efengyl Luc, wrth gwrs, yn rhoi mwy o sylw na'r un o'r efengylau eraill i Iesu'r Gweddïwr ac nid oes ryfedd chwaith ei fod yn rhoi cymaint o le i'r eglwys fore yn gweddïo.Y mae'r weddi yn cymaint rhan o hanes y Pentecost ag yw'r tywalltiad a'r pregethu, y gymdeithas a'r torri bara. A gweddi'r gymdeithas ydyw.Y mae'n ddigon teg felly i gredu mai gweddi a gadwodd y disgyblion mewn cymundeb a'u Tad drwy Iesu Grist yn y cyfnod yma. Unwaith eto fe allwn ddweud fod y dystiolaeth yn awgrymu nad gweddïo am Bentecost a wnaethant, ond am eu bod wedi gweddïo yn ddyfal eu bod wedi cael eu harwain a'u paratoi ar gyfer y Gwynt Nerthol a oedd i ddod.

4. Uchafbwynt y gymdeithas yn addoli yn y cyfnod yma yw'r **Esgyniad,** ac fe fyddwn yn dathlu'r Esgyniad dydd Iau nesaf. Y mae Luc yn cyfeirio at yr Esgyniad ar ddiwedd ei efengyl (24.51) ac yn rhoi disgrifiad manylach o'r digwyddiad yn Actau 1.6-11. Yn y ddau gyfeiriad y mae'r disgyblion, unwaith eto, gyda'i gilydd ('wedi iddynt ddod ynghyd' meddai Actau 1.6). Nid yw arwyddocâd y digwyddiad hwn yn mynd i gael ei werthfawrogi'r llawn os ydym am fynnu dehongliad llythrennol h.y. os ydym am feddwl am gorff Iesu yn codi i'r awyr. Yr ydym eisioes wedi pwysleisio fod natur a sylwedd y Crist atgyfodedig yn gwbl wahanol i'r Crist yn nyddiau ei gorff, beth bynnag. Ond os sylweddolwn fod yma amgylchiad a phrofiad sy'n gwneud addoli yn ganolog yn y ffydd Gristnogol bellach, yna fe welwn mor bwysig yw'r Esgyniad. Yng ngweddill y Testament Newydd iaith addoli yw iaith yr Esgyniad.

a) Fel mae Duw wedi dyrchafu ei Fab, trwy ei Groes a'i Atgyfodiad, y mae addoli bob amser yn weithred o'i ddyrchafu ef. 'Dyrchafer enw Iesu cu.......Coronwch Ef yn ben' yw mawl ei bobl. 'Am hynny tra-dyrchafodd Duw ef........fel wrth enw Iesu y plygai pob glin....ac y cyffesai pob tafod fod Iesu Grist yn Arglwydd' (Phil.2.9.). Dyna'r geiriau sydd yn disgrifio'r esgyniad i'r dim. A dyna paham ei fod mor bwysig yn y cyfnod yma o baratoi ar gyfer y Pentecost. Yr oedd y gymdeithas wedi ei gydnabod ef yn Arglwydd, ac felly wedi ei ddyrchafu, cyn y Pentecost. Yn wir, yr oedd yn rhaid i hynny ddigwydd cyn y Pentecost. Ar Sul y Pasg yr oedd y disgyblion, yn eu dagrau o dristwch a llawenydd, yn methu deall sut yr oedd eu ffrind a'u meistr yn fyw. Ar drothwy'r Pentecost yr oeddynt yn ei gyffesu yn Arglwydd. Dyna galon addoli Cristnogol.

b) Y mae Iesu bellach wedi cael ei ryddhau o gyfyngiadau amser a lle. Y mae bellach uwchben Jwdea a Jerwsalem. Yr oedd yn rhaid i hynny ddigwydd hefyd, oherwydd y mae yn Arglwydd y Cread ac yn Arglwydd y byd. Nid dod yn eglwys fyd-eang drwy dywalltaid yr Ysbryd Glân a chenhadaeth Paul a wnaeth yr eglwys.Y mae'n fyd-eang am fod Iesu yn Arglwydd y ddynoliaeth gyfan. Er ei fod yn Iddew o hyd, y mae'n fwy na hynny. Duw ei hun yn ei Fab a oedd yn paratoi ar gyfer y Pentecost.

c) Y mae addoli ei bobl bellach yn addoli disgwylgar, effro: 'Maranatha', 'Yn wir ,tyred, Arglwydd Iesu' yw'r weddi. Nid oedd Iesu wedi gadael ei bobl, oherwydd argyhoeddiad ei bobl oedd ei fod Ef gyda hwy, yn ôl ei addewid (Mathew 28.20). Ond y maent bellach yn byw ac yn addoli gan wybod y bydd Iesu , trwy ei Ysbryd, nid yn unig yn ei meddiannu hwy yn llwyr, ond yn meddiannu'r cread hefyd. Y mae hefyd yn addoliad sy'n ddisgwyl am y nerth a'r arweinaid i gyflawni comisiwn Iesu.

Dyma'r gymdeithas sydd yn addoli ar drothwy'r Pentecost ac y mae'r Esgyniad yn arwain y gymdeithas honno i addoliad dyfnach ei arwyddocâd a mwy effro a disgwylgar, ei sylwedd oherwydd addoli Crist-ganolog ydyw.

Adnodau pellach i'w hystyried

Actau 1.6-11 ; Effesiaid 4.7-11.

Cwestiynau i'w trafod.

1. 'Y mae hanes yr Esgyniad yn ddisgrifiad o'r hyn ddylai pob addoli fod.' Trafodwch.

2. Oherwydd mai cymdeithas glòs oedd yn disgwyl am y Pentecost does ryfedd bod y Pentecost yn ddathliad o undeb yr eglwys. A ydych yn cytuno?

3. Ym mha ffordd y dylem ddyrchafu Iesu?

Cofiwch baratoi ar gyfer gwers 4.

Gwers 4. **ADDOLI: TUA'R PENTECOST**

Addoli ar drothwy'r Pentecost

Mae addoli yn golygu byw rhwng y Pasg a'r Pentecost: dathlu a diolch am yr hyn a fu, gobeithio a disgwyl am yr hyn a ddaw. Mae'n golygu felly na all addoli fyth fod yn gyflawn nac yn derfynol - ond yn agored i arweiniad ac i adfywiad drwy'r Ysbryd Glân. Yn addoli, yng nghymdeithas, yng ngwasanaeth ac yng nghenhadaeth yr eglwys fe welwn Dduw ar waith yn ei fyd. Mae addoli yn cyhoeddi ac yn arwydd o'r deyrnas yn y byd. Mae bod rhwng y Pasg a'r Pentecost, rhwng efengyl Luc a'r Actau yn golygu bod yn gwbl agored i Ysbryd Duw. Mae bod yn Eglwys y Pentecost yn golygu bod yng nghanol y chwyldro. Mae gweddïo am ddiwygiad felly yn chwarae â thân! A dyna yw addoli.

1. Ail ddarllenwch yr adnodau o wersi'r mis a gwneud y Dosbarth yn **Gylch Gweddi,** gan weddïo'n arbennig dros y paratoi ar gyfer dathlu'r Pentecost ac addoli'r Pentecost.

2. '*Pan yr oeddem ychydig Broffeswyr ynghyd ar un tro, yn oer ac yn farw digyffelyb....bron a digalonni dyfod at ein gilydd byth mwy......heb un fath o galondid gan neb i fynd â'r gwaith ymlaen ond addewid Duw.........darfu i ni resolfo rhoi i fyny ein cyfarfod; ac yn awr ar fedr gweddïo gweddi ymadawiad, gan feddwl rhoi i fyny y fath gyfeillach byth mwy : ond yn nyfnder ac eithaf angrhedinaeth yw yr amser i Dduw roi ffydd; a phan fo dyn wedi methu, mae Duw yn ymddangos....felly yma....daeth Duw ei hunan i mewn i'r canol. Y cwmwl a ffodd, yr heulwen a dywynnodd...darfu angrhedinaeth; darfu euogrwydd; darfu ofn ; darfu ysbryd llwfr......ac yn eu lle daeth cariad ffydd, gobaith,llawenydd ysbryd a thyrfa hyfryd o rasusau yr Ysbryd Glân.*'

Geiriau Eusebius o **Drws y Society Profiad** ,Williams Pantycelyn (1777). Myfyriwch ar y geiriau hyn gymal wrth gymal.

3. I baratoi ar gyfer y Pentecost darllenwch yr adnodau hyn o'r Hen Destament fel dosbarth.

Joel pennod 2. adnodau 23-32
Eseciel 37.1-14
Salm 145

4. Dewiswch emynau sydd yn weddi am yr Ysbryd Glân. Gwahoddwch bawb o'r dosbarth i ddarllen un emyn fel gweddi.

5. Os nad oes cyfarfod gweddi wythnosol yn eich eglwys, ystyriwch ddod ynghyd fel dosbarth yn ystod yr wythnos hon, i weddïo yn arbennig am fendith ar ddathliadau'r Pentecost, nid yn unig ar eich eglwys chwi, ond ar eglwysi eraill eich cylch. Gwahoddwch eraill i ymuno â chwi.

6. Paratowch weddi am adfywiad i'w gweddïo yn y gwasanaeth ddydd Sul nesaf. Neu gofynnwch am i rywun o'r dosbarth gael gweddïo yn y gwasanaeth a dweud gair yn fyr am y wers heddiw.

7. Myfyriwch ar y geiriau hyn gan yr Archesgob Ignatias.

Heb yr Ysbryd Glân -
mae Duw ymhell
a Iesu yn y gorffennol;
Heb yr Ysbryd Glân -
cyfundrefn yw'r Efengyl,
grym i'w awdurdod,
diwylliant yw defod
a moesoldeb gul yw'r cariad Cristnogol.

Ond trwy yr Ysbryd Glân -
mae'r cread yn cael ei achub o'i wewyr
drwy boen geni'r Deyrnas,
mae'r Iesu Atgyfodedig yma,
grym bywyd yw'r Efengyl. . .
rhyddid yw awdurdod y Gair
a Phentecost yw cenhadaeth yr Ysbryd Glân.

Tyrd Ysbryd Glân:
'Veni creator Spiritus'

1. Disgwyl - a pharatoi. (Actau 1; Luc 24)

2. Dysgu - a darganfod. (Actau 1; Luc 24)

3. Addoli - a gweddïo. (Actau 1; Luc 24)

IYsbryd y tragwyddol Dduw, disgyn arniom ni;
Ysbryd y tragwyddol dduw, disgyn arnom ni.
Plyg ni, trin ni, cod ni, golch ni,
Ysbryd y tragwyddol Dduw, disgyn arnom ni.

Tyrd Ysbryd Glân
crea drefn o anhrefn byd,
rho fywyd lle mae marwolaeth ar waith;
Tyrd Ysbryd Glân
rho hyder i eglwys fregus
a llanw hi a gobaith Pasg a Phentecost;
Tyrd Ysbryd Glân
gwna ni'n ddisgyblion ffordd Emaus
ac yn weddïwyr disgwylgar yr oruwch ystafell.
Amen.

Yr ydym bellach wedi dod i le pwysig yn ein dealltwiaeth o natur addoli. Yn y cyfnod rhwng y Pasg a'r Pentecost yr ydym wedi gweld y disgyblion yn cael eu paratoi a'u harwain at y digwyddiadau rhyfedd ar ddydd y Pentecost. Yn y paratoi hwnnw y mae yna agweddau pwysig ar eu bywyd ynghyd sydd yn ragflas o'r Pentecost ac y maent hwythau yn cael eu paratoi ar gyfer cyfnod a phrofiadau newydd, nid yn unig yn eu hanes hwy ac yn hanes yr eglwys, ond hefyd yn hanes y ddynoliaeth. Nid digwyddiad sydyn, annisgwyl oedd y Pentecost. Y mae'n wir fod yr hanes yn dechrau gyda'r geiriau 'ac yn sydyn'(2.2), ond uchafbwynt y disgwyl a'r paratoi yw'r 'sydyn' yna, nid 'sydyn' di-rybudd. Yn wir, yr oeddynt wedi cael pob rhybudd. Yr oeddynt wedi cael eu rhybuddio i fod yn barod, - ac yr oeddynt yn barod. Ar ddydd y Pentecost yr oedd disgwyliadau'r disgyblion a'u paratoadau hefyd yn dod wyneb yn wyneb â'r Duw sydd yn gweithredu ac yn cadw ei Air. A phan mae hynny yn digwydd - y mae'r byd yn newid. Y mae yn ddigwyddiad holl-bwysig yn ymwneud Duw â'i fyd. Y mae yn perthyn i 'drefn y cadw'.

Y mae llawer o esbonio wedi bod ar y Pentecost ac mae'r llygaid, neu'r safbwyntiau diwinyddol, eglwysig,hanesyddol, i gyd yn eu tro wedi ein helpu i gael cip ar ryfeddod y digwyddiad. Ond mewn gwirionedd trwy lygaid a phrofiad addoliad teulu Duw y mae dod i galon y Pentecost.

1. **Y teulu yn derbyn** (2.1-13). Ar y teulu y mae pwyslais gwerslyfrau'r plant ac yn arbennig heddiw ar y teulu yn dathlu pen-blwydd ! Mae'r 'dathlu' a'r 'derbyn' yn eiriau sy'n addas i'r Pentecost. Dathlu yw pob addoli ac ar ddydd y Pentecost y mae dathlu arbennig am fod y disgyblion a'r dyrfa a oedd yn Jerwsalem i gadw gŵyl wedi derbyn rhodd (dyna ystyr y gair Groeg 'charisma') o'r Ysbryd Glân. Y mae'r disgrifiadau cyfarwydd o'r digwyddiadau - gwynt, tân, - i gyd yn ddelweddau o Dduw ar waith yn ei egni ac yn ei rym. Duw byw - dyna yw'r Ysbryd Glân. Ac fel y 'gwynt sy'n chwythu lle y mynno' gan greu bywyd newydd yn Nicodemus, neu'r tân yn llosgi yn y berth gan wneud y ddaear yn sanctaidd a'r profiad yn

eirias i Moses, felly y mae'r gwynt yn ei rym sanctaidd adnewyddol yn fywyd. Ar Ŵyl y Pentecost (yn ôl Numeri 28.26-30) yr oedd yr Iddew i gynnal cymanfa sanctaidd ac i offrymu 'blaenffrwyth y cynhaeaf'. Mewn geiriau eraill yr oeddent i ddathlu, i ddiolch ac i gyflwyno eu hunain i Dduw. A dyna yn union yw dathlu'r Pentecost - derbyn a dathlu a diolch am y rhodd, yn wir y rhoddion - y mae Duw yn eu rhoi drwy'r Ysbryd Glân.

Yr oedd y dathlu yn fwy oherwydd fod y rhodd hon i bawb. Nid fel yn y dyddiau a fu, yr Ysbryd yn llenwi unigolion (e.e. Ecsodus 31.3; 1 Samuel 10.10 ; Eseciel 2.2) ond yr Ysbryd bellach yn cael ei dywallt ar bob dyn, yn ôl proffwydoliaeth Joel (2.28-29). Doedd dim cyfundrefn na defod, dim traddodiad na chaethiwed, yn mynd i atal Duw rhag tywallt ei Ysbryd ar bawb! Does ryfedd fod addoli'r Pentecost wedi llifo o'r oruwchystafell i'r strydoedd. A does ryfedd fod pobl Jerwsalem yn edrych gyda syndod a rhyfeddod ar ddathliad mor afreolus ac emosiynol. Does dim deall ar y Pentecost heb gofio ei fod wedi troi'r dyrfa yn dyrfa afreolus-lawen.

Ond yr oedd y dathlu yn fwy eto o gofio bod y byd yn Jerwsalem! Y mae digon o esboniadau ar gael i geisio egluro y rhyfeddod ieithyddol ar ddydd y Pentecost. Ai llefaru â 'thafodau dieithr' sydd yma fel y mae Paul yn ei drafod - gyda rhybudd - yn 1 Corinthaid 12-14 , ffenomena sydd ddim yn ddieithr o bell ffordd? Neu ai am fod yr holl dyrfa, yn Barthiaid a Mediad a.y.b. ('o bob cenedl dan y nef ', meddai Luc !) yn siŵr o fod yn deall naill ai Groeg, Hebraeg neu Ladin, a bod yr ieithoedd hynny i gyd wedi bod yn gyfrwng mawl a chlod yn Jerwsalem ar ddydd y Pentecost - fel ag yr oedd yr un ieithoedd ar y Groes rai wythnosau cyn hynnysydd yn esbonio pam yr oeddynt i gyd yn deall? Beth bynnag yw'r eglurhad, y mae un peth yn amlwg iawn : ar ddydd y Pentecost, yn wahanol i Babel (Genesis 11.1-9) yr oedd ieithoedd gwahanol wedi uno'r ddynoliaeth. Ac wedi ei huno mewn addoliad, wrth dderbyn yr Ysbryd Glân.

Y mae ein haddoliad ni heddiw, ein dathliad Pentecost, mewn iaith fechan, yn nodyn bychan, yn rhan fach, fach o'r eglwys fyd-eang sydd heddiw yn dathlu. Nid geni'r eglwys a gaed ar ddydd y Pentecost ond ei chyhoeddi a'i dathlu yn eglwys i'r holl fyd.

2. **Y teulu yn credu** (Actau 2.14-42). Y mae pregeth Pedr yn rhoi cyfeiriad a chynnwys i'r dathlu. Mor hawdd y gall addoli fod yn brofiad emosiynol ac arwynebol. Mae'r eglwys ar hyd y canrifoedd wedi dioddef am fod rhai wedi eu meddiannu gan yr Ysbryd ond heb eu meddiannu gan oleuni'r Gair. Ond y mae'r eglwys hefyd wedi dioddef oherwydd bod rhai wedi credu'r Gair, ond heb dderbyn yr Ysbryd. Dyna paham mae'r ail bennod o'r Actau yn cyflwyno i ni ddarlun o'r bywyd Cristnogol cyfan. Yr oedd Duw yn adeiladu ei dŷ ar sylfaen sicr yr oedd eisioes wedi ei gosod.

Dweud y stori y mae Pedr, a chyhoeddi'r neges, y *kerygma.*Y mae gwerslyfr y plant a'r ieuenctid yn ceisio egluro fod pregeth Pedr yn sôn am Dduw sydd yn Dad, Mab ac Ysbryd Glân ac mai ar ddydd y Pentecost felly y mae'r eglwys yn cyhoeddi ei chred yn y Drindod. Dyna paham mai Sul y Drindod yw'r Sul nesaf yng nghalendr yr eglwys ac mai'r Suliau 'wedi'r Drindod' yw pob Sul ar ôl hynny tan yr Adfent! Y mae'r gwerslyfrau yn awgrymu ymhellach fod hyn yn 'ddarganfyddiad chwyldroadol' i'r rhai a oedd yn gwrando ar Bedr.

Efallai bod hynny yn or-symleiddio. Nid yw Pedr yn cyflwyno i'w wrandawyr (ac ni fuasai yn medru gwneud hynny) ddiwinyddiaeth y Drindod fel y datblygwyd ef mewn cyfnod diweddarach wedi dyddiau'r Testament Newydd, ond y mae ei neges yn mynegi'n gwbl naturiol mai dim ond iaith Tad, Mab ac Ysbryd Glân a oedd yn mynd i fod yn ddigon cynhwysfawr i addoli ac i gyhoeddi'r Efengyl bellach.Dyma iaith y Gair ac yn ei bregeth y mae Pedr yn cadarnhau ac yn cyhoeddi fod yr hyn sydd yn digwydd, sef tywalltiad yr Ysbryd Glân, yn rhan o fwriad y Duw i'r byd (fel y mynegodd drwy Joel - ac nid Joel yn unig, gyda llaw) a'r bwriad a gyflawnodd Duw ei hun wrth wneud ei Fab yn 'Arglwydd ac yn Feseia' (2.36). Nid 'darganfyddiad chwyldroadol' ydoedd i'w wrandawyr, ond 'cyflawniad gwyrthiol'. O hyn ymlaen, mewn amrywiol ffyrdd ac ar wahanol amgylchiadau, heb erioed fod yn 'derfynol' nac yn 'berffaith' ei fynegiant, yr oedd yr eglwys Gristnogol i addoli a chyffesu Duw sydd yn Dri yn Un ac yn Un yn Dri, sef addoli Duw, yn enw'r Mab a thrwy'r Ysbryd Glân. Neu, addoli Duw drwy'r Mab ac yn yr Ysbryd Glân. Neu, addoli Duw yn Dad, Mab ac Ysbryd Glân. Iaith fyw yw iaith ffydd ac addoli a chyfrwng yw iaith. Ond yr Un Duw sy'n cael ei addoli. Yn y Pentecost '*lex orandi, lex credendi*' (' cyfraith gweddi yw cyfraith credu') oherwydd yn ei haddoliad y mae diwinyddiaeth yr eglwys yn fynegiant o berthynas fywiol rhwng Duw a'i bobl ac â'i fyd.

Y mae i'r bregeth, i'r neges, ei chanlyniadau hefyd. Ar ôl clywed y mae'r dyrfa yn gofyn 'Beth a wnawn ni, frodyr ?' Nid Pedr sydd yn mynnu ymateb - cyhoeddi'r Efengyl yw cyhoeddi beth y mae Duw wedi ei wneud yn Iesu. Yr un yw'r patrwm yng ngweinidogaeth Iesu : cyhoeddi Teyrnas Dduw y mae yn gyntaf (Marc 1.15) sef beth y mae Duw yn ei gyflawni yn eu plith. Newyddion da yw hynny. Wedyn y mae yn eu galw i edifeirwch. Yn yr un ffordd y mae Pedr yn ymateb i gwestiwn y dyrfa ac yn dweud 'Edifarhewch', ond bellach hefyd - eto ar sail bedydd Iesu ei hun - 'a bedyddier pob un ohonoch yn enw Iesu Grist ac fe dderbyniwch yr Ysbryd Glân yn rhodd er maddeuant eich pechodau' (2.38). Y mae credu a derbyn yn golygu bod y 3000 o gredinwyr newydd yn cael ei bedyddio , yn enw'r Drindod, i gymdeithas y Drindod. Cadarnhau yr hyn y mae Duw wedi dechrau ei wneud yn barod y mae'r bedydd. Nid oes batrwm chwaith i'r bedydd: ai cyn, neu ar ôl, neu drwy gyfrwng y bedydd y mae derbyn yr Ysbryd Glân? Ateb y Testament Newydd yw - Duw yn unig a ŵyr, yn llythrennol felly. Yma, i bob golwg, '....a bedyddier chwi....ac fe dderbyniwch yr Ysbryd Glân', ond yn nes ymlaen, yn y datblygiad cenhadol mawr o gyrraedd y cenehedloedd (10.44-48) y mae Paul yn gorchymyn eu bedyddio am eu bod wedi derbyn yr Ysbryd Glân.

3. **Y teulu yn rhannu** (2.41-47). Nid yw'r Pentecost yn dod i ben gyda'r dröedigaeth i'r dair mil! Oherwydd parhad o'r un dathliad ac o'r un addoli yw bod bywyd addolgar y gymdeithas yn mynegi ac yn ffurfio bywyd arbennig y gymdeithas honno. All tyrfa ddim byw am byth. Neu, yn hytrach, rhywbeth dros dro yw tyrfa. Mae cymdeithas y Pentecost yn parhau yn nysgeidiaeth y bregeth, yn y torri bara, yn y gweddïo (2.42) ; yn rhannu pob peth ac yn rhoi i bawb yn ôl ei angen (2.45); yn ennyn ymateb (ad.47,'ewyllys da' - ar hyn o bryd, beth bynnag) ac yn cynyddu.(ad.47). Mae gwir addoli, yn gwbl naturiol, heb unrhyw drafod na chynadledda,

yn creu gofal a bywyd o wasanaeth ac o rannu - fel y cawn weld yn y wers nesaf. Y mae addoli a bywyd yr eglwys yn adlewyrchu y berthynas o fewn y Drindod ac os mai o'r Ysbryd y mae ni ddylai yr eglwys fod yn trafod 'A ddylai fod yn rhannu ei chyfoeth ?' neu 'A ddylai fod yn dysgu neu yn cymdeithasu ?' Yr oedd pethau **yn** digwydd am fod yr Ysbryd Glân yn rhoi bywyd yn yr eglwys. Mor aml heddiw yr ydym yn gwastraffu amser yn trafod pethau na ddylem fod yn eu trafod o gwbl.

Dyna ddathlu'r Pentecost. Dyna hefyd sylfaen addoli a bywyd yr eglwys. O'r addoli hwnnw yn mae cymdeithas yn cael ei chreu. Drwy'r addoli hwnnw y mae ei chenhadaeth yn cael ei gyflawni. Yn yr addoli hwnnw yn mae ei chred yn cael ei rannu a'i amddiffyn.

Adnodau eraill i'w hystyried

Effesiaid 2.19-22 ; Effesiaid 1.13-14.

Cwestiynau i'w trafod

1. 'Dechreuodd Pedr gyda darn cyfarwydd i'r dyrfa Iddewig, sef proffwydoliaeth o'r Hen Destament. Os ydym ni am ddechrau gyda'r hyn sy'n gyfarwydd i bobl heddiw, nid yn yr Hen Destament fydd hynny. Ond ymhle?' (O werslyfr yr Ieuenctid)

2. Gan ddilyn patrwm y wers heddiw, treuliwch amser tawel yn gweddïo am i'r eglwys dderbyn rhodd yr Ysbryd Glân, am iddi gredu yn gadarn , ac am iddi fyw yn ffyddlon fel cymdeithas yr Ysbryd Glân.

3. Trafodwch gwahanol ymdrechion i geisio darlunio'r Drindod.e.e.
Dŵr : yn ia, yn ager, yn hylif .
Ŵy : yn blisgyn, yn wynwy ac yn felynwy.
Haul - y Tad ; golau - y Mab; gwres - yr Ysbryd Glân.
A fedrwch chi feddwl am ddarlun neu ddelwedd arall ?

4. Mae syched yn ein hoes ni am y goruwchnaturiol. Os nad yw pobl yn profi grym a phresenoldeb Duw maent yn chwilio mewn llefydd eraill. Sut mae dangos fod grym a gallu i'w gael gan Dduw ? A oes modd gwneud hynny?

Tyred, Ysbryd sanctaidd - adfer y cread cyfan;
Tyred, Ysbryd y gwirionedd - rhyddha ni;
Tyred, Ysbryd Undod - cymoda Dy bobl;
Tyred, Ysbryd Glân, - sancteiddia ac adnewydda ni.
(Cyngor Eglwysi'r Byd).

Trafodwch a defnyddiwch y weddi i orffen y wers heddiw.

Gwers 2 **Addoli a gwasanaethu : Barnabas**

Actau 4. 32-37
9. 26-28
11, 19-30

Y mae addoli a bywyd yr eglwys fore yn llifo o'r Pentecost ac yn wir yn barhad o'r Pentecost. Nid digwyddiad 'un waith ac am byth' (neu, o leiaf, tan y diwygiad nesaf) oedd y Pentecost, oherwydd y mae'n amlwg iawn yn yr Actau ac ar ôl hynny fod yr eglwys yn cael ei chynnal gan 'dywalltiad' o'r Ysbryd, neu yn fwy cywir a chyflawn drwy nerth, arweiniad a diddanwch yr Ysbryd (Actau 9.31). Y mae i Barnabas le pwysig yn y darlun a gawn o'r eglwys ac o'r Ysbryd yn y cyfnod wedi'r Pentecost. Ynddo ef y mae addoli, gwasanaethu a chenhadu yn rhan o dystiolaeth gyflawn yr eglwys yn y byd. Y mae'n werth oedi gyda Barnabas.

1. Barnabas yn gweithredu (Actau 4.32-37). Y mae'n dystiolaeth rymus i'r Cristnogion cynnar fod Barnabas o'u **gweld a'u clywed** (ad. 33 a 34) wedi gwerthu darn o dir a oedd ganddo ac wedi rhoi yr arian i'r apostolion. Mewn geiriau eraill y mae'r Ffydd Gristnogol yn cael ei mynegi trwy batrwm bywyd a gwerthoedd ac ymgysegriad Cristnogion . Mae'n wir mai gofal am ei gilydd oedd eu gofal (ad. 32) ond yr oedd y gofal hwnnw yn mynd i ymledu ac i uniaethu ei hun â dynion a merched yn eu hangen ym mhob man. Rhan o'r ildio i amgylchiadau ac i awdurdod yw mai dim ond lleiafrif o fewn yr eglwys sydd wedi bod yn ffyddlon i'r weledigaeth hon o 'fyw yn wahanol' a chreu cymdeithas sydd â'i phatrwm a'i safonau yn wahanol iawn i'r hyn sydd o'i chwmpas. Y mae'n arwyddocaol fod yna fwy a mwy o Gristnogion bellach yn gweld fod yn rhaid i'r Ffydd fynegi ei hun drwy batrwm bywyd sydd yn dystiolaeth wahanol i'r un fasnachol, gystadleuol ac, yn y pen draw, gwbl hunanol, sydd erbyn hyn wedi ein meddiannu bron yn llwyr.

O weld y gymdeithas neu'r gymuned hon, y mae Barnabas yn gweithredu. Y mynach Thomas Merton a ddywedodd mai 'ffordd gweithredu yw'r ffordd i sancteiddrwydd' ac er bod ei fywyd ef ei hun yn awgrymu yn wahanol ac mai 'ffordd gweddi yw ffordd gweithredu' , eto nid oes gwrth-ddweud. Dyna yw pererindod Barnabas : gweithredu radical ac ysbrydolrwydd llwyr yn un ; dyna yw arwyddair Chwiorydd Trugaredd yn Calcutta : gweddïo'r gwaith a gweithio'r weddi ; dyna yw cymuned y Tad Joe ar Smokey Mountain yn Manila: yr allor ar y domen sbwriel. Yn nes ymlaen fe fyddwn yn sôn am Barnabas fel gŵr ysbrydol Duw, ond y mae yn dod i ffydd ac i addoli yr eglwys oherwydd iddo weithredu mewn ffordd a oedd yn newid ei agwedd at fywyd a'i ffordd o fyw. Mae'n rhoi ei arian wrth draed yr apostolion a oedd yn sôn am yr Atgyfodiad.

Y mae eglwys y Pentecost yn ein hagoffa ni nad naill ai gweithredu neu weddïo, naill a'i ymgyrchu neu ympryдio, naill ai addoli neu grefydd ymarferol yw'r dewis. Does dim dewis. Esgus yw honni bod yna ddewis. A diffyg gwerthfawrogi y Pentecost.

2. **Barnabas yn calonogi** (Actau 9.26-28). Yr apostolion, mae'n debyg a roddodd yr enw Mab Anogaeth i'r Lefiad o Gypriad hwn. Am mai Lefiad ydoedd, ei le yn y patrwm Iddewig oedd helpu'r offeiriaid gyda'u dyletswyddau. Bod ar gael, fel petai. Y mae'n amlwg ei fod, o fewn y gymdeithas Gristnogol, wedi cyfoethogi'r gymdeithas honno drwy galonogi ac annog yr apostolion eu hunain a bod y gair amdano wedi mynd ar led . Fe wyddom drwy lyfr yr Actau a llythyrau Paul am y peryglon o wrthdaro ac o raniadau yn yr eglwys fore ac fe wyddom, oherwydd hynny, mor allweddol oedd y gymdeithas. Nid ydym efallai yn sylweddoli, er gwaethaf y nerth newydd a'r hyder a ddaeth drwy y Pentecost, fod yr apostolion yn wynebu her newydd ac anodd. Yr oedd y gymdeithas yn bwysig oherwydd hynny hefyd. Ac yn y gymdeithas honno yr oedd Barnabas yn galonogwr, yn meithrin perthynas ac yn gefn mawr i'r apostolion mewn gweddi, gair a gweithred. Mae cael cefn yng ngwaith yr Arglwydd, mae bod yn galonogwr ac yn weddïwr dros y rhai sydd yn cyflawni comisiwn Crist yn weinidogaeth allweddol yn Eglwys Crist.

Y mae lle Barnabas yng ngalwad ac yng ngweinidoageth Paul yn brawf o hyn. Yn yr adnodau yma yr ydym yn cael ein hatgoffa o agwedd betrusgar ac amheus y disgyblion tuag at honiad Saul, yr erlidiwr, ei fod wedi cael tröedigaeth. Yr oedd yn agwedd gwbl ddealladwy. 'Ond cymerodd

Barnabas ef a mynd ag ef at yr apostolion' (ad.27). Barnabas sydd yn siarad trosto ac yn troi sefyllfa o ofn ac amheuon i fod yn sefyllfa o roi lle i Ysbryd Duw gadarnhau a rhoi lle i dystiolaeth Paul yng nghymdeithas y saint.

Cadarnhau gweinidogaeth Barnabas, nid ei gwrth-ddweud, a wna'r ffaith fod Barnabas a Phaul wedi anghytuno ac wedi ymwahanu yn nes ymlaen. Yn wir y mae Paul yn feirniadol iawn ohono yn Galatiaid 2.12. Y mae hanes yr anghydfod yn Actau 15.36-41 ac y mae a wnelo â rhoi lle a chyfle i Ioan Marc ar y daith genhadol. Yr oedd Barnabas am roi cyfle arall i Ioan Marc ac yr oedd Paul yn erbyn gwneud hynny 'oherwydd yr oedd wedi cefnu arnynt yn Pamphylia' (15.38). Y mae'n amlwg fod Barnabas yn fwy goddefgar na Phaul! Beth bynnag am hynny, mae 1Corinthiaid 9.6 ('myfi a Barnabas') yn awgrymu eu bod wedi cymodi â'i gilydd a bod y gwrthdaro wedi digwydd nid am resymau personol ond ym mrwdfrydedd ac angerdd y genhadaeth. Unwaith eto, yr oedd gweinidogaeth Barnabas, y Calonogwr, yn siŵr o fod wedi chwarae rhan yn y cymodi hwnnw.

Nid cymdeithas berffaith, heb dyndra na gwrthdaro na gwahaniaeth barn, oedd yr eglwys fore, ond cymdeithas a oedd yn medru tynnu ar adnoddau ysbrydol i oresgyn pob methiant a bai - ac y mae dynion a merched fel Barnabas yn medru bod yn gyfryngau yn llaw Duw.Mae eu hangen ar yr eglwys ym mhob cyfnod. Maent yn weddïwyr ac yn galonogwyr.

3. **Barnabas yn cael ei anfon** (Actau 11.19-30). Yr oedd Barnabas yn Antiochia lle cafodd Pobl y Ffordd yr enw Cristionogion am y tro cyntaf. O glywed am y llwyddiant yn Antiochia y mae'r apostolion yn anfon rhywun yno, er mwyn iddynt gael adroddiad ac er mwyn iddynt gael calonogi yr eglwys yn Antiochia. Y maent yn anfon Barnabas. Y mae yntau yn ei dro yn mynd i Darsus i 'geisio Saul' ac i ddod ag yntau hefyd i Antiochia .Fe welodd yr apostolion fod gan Barnabas le a chyfraniad nid yn unig i'r eglwys yn Jerwsalem, ond i genhadaeth yr eglwys. Yr oedd Barnabas - a beth mwy sydd angen ei ddweud - 'yn llawen,a bu'n annog

pawb i lynu wrth yr Arglwydd o wir fwriad calon; achos yr oedd yn ddyn da, yn llawn o'r Ysbryd Glân ac o ffydd' (ad.23,24).

Fe gafodd Barnabas ei anfon felly, ac fe ufuddhaodd. Yr oedd cymdeithas a chenhadaeth yr eglwys yn ei gwneud hi'n bosibl i'r apostolion anfon. Nid unigolion oedd yn anfon, ond yr eglwys. Y mae'r 'anfon' hwn wedi bod yn rhan o fraint a chyfrifoldeb rhai traddodiadau eglwysig ar hyd y canrifoedd, tra bod traddodiadau eraill (anghydffurfiol ar y cyfan) wedi rhoi y pwyslais i gyd ar 'alw'. Yr Esgob Trevor Huddleston (sydd yn perthyn i'r traddodiad Anglicaniadd ac yn aelod o Urdd Cymdeithas yr Atgyfodiad sydd yn cymryd llw o ufudd-dod, tlodi a diweirdeb) sydd wedi pwysleisio mai **'ufudd-dod'** oedd y peth anoddaf i'w gyflawni. Ond yr oedd yn credu bod ufuddhau wrth gael ei anfon gan yr eglwys yn dangos ymddiriedaeth fod Duw yn defnyddio ei eglwys i wneud ei waith yn y byd. O fywyd addolgar yr eglwys, o gymdeithas yr Ysbryd Glân, trwy genhadaeth Duw ei Hun yn ei Fab, y mae Duw yn cyflawni ei ewyllys yn y byd.

Y mae Barnabas felly yn 'fab y Pentecost' ac y mae'r eglwys yn eglwys y Pentecost. Y mae i addoli werth ynddo ei hunan a cham-ddeall addoli yw gofyn 'Pam ?' neu 'Beth yw gwerth ymarferol addoli ?' Y mae addoli yn ddiben ynddo ei hun, oherwydd dyna'r ffordd y mae bodau meidrol yn medru moli a dyrchafu y Creawdwr a'r Gwaredwr. Y mae'n hawdd iawn, mewn oes ymarferol, i ni gael ein cyflyru i feddwl am addoli fel cyfrwng i wneud y byd yn well byd neu i'n gwneud ni yn well pobl. Mewn gwirionedd, nid dyna yw gwerth na phwrpas addoli. 'Gogoneddu Duw a'i fwynhau byth ac yn dragywydd' - dyna un ffordd o'i fynegi, ac y mae angen pwysleisio hynny.

Ond y mae gwir addoli nid yn unig yn edrych i fyny, neu, **oherwydd** ei fod yn edrych i fyny, yn golygu hefyd ei fod yn lledu ar draws ac ar led - i ymestyn a chofleidio, i wasanaethu ac i adeiladau. Perthyn i eglwys felly y mae Barnabas a chynnyrch eglwys felly ydyw. Ac y mae'n arwyddocaol fod y cyfeiriad yma ato yn cael ei anfon, (ac yna yn gymaint rhan o genhadaeth y cyfnod cynnar gyda Phaul) , yn cynnwys hefyd gyfeiriad at Barnabas a Saul yn derbyn rhoddion tuag at y newyn (ad.30). Y mae hynny yn dweud llawer am yr eglwys ac am yr Efengyl.

Adnodau eraill i'w hystyried

Actau 13.1-5 , 42-43 ; 14.21-22 ; 15.36-40 ;

Cwestiynau i'w trafod

1. 'Yr offeryn hawsaf i'w chwarae yw eich trwmped eich hun. Yr anhawsaf yw'r ail ffidil.' Pe bai aelodau'r dosbarth mewn cerddorfa a fyddai'n well ganddynt fod yn arweninydd, yn unawdydd neu yn un o'r offerynwyr? Pam?

2. A ydym yn calonogi digon ar ein gilydd fel aelodau'r eglwys? A yw crefyddwyr yn tueddu i fod yn fwy o feirniaid nad o galonogwyr? Pam tybed?

3. Soniwch am rywun a fu yn eich calonogi fel Cristion?

Yr ydym eisioes wedi sylweddoli fod y Pentecost wedi cadarnhau a bywiocáu arwyddion o bresenoldeb y Crist Atgyfodedig a oedd yn amlwg cyn y Pentecost.Y mae hyn yn arbennig o wir am y digwyddiad hwn. Y mae yma adleisiau o hanes y Ffordd i Emaus : y mae yma daith, y mae yma agor yr Ysgrythyrau, y mae yma wahoddiad ac y mae yma ddatguddiad.Y mae bywyd Ysbryd y Pentecost ac y mae'r Newyddion Da am Iesu Grist yn ymestyn ac yn ymledu. Fel Barnabas, y mae Philip hefyd yn perthyn i Eglwys y Pentecost.

1. **Philip yn cael ei anfon.** 'Llefarodd yr Arglwydd wrth Philip. "Cod," meddai,"a chymer daith tua'r de, i'r ffordd sydd yn mynd i lawr o Jerwsalem i Gasa". Yn Samaria yr oedd Philip ac wedi mynd yno fel canlyniad i'r erlid yn Jerwsalem .Y mae yma ymdeimlad dwfn ei fod yn cael ei anfon a'i arwain gan yr Ysbryd : 'Dywedodd yr Ysbryd wrth Philip, "Dos a glŷn wrth y cerbyn yma..." (ad.29) Ac y mae Philip yn ufuddhau. Yr oedd Duw wedi ei baratoi cyn hyn, wrth gwrs: yr oedd yr apostolion wedi rhoi eu dwylo arno ef fel un o'r saith a etholwyd i 'weini wrth fyrddau' (Actau 6). Ufuddhau a wnaeth Philip yr amser hwnnw hefyd ac fe'i gosodwyd ar y ffordd oedd yn mynd i'w arwain i'r digwyddiad hanesyddol hwn.

Ond yr oedd yna ddigwyddiadau eraill a pharatoi ehangach a arweiniodd at y cyfarfyddiad yma. Yr oedd y swyddog o Ethiopia (Swdan heddiw) yn broselyt i'r ffydd Iddewig ac wedi teithio i addoli yn Jerwsalem.Yr oedd bellach ar ei ffordd yn ôl i'w wlad. Yr oedd wedi derbyn ac yr oedd yn darllen ran o'r Hen Destament mewn Groeg. Un canlyniad gwasgar ac erlid yr Iddewon oedd iddynt gyfieithu'r Hen Destament i iaith y gwasgaredigion, yr iaith gyffredin, sef Groeg. Cam â'r ffydd Iddewig yw i Gristnogion gredu eu bod yn diflannu gyda'r Testament Newydd, oherwydd y mae dylanwad yr Hen Destament yn treiddio trwy fywydau Iddewig i eni'r Newydd. Dyma sy'n digwydd yma . Y mae yma agor yr Ysgrythyrau a hynny mewn ysbryd disgwylgar, ymchwilgar. Nid dadlau sydd yma, rhwng Cristion ac Iddew ond Duw ar waith o'r naill ochr a'r llall yn datguddio ei Air a'i fwriad. Y mae'r digwyddiad yn enghraifft arall o Dduw ar waith yn dod â phobl ac amgylchiadau, addoli, gweddïau ac ufudd-dod o fewn ei fwriadau ei hun. Y mae addoli yn ein gwneud ni yn agored i gael ein defnyddio gan Dduw. Y mae hyn yn wir am Philip a'r gŵr pwysig o Affrica.

2. **Philip yn chwalu muriau.** Yr oedd Philip eisioes wedi croesi'r ffiniau yr oedd ei Arglwydd wedi eu croesi ac yr oedd wedi cyhoeddi'r Efengyl yng ngwlad yr hen elyn, sef Samaria.Yr oedd y Pentecost wedi chwalu'r muriau - gwireddu hynny bellach oedd cenhadaeth y disgyblion a thrwy arweiniad yr Ysbryd y mae Philip yn gwneud hynny yma. (Mae'n werth cofio, yn y cyswllt hwn, mai Waldo sydd yn galw yr Ysbryd yn 'Wadwr pob terfyn a wnaed'). Mae yna awyrgylch arbennig am y cyfarfyddiad yma. Nid yw Philip, mewn unrhyw ffordd , yn mynnu pregethu'r Efengyl i'r gŵr, ond y mae yn cael ei wahodd i eistedd gydag ef (ad.31); mae yma siarad a thrafod, holi ac ateb (ad.34,35); ac y mae yma deithio gyda'i gilydd (ad.36). Mewn geiriau eraill, nid Philip sydd yn chwalu muriau, ond muriau sydd yn cael eu chwalu gan y ddau ohonynt mewn cymdeithas a pherthynas. Mae Philip yn gwrando ac yn uniaethu ei hun gyda'r gŵr ac y mae'r gŵr, ar ôl iddo gael ei fedyddio, yn mynd yn ei flaen yn llawen.

Mor wahanol yw'r darlun hwn i genhadu'r eglwys yn Affrica yn y modd yr ymestynnodd gwledydd imperialaidd Ewrop dros y cyfandir yn don fawr imperialaidd ar ddiwedd y ddeunawfed ganrif ac yn yr bedwaredd ganrif ar bymtheg ! Y gŵr ei hun sydd yn mynd yn ôl i'r Affrig gyda'i iaith a'i ddiwylliant ac y mae Cristnogaeth Affrica, drwy ymdrechion y gŵr hwn a Seimon o Gyrene, wedi dod yn rhan o Eglwys y Pentecost. Y dyn gwyn ei hun, mae'n debyg, sydd wedi honni mai crefydd y dyn gwyn Ewropeaidd yw Cristnogaeth.

Mae Affrica yn gyfandir mwy Cristnogol nag Ewrop. Yno, ac oddi yno, trwy gaethwasiaeth i America ac Ewrop, y daeth y ffydd lawen, liwgar, Bentecostaidd yn ei chyfoeth. Ac er gwaethaf gwendidau a pheryglon y cyfnod imperialaidd , ac er gwaethaf, neu efallai oherwydd, argyfyngau a chaethiwed cyfandir cyfan, y mae Cristnogaeth Affrica heddiw yn medi cynhaeaf cyfarfyddiad Philip â'r gŵr o Ethiopia. Mae ei haddoli yn ei hangerdd a'i gorfoledd, yn gwneud addoli syber Ewrop ymddangos yn ffurfiol a di-eneiniad.

3. **Philip yn siarad am Iesu.** Fe ddewiswyd Philip yn un o'r saith i weini wrth y byrddau er mwyn i'r apostolion gael parhau i gyhoeddi Gair Duw. Fe'i dewiswyd am eu bod yn 'llawn o'r Ysbyd ac o ddoethineb' (Actau 6.3) Ond yn dilyn llabyddio Steffan, fe ddechreuodd erlid ar yr eglwys (8.1) gyda Saul yn 'anrheithio'r eglwys'.Yr oedd y rhai a wasgarwyd yn teithio gan bregethu'r efengyl ac fe aeth Philip i lawr i ddinas yn Samaria.Oherwydd ei weithredoedd (gw. 8.6-8 - arwyddion ac iacháu) a'i dystiolaeth ef yr oedd Samaria 'yn derbyn Gair Duw' (ad.14) Mewn geiriau eraill, er mai cael ei alw i gyflawni swydd arbennig a wnaeth Philip, yr oedd yn amhosibl iddo beidio â siarad am Iesu ac yn Actau 21.8 mae cyfeiriad ato yng Nghesarea fel 'Philip yr efengylwr'.

Drwy'r digwyddiad yma - sydd rhwng cyfnod y gweini byrddau a chyfnod yr efengylu - yr ydym yn dod at y dystiolaeth fwyaf effeithiol, sef y dweud syml am Iesu. 'Traethodd y newydd da am Iesu'(ad.35). Y mae cenhadu yn golygu mwy na hynny, wrth gwrs, ond os nad yw'n golygu hynny, nid yw'n genhadu. Y mae arolwg Marc Ewrop (Hydref 93) yn dangos yn eglur iawn fod y mwyafrif yn dod i argyhoeddiad ffydd, nid drwy bregethu, nid drwy ymgyrchoedd efengylaidd, ond drwy gyfeillgarwch, dweud syml a gwahoddiad cynnes. Dyna'n union wnaeth Philip.

Yn yr hanes hwn y gŵr o Ethiopia ei hun sydd yn gofyn am gael ei fedyddio ac y mae Philip ei hun yn gwneud hynny.Y mae'n amlwg nad oedd yr eglwys fore wedi ffurfio unrhyw batrwn clir ar gyfer bedyddio. Ar ddydd y Pentcost Pedr sydd yn gwahodd y gwrandawyr i gael eu bedyddio ar ôl iddynt ofyn 'Beth a wnawn ni....?' Y mae galwad i edifeirwch ac y mae addewid o dderbyn yr Ysbryd Glân drwy'r bedydd. Does dim sôn am edifeirwch yma, dim ond dymuniad yr eunych. Y mae'n amlwg fod yna ysgrifennydd diweddarach wedi teimlo y dylai Luc fod wedi cofnodi mwy nag y gwnaeth, oherwydd y mae yna fersiwn arall o'r digwyddiad yn honni i'r eunych ddweud 'Yr wyf yn credu mai Mab Duw yw Iesu Grist ' (gw. troed-nodyn ng yn y BCN.) Y mae'n amlwg, fodd bynnag fod y bedydd nid yn unig yn fedydd i fywyd a marwolaeth Iesu Grist ond yr oedd hefyd yn uniaethu â'r Israel Newydd. Nid seremoni mohoni, ond arwydd o eni drachefn, o faddeuant pechodau, o gredu a chyhoeddi'r Efengyl ac yn fwy na dim efallai, yn y cyfnod hwn, o sêl yr Ysbryd Glân. Cyfeiriad at fedydd sydd yng ngeiriau Paul yn yr Effesiaid (1.13) '....wedi i chwi gredu ynddo, gosodwyd arnoch yng Nghrist sêl yr Ysbryd Glân...' Ond arwydd ydoedd a oedd yn uniaethu yr un a fedyddiwyd â chymdeithas y saint .

Adnodau pellach i'w hystyried

Actau 8. 1-8 ; 6.1-6.

Cwestiynau i'w trafod

1. 'Ein tasg gyntaf fel tystion yw gwrando'. Beth y mae hynny yn ei olygu ?

2. A oes perygl i genhadaeth yr eglwys bellhau pobl yn hytrach na chwalu muriau ?

3. Ym mha ffordd y mae eich eglwys chwi yn haeddu ei galw yn 'Eglwys y Pentecost'?

4. Y mae twf yr eglwys yn Affrica yn ystod y ganrif hon yn rhyfeddol. Yn 1800 yr oedd 8 miliwn o Gristnogion yn Affrica, sef 10% o'r boblogaeth. Erbyn 1990 yr oedd wedi tyfu i 127 miliwn, sef 57% o'r boblogaeth. Erbyn y flwyddyn 2000 amcangyfrifir y bydd yna 396 miliwn o Gristnogion.

(Ystadegau o 'Operation World')

Beth yw arwyddocâd yr ystadegau hyn?

Cofiwch baratoi ar gyfer gwers 4.

ADDOLI: Y FFORDD YMLAEN
Salm 96; 85; 148; 128; 139

Erbyn hyn - ar ôl myfyrio ar Barnabas a Philip a bywyd egnïol a llawen yr eglwys fore - yr ydym ninnau yn edrych ymlaen. A'r unig ffordd i wneud hynny yw fel addolwyr. Mae dyfodol yr eglwys yn dibynnu ar ei haddoli. Mewn geiriau eraill mae ei dyfodol mewn perthynas fywiol, adnewyddol â Duw yng Nghrist. Fe fentrwn edrych ymlaen felly drwy edrych yn ôl. Y mae Maes Llafur yr Ysgol Sul am flynyddoedd sydd i ddod yn ymdrechu i alw'r eglwys gyfan yn ôl i'r man dechrau. Yn ei haddoli mae'r eglwys yn hen, hen. Yn ei haddoli y mae hi hefyd yn newydd, oherwydd yn ei haddoli y mae hi yn troi at ei Harglwydd ac yn dweud, 'Tyred, Arglwydd Iesu'.

Y mae'r Maes Llafur am eleni yn gorffen gyda hanes Barnabas a Philip, a'r teitl sydd wedi ei roi ar gyfer y cyfnod wedi'r Pentecost yng ngwerslyfr y plant yw 'Pobl y Brenin'. Y mae nodyn o hyder a sicrwydd yn y teitl ac er nad oes dim ond un cyfeiriad at Grist fel 'Brenin' yn llyfr yr Actau, y mae yn mynegi yr Ysbryd o fuddugoliaeth oedd yn yr eglwys fore wrth iddi wynebu'r dyfodol a choncro'r byd. Y cyfeiriad at Iesu fel Brenin (neu ymeradwr yn y BCN) yw Actau 17.7; '...y mae'r bobl hyn i gyd yn troseddu yn erbyn ordeiniadau Cesar trwy ddweud fod ymerawdwr arall, sef Iesu'. Y mae llawer o sôn am 'frenhinoedd' eraill fel Herod ac Agripa. Y mae'r gwrthgyferbyniad yn amlwg. Y mae llawer wedi sôn am y dirywiad , y cyfaddawdu a'r cam y mae'r Eglwys Gristnogol wedi ei wneud â'r Newyddion Da ers y cyfnod cynnar. Y mae llawer wedi tueddu i ddelfrydu y cyfnod cynnar wrth feirniadu'r cyfnodau diweddar. Ond y gwir yw fod yr eglwys Gristnogol, er gwaethaf pob peth, yn parhau i fod yn Eglwys y Pentecost ac am weddill tymor yr ysgol Sul fe fydd cyfle i'r dosbarth gofio hynny wrth ystyried (a helpu i gynllunio gobeithio) bywyd a chenhadaeth eich eglwys i'r dyfodol. Fe fyddwn yn gwneud hynny drwy atgoffa ein gilydd o'r hyn y mae'r dosbarth wedi ei drafod yn barod a thrwy bwysleisio unwaith eto mai **addoli** yw calon yr eglwys.Y mae'n gyfle i ni atgoffa ein hunain hefyd nad cyfarfod er mwyn cyfarfod y mae'r dosbarth ac nid cyfarfod i gadw'r ysgol Sul chwaith. **Y mae'r dosbarth**

a'r Ysgol Sul yn gyfryngau i wneud yr eglwys yn wir Eglwys yr Arglwydd Iesu Grist - i gyfoethogi'r addoli, i ddyfnhau'r gymdeithas ac i hyrwyddo cenhadaeth. Gadewch i ni atgoffa ein gilydd o'r elfennau hyn eto a gweld goblygiadau ymarefol hynny i'r dosbarth ac i'r eglwys.

Pobl yn addoli yw pobl Dduw - a dyna fu ein pwyslais o Genesis i'r Pentecost. Wrth ddechrau ein Maes Llafur gyda Genesis yr oeddem yn dechrau gydag addoli. Y mae'n emyn o ddiolch, o ddathlu ac o ymgysegru i'r Creawdwr - dyna yw'r ddwy bennod gyntaf o Genesis - emyn nad yw wedi peidio â chael ei ganu gan bobl Dduw. Nid ydym wedi bod yn edrych ar Lyfr y Salmau eleni, ond fe fyddwch yn gwneud hynny ar ôl yr haf. Eto, mae llyfr y Salmau yn gwbl allweddol i ddeall natur y Ffydd Iddewig a Christnogol , oherwydd llyfr mawl ydyw. Mae'n wir bod yna lawer o ganeuon mawl i'w gweld mewn mannau eraill yn y Beibl, ond y mae'r Salmau yn dod â'r cyfan at ei gilydd. Nid damwain yw hyn , ond arweinaid yr Ysbryd sydd wedi rhoi i Bobl Dduw destun a geiriau mawl. Nid bod y mawl a'r testun wedi eu cofnodi'n llawn, oherwydd y mae'n rhaid i Bobl Dduw gyfansoddi a chanu eu mawl o'r newydd o genhedlaeth i genhedlaeth. Ond y mae Llyfr y Salmau yn fynegiant oesol o brofiadau Pobl Dduw ac yn gyfrwng i'r profiadau hynny fod yn rhan hanfodol o'u haddoli.

Gadewch i ni, yn fras ac yn arwynebol, edrych i weld pa bryd a phaham y defnyddiwyd y Salmau wrth addoli, a gweld ein haddoli ninnau yn rhan o'r un patrwm.

1. **Addoli'r Creawdwr am ei gread.** Dyma sydd yn Salm 96 ac y mae digon o rai tebyg : Canwch i'r Arglwydd gân newydd,

Canwch i'r Arglwydd yr holl ddaear...

Dyma'r salm sydd yn galw ar yr holl gread i'w foliannu. Ond dyma'r salm sydd hefyd - ac y mae salmau diolchgarwch yn ddieithriad yn gwneud hynny - yn sôn am Dduw yr holl genhedloedd yn ogystal â'r holl ddaear. Mewn geiriau eraill y mae mawl Pobl Dduw yn fawl sydd yn cofleidio'r cread a'r cenhedloedd. Yn ei hanfod felly mae mawl yn ddathlu daioni Duw yn ei gread ac yn ddathlu byd yn amrywiaeth a chyfoeth y cenhedloedd.

Mae'n bwysig felly bod ein mawl yn mynegi hyn yn gyson ac nid ar Ŵyl Diolchgarwch yn unig.

Trafodwch **a gweithredwch** ar y cwestiynau sy'n dilyn.

a. A yw eich eglwys chwi yn trefnu addoli tu allan i'r capel yn achlysurol yn yr haf ?

b. A ydych wedi trefnu taith/pererindod i fan arbennig yn eich bro er mwyn cael addoli yno ?

c. Fe ddylai pob eglwys fod yn cynnal gwasanaethau yn gyson sydd yn adlewyrchu cyfoeth y cenhedloedd â'n bod yn byw mewn un byd. Mae Wythnos Un Byd neu Wythnos Cymorth Cristnogol yn gyfle arbennig i wneud hyn, wrth gwrs. Ond fe ddylai cysylltiad tramor trwy Fwrdd Cenhadol eich henwad fod yn rhan gyson o addoli Pobl Dduw.

2. **Addoli sydd yn dathlu'r genedl.** Mae Salm 85 yn enghraifft dda o hyn : nid salm yn clodfori'r genedl, ond Salm o weddi am faddeuant (ad.2), yw hon am adferiad (ad.4), am waredigaeth (ad.9) yw hon. Y mae'r salm yn cydio bywyd y genedl wrth y tir ac yn gweld y genedl fel cyfrwng cyfiawnder a heddwch yn y byd.

Y mae llawer o'r salmau yn salmau a genid pan oedd y genedl yn dod ynghyd i Jerwsalem i gadw gŵyl ac i ymgysegru i'r Duw a'i creodd ac a'i gwaredodd. Dyma'r addoli (fel y gwelsom wrth edrych ar rannau eraill o'r Hen Destament) sydd hefyd yn adrodd yr hanes am yr hyn yr oedd Duw wedi ei wneud trwy arwyr ac arweinwyr y genedl yn y gorffennol.

Trafodwch **a gweithredwch** ar y cwestiynau sy'n dilyn.

a. A yw eich eglwys chwi yn trefnu addoliad arbennig ar ddydd Gŵyl Ddewi? Os nad yw yn gwneud hyn, oni ddylai eglwysi'r ardal fod yn trefnu hyn gyda'i gilydd ?

b. Yn nyddiau cyfleusterau trosglwyddo di-ri, ond ddylai'r gwasanaeth o Faes yr Eisteddfod Genedlaethol gael ei drosglwyddo, trwy gyfrwng radio, yn uniongyrchol i'r eglwysi ? A oes gwasanaethau eraill tebyg y gellid eu rhannu ledled Cymru?

c. A ydym yn dathlu a diolch digon am ein bywyd fel cenedl - ddoe a heddiw ? Y mae hyn yn wahanol iawn i sôn a hiraethu am y gorffennol o hyd. A oes achlysuron yn ystod 1995-1996 y dylai eich eglwys fod yn rhoi sylw arbennig iddynt?

3. **Addoli'r gynulleidfa a'r gymuned leol.** Mae Salm 148 yn sôn am foli Duw yn yr uchelderau (ad.1) ac 'o'r ddaear'(ad.7) yn ogystal â 'moliant ei holl ffydlioniaid (ad.14) . Y mae'r salm hefyd yn sôn am bobl ifanc a henoed yn addoli ac y mae yn creu darlun o gymdeithas leol yn dod yngyhyd i addoli. Y mae'r ddwy Salm sydd yn dilyn yn rhoi pwylais hefyd ar offerynnau cerdd o bob math fu'n gyfryngau i ganu mawl i Dduw ac unwaith eto yn cyflwyno darlun o gymdeithas o bobl a oedd yn mwynhau addoli ac yn troi pob rhodd a thalent, heb sôn am dywydd a chynhaeaf, iechyd a llawnder, yn destun clod. Wrth gwrs, yn y cysylltiadau hyn, yr oedd y gymdeithas yn addoli.

Trafodwch a gweithredwch ar y cwestiynau sy'n dilyn.

a. A yw ein haddoli ni yn adlewyrchu digon o fywyd ein cymunedau?

b. A ydym yn uniaethu addoli yr eglwys yn ddigon agos â bywyd ein cymdeithas ?

c. A ellwch feddwl am amgylchiad pryd y dylai'r eglwys fod yn trefnu addoli arbennig er mwyn bod yn rhan o ddigwyddiad cymdeithasol ?

ch. Beth am ddiweithdra neu unrhyw broblem gymdeithasol arall ? A oes sylw yn cael ei roi iddynt yn addoli'r eglwys?

4. **Addoli'r teulu.** Mae Salm 128 yn enghraifft dda o hyn. Crefydd yr aelwyd a'r synagaog a'r deml oedd Iddewiaeth, ac fe wyddom fod pob plentyn Iddewig (fel Iesu ei hun) wedi dysgu ei Ysgrythur ar yr aelwyd yn

ogystal ag yn y synagog. Dathlu bendithion cartref a phriod a phlant y mae'r salmydd gyda gweddi am gael gweld 'plant dy blant' (ad. 6), sef am gael hir oes ! Mae Salm 101 yn rhoi pwyslais ar gyfrifoldeb y salmydd am ei fywyd teuluol - 'Rhodiaf â chalon gywir ymysg fy nhylwyth'(ad.2). Ond yr un yw'r pwyslais : addoli ar yr aelwyd, addoli gyda'r teulu, addoli'n sylfaen bywyd a bendith.

Trafodwch **a gweithredwch** ar y cwestiynau sy'n dilyn.

a. Sut y medrwn helpu teuluoedd i addoli ar yr aelwyd ? A fedrwn wneud hyn drwy awgrymu bod holl deuluoedd yr eglwys yn gwneud hynny am gyfnod arbennig e.e. cyfnod Y Grawys neu'r Adfent ?

b. A fedrwch fel eglwys gyflwyno copi o O Ddydd i Ddydd fel rhodd i bob teulu ? Neu a fedrwch awgrymu llyfrau eraill ? Neu a allwn wahodd rhai sydd yn cadw dyletswydd deuluol i ddweud gair wrth yr eglwys ?

c. A yw eich eglwys chwi yn gwneud popeth i wneud yr addoliad ar y Sul yn addoliad i'r teulu cyfan ?

5. **Addoli personol.** Y mae Salm 139 yn enghraifft ardderchog o ddefosiwn a myfyrdod personol. Y mae salmau eraill sydd yn fwy ingol wrth frwydro gyda unigrwydd neu ofnau, gelyniaeth neu erledigaeth , galar a thristwch. Ynghyd â llyfr Jeremeia, yn y Salmau hyn y gwelwn yn glir mai ym mhrofiadau ac anghenion personol bywyd y mae'r ymwybyddiaeth fwyaf o weddi a pherthynas bersonol â Duw.

Nid yw'r agweddau hyn i'r Salmau yn awgrymu bod yna ffin bendant, dyweder, rhwng addoli'r gymuned ac addoli teuluol, addoli'r genedl ac addoli personol, oherwydd agweddau o'r un addoli ydyw, mynegiant o'r un ffydd. Y mae hyn yn rhan o unoliaeth y Beibl. Un mawl sydd, oherwydd un Duw sydd.

Ond heb yr addoli a'r defosiwn personol, a heb i'r defosiwn hwnnw fod yn anadl einioes ym mywydau aelodau'r eglwys , mae pob addoli arall yn colli grym,ystyr a chyfeiriad.

Trafodwch **a gweithredwch** ar y cwestiynau sy'n dilyn.

a. A yw'r Ysgol Sul yn gyfrwng i helpu'r aelodau yn eu bywyd defosiynol ?

b. A oes ymdrech yn cael ei wneud i hybu gwerthiant defnyddiau defosiynol personol ? Gofynnwch am fenthyg llyfrau gan Gyngor yr Ysolion Sul i'w harddangos ac i'w gwerthu.

c. A ddylid trefnu diwrnod arbennig, neu Sul arbennig, gyda'r bwriad o fod yn arweinad a chymorth ymarferol i feithrin gweddi a defosiwn personol?

Addoli: drwy ddŵr a thân.

1. Credu'n gadarn. (Actau 2)

2. Calonogi'n llawen. (Actau 4)

3. Cenhadu'n hyderus. (Actau 8)

'. . .Daeth ei Ysbryd Glân fel golau
Anorchfygol newydd wawr,
Gan aeddfedu gwedd y meysydd
Erbyn y cynhaeaf mawr.'

(John Roberts)

Arglwydd, Ysbryd Glân,
wedi dathlu'r Pentecost,
llanw ni
â'r arwydd o'r angen
i rannu'r Newyddion Da,
i galonogi ein gilydd,
ac i gredu
fod yna fwy i ddod,
mwy i'w gyflawni
mwy i'w dderbyn
a mwy i'w obeithio
ynot Ti,
Dduw, Philip a Barnabas.
Amen.

GORFFENNAF

Gwers 1 **Addoli : y ffordd ymlaen**

Eseia, pennod 55 (parhad)

Y Gair yw calon ein haddoliad. Yr ydym wedi pwysleisio lawer gwaith fod y Beibl wedi dod i fod dros ganrifoedd ei greu, oherwydd mai pobl yn addoli oedd, ac yw, Pobl Dduw.'Wnes i ddim byd' meddai Martin Luther 'y Gair a wnaeth bopeth' a grym y Diwygiad y bu Luthur yn gyfrwng ynddo oedd i orseddu awdurdod y Gair yn eglwys Crist. Nid awdurdod sydd yn cael ei orchymyn o'r tu allan ydyw, ond awdurdod y Gair ei hun. Y mae felly yn awdurdod gwahanol i bob awdurdod arall : awdurdod sy'n argyhoeddi, nid yn gorfodi ydyw; awdurdod sy'n datguddio, nid yn meistroli ; awdurdod yr Ysbryd, nid awdurdod y Gyfraith.

Dyna'r pwyslais sydd ym **mhennod 55 o Eseia.** Mae'r bennod yn wahoddiad i ddychwelyd at Dduw yn ei Air. Ac wrth rannu'r bennod yn adrannau fe gawn ddarlun o le'r Gair yn ein haddoliad.

Y Gwahoddiad : 'Dewch i'r dyfroedd bob un y mae syched arno'. adnodau 1 - 3.

Gwrando a chofio cyfamod Duw : 'Gwrandewch arnaf, dewch ataf....' adnodau 3-5.

Edifarhau a derbyn maddeuant : ' Ceisiwch ......a dychwelyd...' adnodau 6-7.

Mawredd Duw : ' Nid fy meddyliau i....' adnod 8.

Y Gair yn llwyddo am mai Gair Duw ydyw : 'Fel y mae'r nefoedd yn uwch na'r ddaear....' adnodau 9-11.

Gweld ewyllys Duw yn cael ei weithredu yn y byd : 'Mewn llawenydd yr ewch allan...' adnod 12,13.

Y cyfan yn glod i Dduw : 'bydd hyn yn glod i'r Arglwydd' (ad.13).

Nid yw'r bennod yn dweud y cyfan am Air Duw, wrth gwrs, ond y mae yn fynegiant o'r berthynas rhwng y Gair ac Addoli.Y mae pregethu , sef cyhoeddi'r Newydd Da yn derbyn ei awdurdod o'r Gair a chyhoeddi ac esbonio y Gair yw pregethu. Ond y mae y Gair mewn addoliad yn fwy na phregethu. Y mae darllen y Gair hefyd yn adrodd y stori, yn alwad i addoli ac yn ddatguddiad o fwriad Duw ar ein cyfer ac ar gyfer y byd. Ond y mae'r Gair mewn addoliad yn fwy na'i ddarllen hefyd.Y mae'r mawl, mewn addoliad, yn tarddu yn uniongyrchol o'r Gair ac y mae yr emynau a ganwn yn emynau sydd wedi eu hysbrydoli gan y Gair. Ond y mae'r Gair mewn addoliad yn fwy na'n hemynau a'n mawl ni.

Y gwir yw mai'r Gair yw sylfaen a ffynhonnell, ysbrydoliaeth a goleuni pob addoliad. Yn fwy na dim y Gair sydd yn rhoi Iesu yn y canol ac nid yw'r Gair yn awdurod ond i'r mesur y bydd yn gwneud hynny. Dyna lle y mae agwedd y Cristion at y Gair yn wahanol i agwedd pob crefydd arall at eu hysgrythyrau : 'daeth y Gair yn gnawd' a bellach y mae geiriau'r Ysgrythur yn tystio i hynny. Ond Ef yw'r Gair terfynol. Y mae'r Ysgrythyr yn ein cyfeirio tuag ato, yn ein harwain ni ato ac yn ein cyflwyno ni iddo. Ond y mae Ef yn fwy na'r Ysgrythur. Dod yn gnawd a wnaeth, nid dod yn Air, er mae 'Gair' ydoedd.

Beth yw lle'r Gair yn ein haddoliad?

Yr ysgol Sul, ar hyd y blynyddoedd, yw'r cyfrwng sydd wedi bod yn meithrin aelodau'r eglwys i fod yn hyddysg yn y Gair.

O gofio hyn beth am i'r dosbarth **ystyried a gweithredu** ar y cwestiynau sy'n dilyn.

a. A ydyw'r ysgol Sul yn hysbysebu ac yn gwahodd yn ddigon effeithiol o fewn yr eglwys ? Os nad ydych wedi cael aelod newydd i'r Dosbarth yn ystod y flwyddyn hon, fe ddylech fod yn gofyn pam.

b. Pa mor llwyddiannus fu cyfraniad y Maes Llafur eleni i addoli'r eglwys? Os nad ydych wedi medru ymuno gyda'r plant yn y gwasanaethau yn ystod y flwyddyn, a ydych wedi llwyddo i ddod â gwaith yr ysgol Sul i'r gwasanaethau mewn unrhyw ffordd?

c. A ydych yn trefnu astudiaethau Beiblaidd ar adegau eraill? Fe ddylai pob achlysur fel Wythnos y Samariaid, Wythnos Cymorth Cristnogol a.y.b. fod yn gyfle i gael astudiaeth Feiblaidd ar y maes.

ch. Ystyriwch sefydlu grŵp fel eglwys a fydd yn ystyried gwahanol ffyrdd o gyflwyno'r Gair yn y gwasanaethau. Y mae cyfyngu lle'r Gair mewn gwasanaeth i un gŵr yn ei ddarllen neu ddewis testun ohono yn cyfyngu yn fawr ar y Gair.

d. A ydych fel eglwys wedi prynu Beiblau i'r addolwyr eu defnyddio yn y gwasanaethau?

O addoli y daw ein cenhadaeth.

Ar ddiwedd Efengyl Mathew y gwelwn gomisiwn Iesu i'w ddisgyblion yn cael ei gyflwyno yn y ffordd mwyaf dramatig.(**Mathew 28.16-20**) Y maent ar ben mynydd yn Galilea ; y mae Iesu yn llefaru wrthynt am yr awdurdod a roddwyd iddo ; ar sail yr awdurdod hwnnw y mae yn anfon y disgyblion - 'Ewch' ; yn fwy na hynny - 'Ewch, a gwnewch ddisgyblion o'r holl genhedloedd....'; y mae'n addo bod gyda hwy bob amser - hyd ddiwedd y byd. Y mae yn olygfa ddramatig, rymus. Ond addoli y maent: 'a phan welsant Ef, addolasant Ef, er bod rhai yn amau'. Mae'r cysylltiad felly rhwng addoli a chenhadu yn amlwg iawn, nid yn unig yma, ond drwy'r Gair i gyd. O addoli ac nid o bwyllgor y daeth Comisiwn Iesu. Ac o addoli y daw o hyd ac nid o Fwrdd Cenhadol nac o Ymgyrch.

Nid yw Efengyl Mathew yn manylu ar y cenhadu hwnnw, oherwydd nid yw yn ymwneud â dulliau a chyfryngau. Y mae Mathew yn sôn mwy am y comisiwn : gwneud disgyblion, bedyddio, dysgu. Y mae hynny yn golygu, fel y gwelsom wrth drafod y Pentecost, fod bywyd cyfan yr eglwys gyfan yn gyfrwng i rannu'r Efengyl gyfan. Ei chenhadaeth yw ei bywyd, a'i bywyd yw ei chenhadaeth.

Ac yr ydym yn ôl eto gyda Maes Llafur yr ysgol Sul am eleni. Y mae yn rhan o'r ymdrech i adeiladau'r eglwys i fod yn eglwys fyw a chenhadol, ac y mae i'r ysgol Sul ran allweddol yn y gwaith hwnnw. Ar ddiwedd y flwyddyn hon felly, gan wybod eich bod eisioes wedi derbyn y gwerslyfr ar gyfer y tymor nesaf, ac ar sail Comisiwn Mathew, mae cyfle i'r dosbarth fyfyrio, trafod a gweithredu y berthynas sydd rhwng ein haddoli a'n cenhadu.

1. Os ydym yn credu mai trwy addoli y mae ymateb mewn llawenydd a rhyfeddod i gariad Duw yng Nghrist, fe ddylem felly fod yn gwahodd eraill i ddod gyda ni i addoli. Efallai nad ydym bellach yn meddwl gwneud

hynny. Ond ystyriwch hyn : ar wahân i 'gyhoeddi' yn y capel neu'r eglwys ar y Sul ac ambell gapel yn rhoi enw'r pregethwr mewn ffrâm tu allan i'r capel, neu ambell ardal yn cael cyfle i roi manylion y Sul yn y papurau lleol; ar wahân i hynny - faint o wahodd sydd yn digwydd ? Y mae peidio gwahodd i addoli yn awgrymu nad oes gennym hyder nac argyhoeddiad ynglŷn â'r hyn yr ydym yn ei wneud.

Mae cymryd addoli o ddifrif yn golygu bod yn rhaid i'r addoliad hwnnw fod yn wahoddiad - ac yn wahoddiad i bawb. Y mae'n rhaid i'r dosbarth felly, oherwydd pwyslais y Maes Llafur eleni, ystried hyn o ddifrif. Nid cyfrifoldeb y dosbarth ydyw, wrth gwrs, ond cyfrifoldeb y dosbarth yw tynnu sylw'r eglwys at ei haddoliad, er mwyn gweld gweithredu.

2. Ond 'Ewch' oedd y comisiwn , a chenhadu yw mynd â'r Newyddion Da i eraill. I'r disgyblion yr oedd hynny yn golygu efengylu a chyhoeddi, ond nid yw'n golygu hynny i bawb. Ond y mae pawb yn cael eu hanfon i fod yn dyst. Yr ydym eisioes wedi bod yn ystyried ein cyfrifoldeb i fod yn dystion yn ein cymdeithas ac yn ein byd, ond dylem hefyd ystyried y pethau bychain y medrwn ei wneud i symud tu allan i capel a'r dosbarth yn ein tystiolaeth.

Awgrymwn rhai pethau syml.

a. Y mae llawer o eglwysi bellach yn cynnal gwasanaethau mewn Cartrefi Henoed. Mewn rhai mannau y Gweinidogion neu'r Offeiriaid sydd yn gwneud hyn, ond y mae'n lawer iawn gwell i nifer o bobl ymweld er mwyn cael addoli gyda'r henoed. Y mae'r addoli wedyn yn ymestyn yn gymdeithas ac yn ofal.

A yw eich eglwys chwi yn gwneud hyn ? Os nad ydyw, yna trafodwch y syniad gyda'ch Gweinidog neu'r blaenoriaid.

b. Mae llawer o eglwysi hefyd yn recordio gwasanaethau ac yn eu rhannu i aelodau'r eglwys ac eraill sydd yn gaeth yn eu cartrefi. A ydych chwi yn gwneud hyn ? Yn ymarferol y mae'n hawdd iawn gwneud hynny.

c. Gwell na gwasanaeth ar dâp yw trefnu bod grŵp bychan yn ymweld â chartrefi er mwyn i addoli'r eglwys ymestyn yn naturiol i aelwyd. Mae 5-10 munud o addoli ar aelwyd yn medru golygu mwy, a gwneud mwy, nag oriau o addoli mewn capel.

3. Y mae'n rhaid i genhadaeth yr eglwys gael ei hadlewyrchu yn ein haddoli. Fe ddylai addoli fod yn rhoi lle a chyfle i rai glywed Duw yn eu galw i'w wasanaethu yn ei fyd. Er bod ystyr arbennig iawn i 'droi ein cefn ar y byd' er mwyn addoli Duw, fe wyddom nad ei ystyr yw cau'r byd allan. Ni allwn addoli'r Creawdwr heb gofio am ei gread, ac ni allwn addoli'r Gwaredwr heb gofio ei fod wedi dod 'er mwyn i'r byd gael ei achub trwyddo ef' (Ioan 3.17). Y mae hynny yn golygu mwy na gweddi fer 'gyffredinol' am y byd. Mae'n rhaid i ni wybod, cofio a rhannu digwyddiadau penodol ein cymdeithas a'n byd. Yn naturiol, ni allwn gofio na chynnwys bopeth ond y mae rhoi lle a sylw mewn gweddi, ac mewn newyddion, i fywyd gweddill y ddynoliaeth yn golygu bod cenhadaeth yn perthyn yn naturiol i'n haddoliad ac nid rhyw 'weithredu ymarferol' wedyn. Mae'n rhaid gweithredu, wrth gwrs , ond nid oes raid gweithredu ar **bob** achlysur .

Ystyriwch a **gweithredwch** ar y cwestiynau sy'n dilyn.

a. A oes lle i roi 'bwrdd newyddion' yn y cyntedd neu yn y festri a rhoi arno benawdau papur newydd a.y.b, nid yn unig i fod yn arweiniad i addoli'r gynulleidfa ond i fod yn gymorth i ddefosiwn personol ?

b. Pan fo casgliadau arbennig tuag at ryw achos da neu weithgarwch cenhadol a ddylid dweud gair o eglurhad am natur y gwaith neu'r genhadaeth, yn hytrach na dim ond 'cyhoeddi'r casgliad' ?

c. A ddylai blaenor neu un o'r aelodau fod yn rhoi 'newyddion cenhadol' yn y gwasanaeth yn weddol rheolaidd - o leiaf yn fisol - er mwyn i'r un fydd yn arwain y gwasanaeth ac/neu yn gweddïo gael gweddïo dros y gwaith? Mae gan bob enwad (ac felly pob eglwys) eu bwletinau cenhadol eu hunain. I ba raddau y mae cysylltiad byw â'r eglwys fyd-eang yn rhan naturiol o'n haddoli ?

ch. Fe ddylai pob eglwys fod yn rhoi sylw i weithgarwch neu ddigwyddiadau eglwysi eraill yn yr ardal, yn arbennig i ddigwyddiadau arbennig.

d. Oni ddylai pob eglwys wneud ymdrech arbennig i rannu'r Efengyl yn ystod tymor y Grawys /Pasg neu'r Nadolig ? Unwaith eto mae digon o ddefnyddiau i'w cael i'w dosbarthu o ddrws i ddrws. Ond mae'n bwysig fod yna elfen bersonol o gyfarch ac o ddymuno'n dda dros y gwyliau arbennig yma yn perthyn iddo - ac nid ymdrech i'w 'cael i'r capel neu'r eglwys' yn unig.

dd. Y mae'r cyfnod o ganol Gorffennaf i ddechrau Medi yn gyfnod da i ystyried sut i wahodd a denu mwy i'r Ysgol Sul. Y mae rhai dosbarthiadau oedolion yn trefnu 'gwasanaeth diwedd tymor' ac yn trefnu 'gwasanaeth dechrau tymor' ac y mae hynny yn golygu mwy na chael agoriad neu bregeth ar y Maes Llafur. Fe ddylai'r dosbarth fod yn trefnu'r naill neu'r llall (neu'r ddau) ac os yn bosibl yn rhannu'r gwasanaeth gyda'r plant. Fe ddylai fod yn gyfle i ddenu ac i greu cysylltiad mwy pendant rhwng yr Ysgol Sul â bywyd, addoli a chenhadaeth yr eglwys.

e. Tybed na ddylai'r Ysgol Sul fod yn ysgogi a hybu'r eglwys i ystyried faint o le a phwysigrwydd sydd i weddi yn ei bywyd ? Nid cwestiwn o 'drefnu cyfarfod gweddi' ydyw ond gofalu fod pob rhan o fywyd yr eglwys yn cael ei gynnal, ei arwain, a'i adeiladau trwy weddi.

Addoli heddiw: bywyd yfory.

1. Y gân yn ein calon. (Salmau)

2. Y Gair yn y canol. (Eseia 55)

3. Y genhadaeth i'n byd. (Mathew 28)

Yng nghwmni teulu'r ffydd
Ymbiliwn yn gytûn
Am inni gael yr uchel fraint -
dy gwmni Di dy hun.

(Gwilym R Jones)

Arglwydd gwna yr ysgol Sul
a gwna ein dosbarth ni
yn gyfryngau yn dy law -
i roi cân lawen yng nghalon dy eglwys yma,
i roi dy Air yng nghanol bywyd dy eglwys yma,
ac i hybu cenhadaeth dy eglwys yma,
Trwy dy Fab Iesu
a'n galwodd i'w addoli
mewn ysbryd a gwirionedd.
Amen.